当代教育学精品教材

教育政策研究导论

黄忠敬◎主编

华东师范大学出版社
·上海·

图书在版编目（CIP）数据

教育政策研究导论 / 黄忠敬主编. —上海：华东
师范大学出版社，2023
教育学精品教材
ISBN 978 - 7 - 5760 - 3635 - 0

Ⅰ.①教… Ⅱ.①黄… Ⅲ.①教育政策－教材 Ⅳ.
①G510

中国国家版本馆 CIP 数据核字(2023)第 046268 号

教育政策研究导论

主　　编　黄忠敬
责任编辑　李恒平
特约审读　程云琦
责任校对　刘伟敏　时东明
装帧设计　卢晓红

出版发行　**华东师范大学出版社**
社　　址　上海市中山北路 3663 号　邮编 200062
网　　址　www.ecnupress.com.cn
电　　话　021 - 60821666　行政传真 021 - 62572105
客服电话　021 - 62865537　门市(邮购)电话 021 - 62869887
地　　址　上海市中山北路 3663 号华东师范大学校内先锋路口
网　　店　http://hdsdcbs.tmall.com

印 刷 者　常熟高专印刷有限公司
开　　本　787 毫米×1092 毫米　1/16
印　　张　16
字　　数　348 千字
版　　次　2023 年 4 月第 1 版
印　　次　2024 年 5 月第 2 次
书　　号　ISBN 978 - 7 - 5760 - 3635 - 0
定　　价　65.00 元

出 版 人　王　焰

"当代教育学精品教材"
丛书编委会

主编 黄忠敬

编委（以姓氏拼音为序）

卜玉华　范国睿　黄向阳　黄忠敬　鞠玉翠

刘世清　马和民　王保星　杨光富　张礼永

丛书总序

黄忠敬

华东师范大学教育学系多年来形成了史论结合、理论与实践相结合、中西结合的优良传统,在人才培养中,特别注重专业课程建设与教材建设,出版了《当代教育学》《教育原理》《中国教育史》和《外国教育史》等在全国影响广泛的国家级规划教材,一批教育学者通过教材影响了一代又一代的学人。

"当代教育学精品教材"丛书是新时代华东师范大学教育学系在人才培养、学科建设和师资队伍建设上的重大战略举措。此丛书以教育学系教育学原理、中外教育史、教育政策学、少儿组织与思想意识教育四个专业为基础,以每个专业的骨干教师为主体,以教师多年来从事的专业科研领域和承担的本科生、研究生课程教学为重点,集中出版十本教材,即《教育学原理》《德育原理》《教育社会学研究》《教育哲学:美学的视角》《中国教育史学:理论材料与方法》《外国教育问题史》《教育政策研究导论》《教育政策评估与方法论》《当代少先队教育导论》《学生发展指导》。

教材主要面向教育学专业的研究生(兼顾部分高校高年级本科生),全面提升研究生培养质量,以精品教材为抓手,追踪国际前沿领域,形成系列化的教育学知识体系,培养具有多学科视野与教育学立场、国际视野与本土特色、掌握精深且系统的教育理论和科学方法,能独立从事教育理论研究和参与教育改革实践的高层次人才,培养具有研究能力、创新能力和批判性思维的未来教育引领者,为世界一流大学和一流学科建设奠定坚实基础。

教材定位主要体现以下几个原则:(1)学术性与通识性兼顾;(2)普及性与前沿性兼顾;(3)可读性与实用性兼顾。本教材丛书以前沿性、体系化、实践性、易学性为指导,结合当下新时代的新特点以及培养创造性人才的新需求,为教育专业学习者提供有效的指导。

自立项以来,教育学系多次召开精品教材丛书研讨会,各教材主编一起讨论问题、分享经验;部分教材负责人也多次举行课题组内部成员交流会,及时沟通交流,相互激发思考;有些教材在学期课程中进行试教,听取研究生的反馈意见。

此套教材得到华东师范大学研究生院"研究生精品教材建设项目"立项并获得经费资助,同时得到华东师范大学教育学部的高峰学科建设经费支持。华东师范大学出版社高教分社赵建军先生和李恒平先生对教材编写给予了全面指导,师文做了大量的协调工作,在此表示衷心的感谢。

前　言

本书的定位是作为普通高等院校教育学专业本科生或研究生教材,也可作为教育管理者、中小学教师和科研工作者的参考资料。本书以科学性、前沿性和实践性为原则,结合当下教育发展的新特点以及培养研究性人才的需要,为教育专业学习者提供支持和指导。

教育政策是高等院校教育学院中的重要专业或方向。教育政策学是教育学科群中越来越具有影响力的新兴学科,具有跨学科性和应用性的显著特征。教育政策学的知识体系也越来越完善,不少教育政策学教材如《教育政策学》《教育政策学导论》《教育政策基础》《教育政策导论》《教育政策与法规》等也陆续出版,为本科生或研究生的学习提供了比较丰富的可选择的学习资源。但是,一个学科或专业的发展除了具备基础的知识体系之外,还需要有推进知识生产创新的方法体系,在这方面,无论是教育政策学科还是其他相关学科都有待加强。

本书就是在此方面努力的一个成果,聚焦于教育政策的"研究"方面,重点在于研究方法论和具体方法的探讨,介绍了国内外有关教育政策研究的经典案例,梳理了教育政策的研究问题或主题,剖析了开展教育政策研究的学科基础或理论视角,分析了教育政策研究中所运用的主要方法,提炼了研究所得出的主要结论;为读者呈现了不同语境、不同视角下围绕诸多教育政策问题开展教育政策研究的不同路径;为大家开展教育政策研究提供思想资源或实践策略,为大家提升教育科研方法赋能助力。

本书是集体协作的成果,具体的章节作者如下:第一章、第二章黄忠敬;第三章、第四章肖驰;第五章、第六章朱锐锐;第七章王倩;第八章樊梦婷和陈唤春;第九章张睿和黎佳;第十章至第十二章唐立宁。

黄忠敬

华东师范大学教育学系

目 录

第一部分 绪 论

第二部分 学 科 基 础

第三部分　过　程　研　究

第四部分　关　系　研　究

第一部分

绪　论

政策科学诞生于 20 世纪 50 年代,第二次世界大战之后国家职能增强,决策的风险增大,国家活动要求决策与项目可靠的信息和建议,政府期望通过社会科学来发展公共政策。政府相信,它们面临的一些难题可以通过社会科学家的研究知识与技术得到解决。政府因此转向政策科学家寻求帮助。为此,政府雇用了大量的政策专家来帮助思考社会问题,建立一些项目并评估项目的效果。此时期凯恩斯主义大行其道,人们普遍相信,政府干预对解决社会问题既是可期待的,也是必需的。人们普遍认为,提高社会项目的开支不仅能够增强国家经济的业绩,也能够确保更大的机会均等,尤其通过各种再分配的措施。

同时,学术研究也越来越关注现实问题,应用型的理论研究不断增强,研究者对政府运作以及如何参与政府决策也发生了兴趣,围绕一些现实问题开始与决策者一起合作。政府之外的政治群体也开始参与决策过程,寻求信息为特殊的政策偏好辩护。这就不可避免地模糊了决策者与研究者的边界,也模糊了政府内外政策分析者的边界,模糊了政策制定与政策顾问的边界。随着政策建议资源的多样化,游说人群和团体不断涌现,专家也掩饰他们自己的特殊利益。

在政策研究的早期阶段,主要是政策科学家运用"政策科学"的方法,探索发展、执行和评估公共政策,在很大程度上满足国家的需要,帮助国家建立优先项目,确保项目的效率与效果。这样,就出现了所谓的"理性主义(rationalist approach)"的政策研究方法,即描述决策的步骤,从分析政策背景与解释政策选项范围,到政策选择、产生、执行和评估的整个过程。这样,政策研究作为一个领域,通过学术的努力,与社会变革紧密相连,逐步推进决策由经验决策走向科学决策。

然而,在 20 世纪 80 年代,理性主义的政策研究方法开始失去风采,原因是:首先,方法并不能产生它所期望的可靠的、普遍的和可预计的政策知识;其次,理性主义方法所依赖的实证主义社会科学观念受到质疑,至少受到了挑战;第三,新的理论不断得到发展,比如批判理论、女权主义、后结构主义、后殖民主义等,不断削弱理性主义方法所主张的知识基础和价值中立立场;第四,许多政策干预所依赖的凯恩斯主义理论也失去了大众的支持,尤其是撒切尔政府和里根政府对其的意识形态攻击。新自由主义的市场意识形态在全球占了上风。新自由主义的全球化过程不断改变着公共政策发展的政治、经济与文化语境。

在全球化的语境下,公共政策超越了国家的边境,在全球体系中定位公共政策的发展。尽管国家政府仍然对发展本国的政策拥有绝对的权威,但这个权威已经不再是单一的了,它受到全球力量的广泛影响,国际组织比如联合国教科文组织(UNESCO)、经济合作与发展组织(OECD)和世界银行等在全球的影响越来越大。受到跨国力量与世界联结的影响,全球政治关联和全球共同体正在改变着人们的认同感和归属感。旧的理论与方法论已经不再够用了,需要新的视角来理解世界的政策过程与不断增强的网络化,这要求一种新的全球想象力,需要全球视角与超越民族-国家(nation-state)的视角。

这些转型不可避免地影响到教育政策。随着全世界的教育制度变得越来越庞大和更加复杂,政府要么不能要么不愿意支付教育膨胀,因而寻求市场的解决办法。拒绝凯恩斯主义与福利国家,政府不断缩小在教育中的作用,更加依赖于市场的机制。从而导致了教育目的与治理从社会民主向新自由主义的转变,导致了一方面教育的公司化、私有化和商业化,倡导学校选择,另一方面越来越需要教育问责,强化标准化和绩效考核。同时,教育的目的重新定位为窄化的人力资本,教育的角色是满足全球经济的需要并确保国家经济的竞争力。①

① Rizvi F, Lingard B. *Globalizing Education Policy*[M]. London & New York, Routledge: Taylor & Francis Group, 2010, 1 - 4.

第一章
什么是教育政策研究

📖 本章导语

　　本章辨析了政策、教育政策等概念,回溯了教育政策的发展历史,探讨了教育政策研究的两种传统,介绍了教育政策研究的学科视角,分析了教育政策研究的主题,呈现了教育政策研究的主要方法。

📋 学习目标

1. 了解公共政策与公共政策发展历史脉络;
2. 掌握教育政策概念和教育政策的发展历史;
3. 熟悉教育政策研究的主题;
4. 熟悉教育政策研究的主要方法。

🗂 知识导图

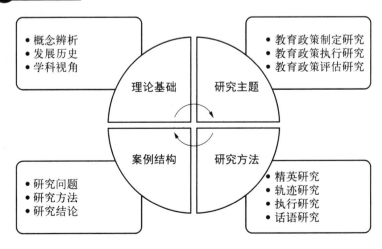

第一节　什么是"政策"与"教育政策"

一、政策的内涵界定

1. 政策界定的不同视角

对教育政策的理解是建立在对公共政策的理解基础之上的。综合目前一些公共政策专家的观点，主要从以下几个方面来界定公共政策：

（1）政策是由政府或政党所制定的计划或规划。如政策科学的创立者拉斯韦尔（Harold D. Lasswell）和卡普兰（Abraham Kaplan）认为，政策是"一种含有目标、价值与策略的大型计划"。[①]

（2）政策是政府或政党对社会所做的权威性的价值分配。这是戴维·伊斯顿（David Easton）的观点，他认为"政策是对全社会的价值做权威性的分配"。[②]

（3）政策是政府或政党选择作为或不作为的行为。如著名的政策专家托马斯·R. 戴伊（Thomas R. Dye）认为，"凡是政府选择作为或不作为的行为就是公共政策"。[③]

（4）政策是政府或政党的一系列活动过程。詹姆斯·安德森（James E. Anderson）认为，"政策是一个有目的的活动过程，而这些活动是由一个或一批行为者，为处理某一问题或有关事务而采取的"。[④]

以上这些界定，都是从某一方面对公共政策所做的阐述，尽管在一定程度上揭示了公共政策的内涵，但不可避免地带有片面性，只不过是政策在不同层次的形态表征而已。比如，把政策视为计划或规划就忽视了行动的维度，把政策理解为价值分配就把指导行动的准则等同于行动本身，把政策界定为政府选择作为或不作为的行动也过于宽泛，它忽视了政府决定（选择）与政府行动之间的不一致。戴伊强调公共政策，也就是政府制定的政策。然而，其他的机构如跨国机构和企业也参与制定政策，越来越多的私营部门也卷入政策过程。所以应当扩大视角，强调政策过程中的公私伙伴关系和多主体网络互动关系。另一方面，有时"无决策"也是真实决策的政策表达，政策和权力的重要表现形式常常是有意抑制的。这样，政策的表达是沉默式的，或许是有意的，或许是无意的。政策会导致预期的和意想不到的结果。有预期的结果，更有难以预料的结果。

> 政策既指文本，书面的文本，也指过程，涉及文本的生产、执行过程和政策的评估。政策既指文本，也指行动，既指语言，也指行为。

有鉴于此，我们认为政策不仅仅是计划和目标，也不等同于价值分配，更不等同于政治行为，也不只是操作性和动态性的，政策应当是它们的集合。政策既指文本，书面的文本，也指过程，涉及文本的生产、执行过程和政策的评估。

① Lasswell H, Kaplan A. *Power and Society*[M]. New Haven: Yale University Press, 1970: 71.
② Easton D. *The Political System*[M]. New York: Kropf, 1953: 129.
③ Dye T R. *Understanding Public Policy*[M]. 6th. Englewood Cliffs, N. J.: Prentice-Hall Inc., 1987: 2.
④ 詹姆斯·E. 安德森. 公共决策[M]. 唐亮, 译. 北京: 华夏出版社, 1990: 4.

政策既指文本,也指行动,既指语言,也指行为。

正如有学者指出:"一般的文献总是表面化地把政策定义成规则、社会目标、方案、政府决策、计划、项目,甚至法则、法案等具体文件化的范本……实际上,政策具有不同的深层形态:首先,它是一种政治行为,政策是政府意志的体现。它表征:政府想干什么,怎么干,不想干什么,为什么不想干。政策还是一种过程概念,这种过程性表现在政策是政府为达到某一既定目标而采取的一系列可操作性的活动。因而它是动态的并与历史的过去和未来有关。政策还可视为是一种权威性的社会价值分配方案。对某一具体政策而言,这种价值分配将在与政策相关的目标群体范围内进行……政策又是有关集体成员之间的一种默契,它要求所有成员,在给定的环境下能把握其他成员的行为准则。"①

2. 政策的概念与要素

考虑到教育本身的复杂特征以及教育政策涉及多维度的事实,我们在本书中使用广义的政策概念,即把政策界定为以政府和政党为代表的公共权力机构为了解决公共问题,实现一定的政治、经济、文化目标,通过一定的程序制定的行动方针、准则以及相应的行动过程,其表现形式包括方针、路线、战略、规划、规章、条例、决定、纲要、办法、通知、法律和法规等外显的形式以及相应的行动策略等动态的形式。

> 政策是以政府和政党为代表的公共权力机构为了解决公共问题,实现一定的政治、经济、文化目标,通过一定的程序制定的行动方针、准则以及相应的行动过程,其表现形式包括方针、路线、战略、规划、规章、条例、决定、纲要、办法、通知、法律和法规等外显的形式以及相应的行动策略等动态的形式。

这一界定至少包括政策四个方面的构成要素。(1)政策的主体。政策要体现主体的意志,这个主体是指国家权威机构、政党等政治实体。在我国主要是指中央和地方各级党委、各级人民代表大会(如教育上的教科文卫委员会)、政府(教育上主要是指其中的各级教育委员会)。(2)政策的客体。即政策所作用的目标对象,包括所要处理的事和所要作用的人两个方面。(3)政策的目标。政策总是为了解决一定的社会问题,为了实现一定的目标,这反映了政策的方向。(4)政策的过程。政策是由一系列的行为规范和活动过程构成的,规定了目标对象应该做什么和不应该做什么,以及哪些行为受鼓励和哪些行为被禁止等措施,并要求对象开展一系列的政治行动以实现政策目标。

二、政策意味着什么

理解什么是政策是重要的,但更重要的问题是:以政策的名义,人们做什么?②

1. 政策意味着变化

政府通过颁布政策来改革教育制度,政策期待并想象着变革,代表着期待与想象的

---

① 张金马. 政策科学译丛总序[M]//叶海卡·德罗尔. 逆境中的政策制定. 王满传,等,译. 上海:上海远东出版社,1995:Ⅰ-Ⅵ.

② Rizvi F, Lingard B. *Globalizing Education Policy*[M]. London & New York, Routledge: Taylor & Francis Group, 2010, 5-16.

未来,代表着公共利益,公共的善。政策更像是蓝图而不是处方。政策不仅是政策文本或合法化的文本,政策生产和执行的过程也是题中应有之义。政策存在于语境中,文本总是受到生产它的语境的影响。它们有先前的历史,联接着以前的政策、特殊的个体和机构。政策也受到公私关系的影响。理解教育政策文本和生产与执行的过程必须有空间思维(spatial thinking),作为空间关系的地方、国家与全球因素体现在教育政策诸多环节中,并在动态的变化过程中不断相互影响与相互作用。

2. 政策也意味着对问题的回应

政策以某种方式建构问题,这有别于基于研究的实证或理论分析。问题的本质从来不是自明的,它总是以某种方式出现。因此,政策提出了解决这些问题的方案。"问题的问题(problem of the problem)",意思是为了赋予政策方案合法性的问题建构的方式。与其说是客观的,不如说是被建构的。

3. 政策也意味着指令性的规则

这关注了政策的权威性、命令性,政策设法改变人们的行为与实践,向特定的方向变化。它涉及各种资源的分配,比如人力、经济与意识形态的资源等。政策执行从来不是简单的,也并非完全行政命令式的。政策执行需要充足的资金,也需要专业的支持。从文本的生产到执行实践需要付出诸多的努力,有复杂的争议、抑制和反弹,是协商与妥协的结果。

4. 政策是价值的权威性分配

价值是政策的核心,政策就是使用政府权威分配资源以支持偏好的价值。1953年,伊斯顿提出了政策就是"价值的权威性分配"的概念,政策是规范性的(normative),以一种权威的方式,要么表明了某些价值,要么预设了某种价值,并引导人们行动起来。以资金支持的方式,有些给予资金,有些拒绝给予资金。政策是价值负载的,通常在经济效率与社会公平之间寻求平衡。比如 OECD 的政策,市场效率取代了对公平的关照,这种经济主义的教育政策导致了过于强调人力资本的生产,以确保国家经济的竞争力。多数国家都是采取经济取向的政策改革,这种工具价值取向一直得到强化,教育的作用是生产知识经济,这种主导话语已经在全球蔓延。

5. 政策的合法性来自权威

政策的合法性一般来自政府。伊斯顿使用"权威(authority)"这个概念是经过深思熟虑的,它区别于"权力(power)"。伊斯顿认为权威就是合法化的权力(legitimate power)。一项政策意味着确保权力得到合法化的行使。这种合法性是通过各种制度规范和实践来实现的。然而,在权威与权力之间作出区别并不总是界线分明的。权威宣称有时掩盖了并没有达成认同的权力。未说的或未讲的可能是霸权主义最明显的特征,在那里,常识不受挑战。尽管政策体现权威的方式缺乏清晰性,但是伊斯顿的界定还是很有用的,

> 权威问题是政策研究者描述政策过程的核心。国家使用它的权威来合法化政策,反过来,使用政策来合法化它的权威。

尤其是因为它强调了理解政策向实践进行合法性转化的重要性。对于政策研究者而言,无论是实证主义和理性主义传统的研究者,还是倾向于解释主义和批判理论方法的研究者,权威问题是他们描述政策过程的核心。

例如,斯蒂芬·鲍尔(Stephen Ball)把探索权威的本质与范围看作是政策研究的中心任务。他认为,政策研究涉及政策的三个主要内容的分析:文本、话语与影响。政策总是争议性的、价值负载的,也是动态的,是各种力量妥协的结果。它们被编码为命令和应当做什么的形式,常常以文本的形式呈现出来,同时又在一个具有权威性的更广泛的话语框架之内。因而,政策分析涉及文本的解码,既与它们嵌入的背景有关,也与它们建构的背景有关,并与它们实施的效果有关,连接着更广泛的社会效果,有时称之为"政策结果(policy outcomes)"。如果权威是理解与分析政策的中心,那么作为政策基石的权威来源于哪里,如何行使或分配? 谁有权威制定政策,确保政策方案得到同意,并指导实践?

就公共政策而言,传统上认为拥有这种权威的是民族-国家。人们认为,如果没有这种权威,公共政策既得不到资源的支持,也没有指导行动的象征价值。事实上,国家使用它的权威来合法化政策,反过来,使用政策来合法化其权威。正是通过这些动力,国家设法管理社区的期待,并培养充分参与其政治优先事项的主体/公民。它利用各种专业组织、制度安排和媒体确保政策按照既定的方式得以落实。正如福柯(Michel Foucault)所说,在当代社会,国家在创造"自我治理个体"上发挥了主要作用,他把此过程称为治理术(governmentality)。

然而,基于制度、领域和集权化特征的权威概念,如果没有大众的同意,不可能持续下去。它要求社会的想象力,一个人们对政治权威本质与范围的集体概念。它要求人们同意把国家形成看作不可避免的,永久的和自然的,与领域有关并完全合法的。这个观点就像本尼迪克特·安德森(Benedict Anderson)所说的"想象共同体(imagined communities)"的概念。

正式的学校教育在发展和维持国家想象力方面发挥着主要作用。民族-国家得到广泛认可,拥有权威性实施它的愿望,有时甚至通过暴力形式。这种权威的行使,通过社会想象力来灌输。布迪厄(Pierre Bourdieu)把它称为"象征性的暴力(symbolic violence)"。大部分教育政策研究仍然在民族-国家的权威视角之下,认为政策在其边界之内得到发展。

然而,民族-国家的概念越来越受到争议。一般认为,在"民族-国家"建构中的"民族"指在一定疆界空间内的人们的文化与历史,民族与国家认同,而"国家"指在疆界空间内的行政管理结构,政治与管理的结构。传统上,人们一直认为一项公共政策的合法性来自一个民族-国家拥有对其公民的权威,这个权威可以通过各种国家结构与过程进行行使。我们将指出,全球化如何消解这个假设,并为重构民族和国家创造条件。教育政策越来越全球化,要求用新的路径开展教育政策研究。[①]

三、如何理解教育政策

1. 教育政策概念的不同视角

目前主要存在这么几种对教育政策的理解:

(1) 从方针、准则、计划的角度来界定,代表性的观点有:"教育政策乃是实现教育

---

① Rizvi F, Lingard B. *Globalizing Education Policy*[M]. London & New York, Routledge: Taylor & Francis Group, 2010, 11 - 14.

目的的公共方针之体系","教育政策是负有教育的法律或行政责任的组织及团体为了实现某一时期的教育目标和任务而规定的行动准则","教育政策是一个政党或国家为实现一定时期的教育任务而制定的行为准则"。① 这些对教育政策的界定主要是从静态的角度来理解教育政策,强调的仅仅是外在形态的教育政策。

（2）从权利的角度来界定,认为教育政策本质上是教育权利和利益问题,它涉及教育权利的分配与再分配。代表性的观点是:"教育政策是有关教育的政治措施,是有关教育的权利和利益的具体体现。"②

（3）从过程的角度来界定,认为教育政策是指经过问题认定、政策形成与评估等多阶段的过程,也是一个政策循环的过程,这个循环与政策文本生产、执行和影响的背景密切相关。③ "教育政策是一种有目的、有组织的动态发展过程,是政党政府等政治实体在一定历史时期,为实现一定的教育目标和任务而协调教育的内外关系所规定的行动依据和准则。"④

（4）从多维度的视角来界定,主张从现象形态、本体形态、过程形态和特殊性质四个维度来理解教育政策。教育政策的现象形态即是教育领域政治措施组成的政策文本及其总和;教育政策的本体形态即教育利益分配;教育政策的过程形态即动态连续的主动选择过程;教育政策的特殊性质即指教育兼具公益性与特殊性的特点。⑤

尽管对教育政策的理解千差万别,但我们认为,在理解教育政策上至少应当强调这么几点:（1）教育政策往往是政府或政党的行为,它属于公共政策范畴,这就有别于私人组织或机构制定的规则规章;（2）教育政策具有非常明确的政治目的或政治特色,它体现的是官方的意志;（3）教育政策是对教育所做的权威性的价值分配,它是价值负载与意识形态渗透的;（4）教育政策建基于政治的逻辑和实践的逻辑而不是学术的和科学的逻辑,它追求的是改变教育的实践而不是为了揭示教育的规律,但它并不否认或排斥在教育政策研究中会运用规律和发现规律。

> 教育政策是指以政府和政党为代表的公共权力机构为了解决教育问题,实现一定的教育目标,通过一定的程序制定的有关教育方面的行动方针、准则以及相应的行动过程,其表现形式包括教育规划、纲要、方案、计划、决定、意见等文本的形式以及相应的教育行动策略。

2. 教育政策的概念

教育政策是一个"复数"的概念而不是一个"单数"的概念,是一个复杂的、建构的和多层面的概念。在我们对公共政策理解的基础上,我们试着对教育政策给予一个规范性的定义。我们认为,教育政策是指以政府和政党为代表的公共权力机构为了解决教育问题,实现一定的教

---

① 筑波大学教育学研究会. 现代教育学基础[M]. 钟启泉,译. 上海：上海教育出版社,1985：195；成有信,等. 教育政治学[M]. 南京：江苏教育出版社,1993：201；袁振国. 教育政策学[M]. 南京：江苏教育出版社,1996：115.

② 张新平. 简论教育政策的本质、特点及功能[J]. 江西教育科研,1999(1)：37-42.

③ Taylor S., Rizvi F., Lingard B., Henry M. *Educational Policy and the Politics of Change*[M]. London and New York：Routledge,1997：24-25.

④ 孙绵涛. 教育政策学[M]. 武汉：武汉工业大学出版社,1997：10.

⑤ 刘复兴. 教育政策的价值分析[M]. 北京：教育科学出版社,2003：36-44.

育目标,通过一定的程序制定的有关教育方面的行动方针、准则以及相应的行动过程,其表现形式包括教育规划、纲要、方案、计划、决定、意见等文本形式以及相应的教育行动策略。

它着重要解决的问题是教育改革要实现什么样的教育目标,谁来制定教育政策,如何制定教育政策以及如何评估教育政策等一系列活动。其核心是教育权威的分配和再分配。从载体形态来看,教育政策包括教育计划、方案、决定、意见等;从内容来看,教育政策包括教育政策目标、政策对象、政策内容以及政策措施等;从主体来看,教育政策包括国家教育政策、地方教育政策和学校教育政策等。

总之,这种"复数"的教育政策既包括文本,又包括过程;既包括计划,又包括行动;既包括话语,又包括行为。也就是说,政策不仅包括政策制定者的意图或计划,而且包括根据这些计划所采取的行动;政策不仅是权威性的命令,而且是能够检查目的和手段的不确定预言;政策不只是官方行动的单一决定,而且是一个活动过程,还要与其他力量一起合作;政策不但是实现实实在在结果的工具,而且是动员政治利益集团的有力象征,也是使权力合法化的意识形态。我们要用复杂、动态的眼光来理解教育政策的概念,避免对教育政策理解的简单化、片面化、固定化。

3. 教育政策的独特性

教育政策是一般政策中的一个特殊政策(另外还有经济政策、税收政策、环境政策、医疗福利政策等),它具有一般政策的基本特征,但它不是一般公共政策的简单演绎。教育政策具有其内在的独特属性,主要表现在以下方面。

第一,教育政策具有明显的公益性导向,尤其是义务教育阶段的教育政策,要体现出公益性、公平性、全民性等特征,政府应当在其中承担起更大的责任。

第二,教育政策的权力相对分散,教育领域中的权力不像其他组织如军队、政府部门那样集中,社会大多数公民由于接受过教育或正从事教育自己子女的工作,认为对教育比较了解,有教育的话语权,也有参与教育管理的欲望,这一状况无疑增加了教育政策的难度和复杂性。

第三,教育政策应当以人为核心,而不能以利益为核心,不能仅仅追求短期的效益,不能过分追求量化的效率,作为一种培养的事业,教育政策应当始终以学生的积极、主动、健康的成长为核心,让学生全面地发展。

四、教育政策的分类[①]

1. 作为计划的政策与作为行动的政策(intent versus action)

在"作为计划的政策"和"作为行动的政策",即应当的政策和实际发生的政策之间作出区分是很有必要的。这种区分的一种表述方式是把"政策文件(policy statements)"界定为"政

> 教育政策有多种分类方式,即作为计划的政策和作为行动的政策、实质性政策与象征性政策、分配性政策、管制性政策与再分配性政策、作为文本的政策与作为话语的政策。

① 黄忠敬. 教育政策导论[M]. 北京:北京大学出版社,2011:9-19.

府做事的计划声明",把"政策行动(policy actions)"界定为"政府做的事情",以区别于政府所说计划要做的事情,有时会有许多冲突和不明确的地方。在政策文件和政策行动之间的区别表明政策并不仅是制定然后执行(或不执行)。相反,在正式的政策计划和随后人们与机构的行动之间时常会出现紧张。

2. 实质性政策与象征性政策

实质性政策(substantial policy)又称工具性政策,它提供的是具体、有形的资源或实质性的权力,或一些真正不利的条件和因素。象征性政策(symbolic policy)很少对人们产生实际性效果,只具有象征性的意义,政策宣传或声明与人们实际所得的往往不相符合。

当然,多数政策是实质性与象征性行动的结合,或者二者之间可能发生相互的转换。如果政策缺乏实施的基础或条件,或者存在行政机关执行不力、缺乏资金等情况,一些实质性政策就会变成象征性政策。如我国正在推行的素质教育课程政策,在某些地方可能由于缺乏师资、硬件、设备、课程资源等条件而在很大程度上成为象征性的。

3. 分配性政策、管制性政策与再分配性政策

西奥多·洛伊(Theodore Lowi)把政策大致分为三类:分配性政策(distributive policies)、管制性政策(regulatory policies)和再分配性政策(redistributive policies)。分配性政策给予公民各种"赠品",包括物品、服务或权利,主要通过三种方式:津贴、合同和非限制性特许。管制性政策是运用常规术语表达的正式规则,它适用于许多人群,这些规则依靠政府强制性地实施,对违反规则的人员进行惩罚等。绝大多数管制性政策的形式是法律或政府行政机关的规则,其主要内容是鼓励或禁止某些行为。

再分配性政策是指那些使资源或权力从一种社会团体转移至另一种社会团体的政策。在转移资源和权力的过程中,政府试图控制人们的行为,这种控制是通过改变行为的条件或操纵环境实现的,因而具有间接性。再分配性政策大致分为两大类:转移资源的再分配性政策和转移权力的再分配性政策。这些再分配性政策总是在不同利益群体之间进行利益分配,尤其关注对特殊人群或弱势群体的照顾,其目的是为了保持各集团之间的利益均衡,促进社会的和谐发展与稳定。但从历史的角度来看,这些政策常常会引发大量的争议,有时会导致激烈的意识形态冲突。①

4. 作为文本的政策与作为话语的政策

作为文本的政策(policy as text),主要是指一些外在化的、文本化的静态物质形态,一般表现为直接的、成文的教育政策文件、指导纲要或法律法规、措施、方针、规定、准则、计划、纲要、条例、细则等。作为话语的政策(policy as discourse),政策话语不单单是"文本"或只是"语言"和"言语",而是社会生产意义得以发生的社会现实的建构。

斯蒂芬·鲍尔认为政策文本被更大范围的话语所形塑。文本指实际的文本语言,使用某种语言来表示意义。比如,政策常常用第一人称复数,如"我们"或者"我

---

① Fowler F C. *Policy Studies for Educational Leaders: An Introduction* (Second Edition)[M]. New Jersey: Pearson, Education, Inc, 2004: 240-245.

们的",力图反映或建构政策制定者与阅读者之间的公认的共识。鲍尔认为,这个文本处于更大的话语之中并受之影响,是概念化语言的更加复杂的方式。正如他所言:"话语不仅是有关说什么、想什么,而且是有关谁说、何时说、在哪里说以及带着什么权威说。"

鲍尔的话语概念来自福柯,意味着政策是相互关联的集合体——政策合体(policy ensemble)。他认为,我们需要重视政策关联的方式,相关政策的集合,通过"真理"与"知识"的生产使用权力,这就是话语。话语帮助我们安放自身——话语讲我们,而不是我们讲话语。那么,政策文本与政策合体被话语形塑,为了更好地抓住实际的政策,我们需要理解这些话语。政策合体的概念也意味着组成合体的政策之间的"互文性(intertextuality)"。互文性不仅指具体、明确的对其他政策文本的相互参照,而且指不明确的对其他回应性语言、段落与概念的参照。在本书中,我们使用"社会想象力(social imaginary)"的概念。这表明,政策不仅存在于话语之中,而且存在于想象之中,这些想象塑造了事情的发展方向。[①]

第二节 教育政策研究的发展脉络

教育政策研究的兴起是随着公共政策研究的兴起而发展起来的,而公共政策研究又是由社会的需求和社会科学知识的发展所决定的。作为一门越来越走向独立的教育政策学,明确它应该是一门什么样的学科,具有哪些相对独立的研究内容、成熟的研究方法以及规范的学科体制,尤其对研究方法和方法论作出系统的梳理,才能为该学科的发展奠定较好的基础。

一、政策研究的发展脉络

政策总是伴随着人类的政治历史而产生的,随着人类社会的发展而演变,但是政策科学研究作为一门独立学科诞生还是 20 世纪中叶的事。1951 年,斯坦福大学出版社出版了由拉纳(Daniel Lerner)和拉斯韦尔主编的《政策科学:范围和方法的最近发展》(*The Policy Sciences: Recent Developments in Scope and Method*)一书,被称为现代政策科学诞生的标志。由此兴起了一场旷日持久的政策科学运动。拉斯韦尔的政策科学理论构成了政策科学发展的第一个里程碑,指明了社会科学中的政策科学方向。[②]

这样,拉斯韦尔从政策科学产生之初,就试图确定政策科学研究的基本范畴、研究领域和研究方法,确定范畴和研究领域的目的就是要产生更多和更好的跨学科政策科

---

① Rizvi F, Lingard B. *Globalizing Education Policy*[M]. London & New York, Routledge; Taylor & Francis Group, 2010: 8.

② Lerner D, Lasswell H D. *The Policy Sciences: Recent Developments in Scope and Method*[C]. Stanford, California; Stanford University Press, 1951;徐湘林. 公共政策研究基本问题与方法探讨[J]. 新视野,2003 (6): 50-52.

学知识,以参与政府的决策并解决公众关心的议题,在研究方法上他受到当时比较盛行的行为主义的影响,非常强调科学实证主义。在这样的原则指导之下,政策科学在随后的十几年里,在定量方法和技术方面尤其是运筹学、系统分析、线性规划和成本-效益分析等方法和技术得到了长足的发展。尤其是德洛尔(Yehezkel Dror)的政策科学研究三部曲,进一步发展了拉斯韦尔的政策科学思想,形成了比较系统的政策科学体系。他在1968—1971年出版了政策科学的三本著作,从而进一步发展和完善了拉斯韦尔的政策科学理论。20世纪70年代中期以后,推进政策科学研究的一个重要人物是美国伊利诺斯大学的那格尔(Stuart S. Nagel),他先后写了《政策研究和社会科学》《政策评价》《当代公共政策分析》和《政策研究百科全书》,这不仅促进了以量化分析为主导的政策分析在政策科学运动中的迅速发展,而且确定了政策科学的独立地位。

本时期政策科学研究的理论基础主要是系统科学、管理科学、政治学、经济学等。德洛尔的政策研究就是以系统科学和管理科学为基础理论和方法,以科学理性为标准,发展形成了政策系统分析理论。查尔斯·林德布洛姆(Charles Lindblom)以政治学为基础理论,以相互影响和作用的社会政治因素为研究对象,以反映民主政治为标准,探索社会政治因素互动条件下公共政策的制定过程。

有学者深入分析了建立在实证主义基础之上的政策研究的特征:(1)政策目标。一个或一系列可被明确认定的社会状态,例如人均国内生产总值的上升、失业率的下降、罪犯率的减少、升学率的上升、辍学率的下降、学校之间种族分隔指数的下降、国民公民意识的提升等;(2)因果关系。探究并论证政策目标力求实现的社会状态背后的成因,主要通过各种社会实验(包括教育实验)或社会调查的量化方法来论证,例如探究学生辍学的成因、寻求造成学校间种族分隔的原因或论证促进学生公民意识的因素等;(3)政策措施(或称手段)。根据有关因果分析可以对各个可行措施作出成效分析以至于"成本-效益"分析,继而作出理性的抉择;(4)决策与执行。根据以上探究与分析,政府就可以对其特定政策行为作决定,并设计落实成为技术上可行的政策行动纲领,予以颁布执行;(5)评鉴及检讨。当政策措施推行一段时间后,政府可以并且应该对政策目标的实现情况或程度作调查研究,并对有关政策措施予以检讨及修订。① 这种政策研究是理性的、价值无涉的,基本上继承了实证社会科学把社会现象视为"事实(fact)"的一种理解,政策自然也被界定为一个客观存在的事实。

这个时期除了科学实证主义的方法论之外,在研究对象上比较关注政策的制定,拉斯韦尔认为政策科学的研究对象是以制定政策规划和政策备选方案为焦点,德洛尔认为政策科学或政策研究的核心是把政策制定作为研究和改革的对象。② 早期的政策科

① 曾荣光. 教育政策研究:议论批判的视域[J]. 北京大学教育评论,2007(4):2-30+184.
② Lerner D, Lasswell H D. *The Policy Sciences: Recent Developments in Scope and Method*[C]. Stanford: Stanford University Press, 1951: Ⅷ-Ⅺ;斯图亚特·那格尔. 政策研究百科全书[M]. 林明,等译. 北京:科学技术文献出版社,1990:7.

学研究也受到美国著名思想库兰德公司(RAND)的影响,其主要目的是对政策进行科学评估和预测,所运用的研究方法主要是经济学、数学和统计学等定量方法,也强调实质性的政策个案分析,并围绕具体政策评估建立许多适用范围有限的分析工具和方法,这对以后的政策研究都产生了巨大的影响。

20 世纪七八十年代之后,政策科学得到了新的发展。这表现在:第一,政策的价值与伦理问题越来越受到关注,传统的科学实证主义的政策研究受到批判,认为传统的政策研究过分地注重实证与技术主义,无法解释丰富多彩的政策现象与政策问题。一些政策学者开始从政治学、社会学、哲学、伦理学等角度来研究政策问题,强调政策事实上是社会价值的权威性的分配。政策研究不能避开各国的政治制度、政治文化和意识形态的差异与对立,如美国哈佛大学法学院教授特赖布(Laurence Tribe)在美国《哲学与公共事务》杂志(1972 年第 2 卷)上撰文《政策科学:分析还是意识形态》,批评传统的政策科学是披着科学分析外衣的意识形态。加拿大学者康韦(Thomas Conway)在《社会科学家、政策和国家》一书中写了一篇有关"政策科学的危机"的文章,向传统的政策科学研究提出挑战。第二,政策科学的研究对象从以前关注政策制定到更加关注政策执行与政策评估。随着美国联邦政府干预力度的加强,以及推行了诸多重大的变革政策,客观上产生了对这些联邦项目执行效果进行评估的需要,政策执行和政策评估受到广泛关注,代表性的成果有哈佛大学肯尼迪政府学院发表的《公共政策执行问题的报告》,指出政策执行过程的政治与官僚方面的研究被忽视。加州大学伯克利分校的普雷斯曼(Jeffrey L. Pressman)和维尔达夫斯基(Aaron Wildavsky)等人在《执行:华盛顿的伟大期望是如何在奥克兰破灭的》一书中非常关注失误的政策能否终止、如何终止以及采取何种终止策略等问题,提出了政策终结和周期理论。这些研究都偏向于后行为主义和后实证主义的取向。

21 世纪之后,政策研究开始关注政策的协商、辩论、说服等本质,关注的重点不再是发现政策现象中具有普遍性的因果规律,也不再把政策界定为客观存在的事实,而是致力于探究在特定社会脉络下,支配着公共政策范畴的"话语(discourse)"的形成,从而揭示和批判特定政策话语的合理化和制度化的意识形态以及结构性的偏向与扭曲。强调政策研究的价值有涉,并主张由政策分析来取代政策科学。强调政策分析价值维度的典型代表是美国知名政策专家德博拉·斯通(Deborah Stone),在《政策悖论:政治决策中的艺术》一书中,作者批判了公共政策领域实证的科学化倾向,揭示了政策分析背后的价值问题,列举了诸如公平、效率、自由和各种衡量尺度这些主要的政策分析范畴,指出这些看似平常的范畴背后的价值倾向,它们所反映的不同利益内涵,这些价值的冲突与调和体现在政策分析和政策制定的全过程中,政策分析人士的首要任务就是解释并澄清潜藏在背后的价值争端。正如作者所说,政治家们通常至少有两个目标:第一个是政策目标,即他们乐于见到如其所愿的成就或挫败某个项目或建议,他们乐于看到某个问题得到适当的解决;第二个是政治目标,即他们总是想要维持自己的权力,或者得到更大的权力,以便能够实现其政策目标。她指出我们用来设定政策目标、界定政策问题和判断解决方案的每一个分析标准都是具有政治意义的构造,就平等、效率、社会尺度、因果关系、效能或者任何别的什么东西而言,都不存在所谓的"黄金标准"。这就超越了传统的纯粹理性分析，①更加关注复杂动态的政治生活与社会实践。

总之，政策研究的主要方法有实证主义的、解释主义的和批判主义的研究。随着后现代主义、女权主义和后殖民主义理论的发展，传统上的实证主义越来越受到质疑，而后实证主义的方法则受到更多的关注。发展到今天，政策科学表现出两个突出的特点：一是政策科学研究的范式发生了明显的转向，即从静态研究转向了动态研究（从文本文献分析到政治活动本身的研究），从形式研究转向过程研究（从制度、法律条文等外在形式转向政策制定过程），从理论研究转向应用研究；二是政策科学研究成果相当丰富，比较典型的有托马斯·戴伊的《理解公共政策》和《自上而下的政策制定》、詹姆斯·莱斯特（James P. Lester）的《公共政策导论》、威廉·邓恩（William N. Dunn）的《公共政策分析导论》、迈克尔·豪利特（Michael Howlett）的《公共政策研究》、弗兰克·费希尔（Frank Fischer）的《公共政策评估》、约翰·金登（John W. Kingdon）的《议程、备选方案与公共政策》、詹姆斯·E. 安德森的《公共政策制定》、德博拉·斯通的《政策悖论：政治决策中的艺术》、盖伊·彼得斯（B. Guy Peters）等的《公共政策工具》、杰伊·沙夫里茨（Jay M. Shafritz）等人的《公共行政学经典》等（图 1-1）。

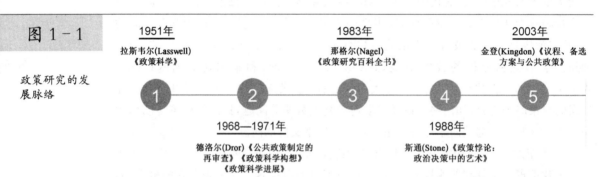

图 1-1

政策研究的发展脉络

1951年		1983年		2003年
拉斯韦尔(Lasswell)《政策科学》		那格尔(Nagel)《政策研究百科全书》		金登(Kingdon)《议程、备选方案与公共政策》
①	②	③	④	⑤
	1968—1971年		1988年	
	德洛尔(Dror)《公共政策制定的再审查》《政策科学构想》《政策科学进展》		斯通(Stone)《政策悖论：政治决策中的艺术》	

政策科学的发展历史至少给我们几点启示：第一，政策科学源远流长，在当代政策科学出现以前，政策科学经历了漫长的孕育时期；第二，政策科学具有明显的实践取向。政策研究本质上带有行动研究的特性，它不是为学术而学术的象牙塔行为。其目的在很大程度上是为政策制定者提供相关知识或信息，以便他们作出决策；第三，政策研究取决于其需求环境的形成。需求环境兴旺，政策研究就发达。这是政策研究的社会根源；第四，政策科学的理论、方法和技术总是伴随着社会经济、政治和文化的变迁而不断发展变化。②

---

① 斯通认为，就理性分析来说，每一件事情都有一种也仅有一种清楚的含义。事情也许都是要么好要么坏，要么大要么小，要么多要么少。但是，理性分析的一个标志在于，找到一个共同的指称，即一个用以测度和判断的标尺。她对这种观点持批判的态度，主张必须从权力博弈和政治斗争的角度来加以分析。参见：德博拉·斯通. 政策悖论：政治决策中的艺术[M]. 顾建光，译. 北京：中国人民大学出版社，2006：15（前言）.

② 黄忠敬. 教育政策导论[M]. 北京：北京大学出版社，2011：25-32.

二、教育政策研究的发展脉络

1. 西方教育政策研究的发展

1982 年世界著名的瑞典教育理论家托尔斯顿·胡森(Torstén Husen)在斯德哥尔摩大学成功组织举办了首次国际性的教育决策者与教育政策研究学者共同参加的教育政策分析会议,十多个国家的教育部长和几十位学者就"教育研究与教育政策是什么关系"这个话题从不同的角度进行了研讨,此次会议成为国际教育政策研究史上的重要事件。教育政策研究逐渐引起广泛的关注,并取得长足的进步,主要表现在以下方面(图 1-2)。

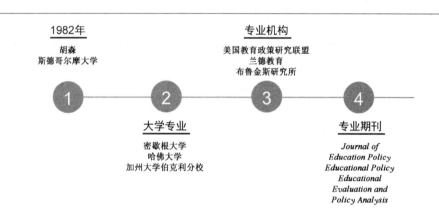

图 1-2

教育政策研究
的发展脉络

第一,教育研究为教育决策服务的趋势越来越明显。世界银行、重要的国际基金组织支持的教育研究项目差不多都是政策研究的项目,在比较研究领域,政策比较研究更是研究的主导力量,正如埃德蒙·金(Edmund J. King)在《别国的学校和我们的学校——今日比较教育》这部比较教育名著中强调的,"比较教育的研究,实际就是教育政策的研究"。[1] 为加强科研与决策的联系,日本国立教育研究所已更名为"日本国立教育政策研究所"。新西兰教育部资助的教育研究的第一重点是"战略政策研究",就是分析影响教育结果的重要因素,并在确定国家政策重点的决策过程中发挥重要作用;第二重点是"监控教育系统实情",就是使教育部能把握新西兰教育发展的走向。韩国教育开发院作为国家教育研究和开发中心,对教育政策、战略和计划的制定作出了重大贡献。20 世纪 90 年代末,韩国教育开发院成为独立的教育研究机构,并把工作重心放在政策性研究上,旨在办成一个"世界一流的教育政策研究国家中心"。[2]

第二,产生了一批教育政策的理论研究成果。比较有影响的著作包括:胡森和科根(Maurice Kogan)的《教育研究与政策:它们如何联接》(1984)、詹姆斯·马歇尔(James Marshall)的《教育政策》、桑德拉·泰勒(Sandra Taylor)等人的《教育政策与变

---

[1]　埃德蒙·金. 别国的学校和我们的学校——今日比较教育[M]. 王承绪,等,译. 北京:人民教育出版社,1989:第一章.

[2]　周南照. 加强教育科研,促进教育创新[J]. 教育研究,2003(9):3-12.

革政治学》、弗朗西斯·福勒(Frances Fowler)的《教育政策学导论》、艾伦·奥登(Allan R. Odden)的《教育政策执行》、帕特西亚·芬斯特(Patricia F. First)的《学校管理者的教育政策》、斯蒂芬·鲍尔的《政治与教育政策制定》、麦瑞蒂斯·霍宁(Meredith Honig)的《教育政策执行的新方向》、迈克尔·阿普尔(Michael Apple)的《教育的"正确"之路》、弗雷德里克·赫斯(Frederick Hess)的《不让一个孩子掉队读本》、保罗·皮特森(Paul Peterson)等人的《不让一个孩子掉队：学校问责的政治与实践》、帕崔克·麦吉恩(Patrick McGuinn)的《不让一个孩子掉队与联邦教育政策的转型》，等等。以上只是挂一漏万式的列举，其实，教育政策研究成果最常见的形式还是公开发表或未公开发表的调查报告、研究报告、政策简报、政策摘要等，这方面的成果数不胜数。

　　第三，在一些著名大学增设了与教育政策研究有关的学院、系或专业方向。随着政策科学知识的不断丰富以及社会对政策科学人才需求的增长，一些著名高校开始兴办公共政策专业的研究生教育。1967 年至 1971 年，出现了第一批公共政策或公共事务学院或研究所，如密歇根大学公共政策研究所、哈佛大学肯尼迪政府学院、加州大学伯克利分校公共政策学院、兰德公司研究生院、杜克大学政策科学研究所等，通过这些机构培养教育政策专业的学术人才。在教育方面，几乎所有著名大学都新设了与教育政策研究有关的学院、系或研究方向，有的干脆将原先的教育学院、教育系改名为教育政策研究学院、教育政策研究系或类似的名称。美国俄勒冈州则成为教育政策研究中心；教育政策学也成为许多著名大学的研究课程或专业，比如斯坦福大学的教育学科群中有"教育政策研究"群，伦敦大学教育学院有政策研究系，香港大学和香港中文大学教育学院都有"教育政策与国家发展"的博士研究方向。① 根据 2008 年美国《新闻与世界报道》的研究成果，美国教育政策专业排名前十的大学依次是斯坦福大学、哈佛大学、威斯康星大学麦迪逊分校、范德比尔特大学、哥伦比亚大学教师学院、密歇根大学安娜堡分校、宾夕法尼亚大学、密歇根州立大学、宾夕法尼亚州立大学帕克分校、加利福尼亚大学洛杉矶分校，这些大学不仅培养教育政策的学术型人才，而且注重培养应用型人才。斯坦福大学以培养学术型教育政策人才著称，其教育学院的三个有关教育政策的专业全部授予文学硕士或哲学博士学位，而不授予教育硕士或教育博士学位；与此相反，哈佛大学则以培养应用型人才为目的，只授予教育硕士或博士学位。②

　　第四，从事教育政策研究的机构如雨后春笋般建立。最典型的是 1985 年美国五所知名大学哈佛大学、斯坦福大学、密歇根大学、宾西法尼亚大学和威斯康星大学麦迪逊分校联合组建的"教育政策研究联盟"，1995 年成立的"美国教育政策研究中心"，等等。它们是专门从事教育政策研究的机构。另外，还有一些传统的综合性的思想库于 20 世纪 80 年代中期以后开始关注教育政策研究，代表性的思想库有布鲁金斯研究所布朗教育政策研究中心、兰德教育、遗产基金会教育政策研究等。也有一些基金会开始资助教育政策研究，如卡内基基金会、福特基金会、洛克菲勒基金会、斯宾塞基金会等。

　　第五，出现了教育政策的专业期刊。教育政策研究的专门杂志纷纷出刊，如英国的

①　袁振国. 教育政策学[M]. 南京：江苏教育出版社，1996：3-4.
②　黄忠敬，王湖滨. 美国教育政策专业人才培养探析[J]. 教育研究，2009(11)：76-81.

《教育政策杂志》(*Journal of Education Policy*)，就是专门关注教育政策制定、政策执行和政策在各级层面上的影响，不仅有理论分析，而且有历史与比较的研究，也关注政策分析与评估报告；美国的《教育政策》(*Educational Policy*)和《教育评估与政策分析》(*Educational Evaluation and Policy Analysis*)也是非常关注教育政策的理论、实践与政策个案的分析研究。《教育政策》创刊于 1987 年，强调跨学科的教育政策研究视角，关注决策的实际后果与可选择的途径，考察教育政策与教育实践的关系，在 2007 年美国 105 个有关教育的期刊中排名第 63 位。《教育评估与政策分析》创刊于 1979 年，关注政策分析、评估和决策，尤其强调通过多学科来开展教育政策研究，在 2007 年美国 105 个有关教育的期刊中排名第 17 位。根据美国《教育周刊》教育编辑项目主任斯万森(Christopher Swanson)公布的《影响教育政策的因素》研究报告，对美国教育政策产生很大影响的刊物分别是《教育周刊》《纽约时报》《教育信托》《华盛顿邮报》《教育未来》等。[1]

国际教育政策研究凸显出这样几个特点：第一，教育政策研究组织机构设置的立体网络化。自 20 世纪 70 年代末 80 年代初起，各种教育政策研究机构如雨后春笋般涌现；第二，教育政策研究种类多样化，既有侧重理论探讨的政策研究(policy studies)，也有侧重应用研究的政策分析(policy analysis)；第三，教育政策研究方法日趋综合化，大量使用自然科学和社会科学的研究方法；第四，教育政策研究主体相对独立和自主性日趋强化，使研究能够挑战权威、求真求实，保持中立客观；第五，教育政策研究理论与实践发展相互促进。[2]

2. 中国教育政策研究的发展脉络

在我国，教育政策研究作为一个新兴的领域在 20 世纪 80 年代中后期得到迅猛发展，主要表现为以下方面(图 1-3)。

图 1-3　中国教育政策研究的发展脉络

一是研究队伍发展壮大。由以前政府职能机构扩展到大学的研究者，一批有强烈社会责任感并有志于推动社会科学进步的学者开始走到了政策科学研究的前沿。1999年 8 月，首届教育政策分析高级研讨会在华东师范大学举行，来自中央和地方教育行政部门的领导、大学和研究机构的学者以及第一线的教育工作者参加了会议，就教育政策的理论和实践问题进行了广泛而深入的讨论与对话。这次会议为推进教育政策科学的研究作了一次有意义的尝试，不仅开拓了中国教育政策这个全新的研究领域，而且开辟

[1] Swanson C B, Barlage J. *Influence: A Study of the Factors Shaping Education Policy* [EB/OL]. http://www.edweek.org/media/influence-study.pdf.

[2] 曾天山，金宝成. 我国教育政策研究的回顾与展望[J]. 教学与管理，2001(13)：11-16；谢少华. 当今国外教育政策研究特点述要[N]. 中国教育报，2000-6-17.

了教育决策人员和学者成功对话的先河。自 1999 年之后,每年举行一次教育政策的高级研讨会,在此基础上形成研讨的成果《中国教育政策评论》①,每年一期,每期集中关注一个教育政策问题,关注的问题包括高校扩招、基础教育改革、课程政策、教师专业发展、教育督导、基础教育均衡发展、教育制度创新、科研体制改革、教育公平政策、教育质量标准、教育国际化、学校内部公平、2035 年教育、教育实证研究、后疫情时代教育、教育数字化转型等,不仅有教育政策的理论探讨,而且注重教育政策热点分析,在教育决策部门和理论界产生了越来越大的影响。

二是科研机构相继建立。2015 年国家颁布了《关于加强中国特色新型智库建设的意见》,强调要"形成定位明晰、特色鲜明、规模适度、布局合理的中国特色新型智库体系",智库如雨后春笋般蓬勃发展。从经费来源与主体来看,主要包括:第一,以政府所属的教育政策研究为主体,如中国科学院与中国社会科学院、教育部直属的国家教育发展研究中心、中国教育科学研究院,地方教育行政部门直属的如上海教科院、北京教科院以及各省的教育科学研究院等;第二,以高校为主体的教育智库,主要有北京师范大学中国教育政策研究院、华东师范大学国家宏观政策研究院等;第三,民间教育智库,比较有影响力的如 21 世纪教育发展研究院等。21 世纪以来,这些研究机构得到进一步发展,对教育政策产生了越来越大的影响力。

三是学会组织逐步建立。2000 年,成立了中国教育学会教育政策与法律研究分会;2017 年,成立了中国教育发展战略学会教育政策专业委员会,聚合了全国的研究力量。

四是学科建设不断完善。不仅翻译出版了大量国外教育政策的经典,而且出版了具有本土特色的教育政策著作。引进的国外教育政策经典著作包括斯蒂芬·鲍尔的《政治与教育政策制定》、弗朗西斯·福勒的《教育政策学导论》等。同时,国内一些大学开始尝试建设教育政策学专业并开发相关的课程,如华东师范大学、南京师范大学于2005 年开始设置教育政策学专业并培养教育政策学的硕士生与博士生,北京师范大学于 2008 年设置了教育政策学与教育法学专业,授予博士学位。相关的研究成果有袁振国的《教育政策学》、吴志宏等的《教育政策与教育法规》、孙绵涛的《教育政策学》、张乐天的《教育政策法规的理论与实践》、刘复兴的《教育政策的价值分析》、吴遵民的《教育政策学入门》、范国睿的《教育政策研究》、黄忠敬的《教育政策导论》、陈学飞的《教育政策研究基础》、中国教育与人力资源问题报告课题组的《从人口大国迈向人力资源强国》、转型期中国重大教育政策案例研究课题组的《缩小差距——中国教育改革的重大命题》、张力的《教育政策的信息基础》,等等。

五是有关教育政策的科研课题与经费投入不断增加。有研究者指出,伴随国家教育科研立项和投入经费不断增加,教育政策研究的分量随之也不断增加,并在整个教育规划课题中比重不断提高。据 20 世纪 90 年代初的调查,20 世纪 80 年代 582 个主要研究机构开展各类科研课题总数为 4337 个,其中教育发展战略与宏观管理有 481 个,占总数的 11.1%。"八五"期间五类课题(系指国家社科基金、中华社科基金、青年社科基

---

① 袁振国.中国教育政策评论[M].北京:教育科学出版社,2000-2021.

金、国家教委重点和青年专项)中,教育发展战略类有 19 个,占课题总数的 6.3%,资助经费实数为 27.4 万元,占资助经费总数的 6.6%。"九五"期间,仅五类教育发展战略课题项目就达到 30 个,占课题总数的 4.7%,资助经费增长到 56 万元,约占资助经费总数的 6.8%。[①]"十二五"期间(2010—2015 年),共立项课题 2 147 项,其中年度立项课题 2109 项,专项课题 38 项。与"十一五"相比,虽然立项课题总数呈下降趋势,但年度立项课题数在基本持平的基础上小幅增加。在经费投入上,为 19 700 万元。与"十一五"相比,"十二五"期间教育科研经费投入实现了大幅提升,这表明国家对教育科学研究的重视程度和支持力度在不断加大。[②]

随着教育决策的民主化、科学化和绩效化的呼声越来越高,教育研究的功能和研究的价值也越来越表现为对教育政策的贡献。不少成果对国家或地方政府决策产生了重要影响,提高了这些决策的科学性,促进了教育工作实践的健康发展。一方面,主要开展了影响国家教育发展政策的综合研究,研究成果在不同程度上影响了《中共中央关于教育体制改革的决定》《中国教育改革和发展纲要》《面向 21 世纪教育振兴行动计划》《中共中央国务院关于深化教育改革全面推进素质教育的决定》《国家中长期教育改革和发展规划纲要(2010—2020 年)》《中国教育现代化 2035》和《中华人民共和国国民经济和社会发展第十四个五年规划和 2035 年远景目标纲要》等重要教育改革政策,发挥了研究的重要作用。另一方面,主要开展了地方、区域和学校方面的中微观的政策研究,如地方教育发展战略研究、区域教育政策研究和农村教育政策研究等。近年来,区域教育政策研究越来越成为热点,经济社会的不平衡发展决定了教育发展也必须采取非均衡战略,"九五"期间出现了一批有价值的研究成果。《不同区域教育现代化的理论与实践研究》《中国贫困地区教育发展研究报告》和《特贫困农村地区教育综合改革研究》,为西部教育大开发做了先期的理论准备。始终贯穿"七五""八五"和"九五"的农村教育整体改革研究,主要是利用教育科学的理论,在不同经济发展类型和水平的农村地区,研究农村教育如何适应农村经济社会的发展,促进农村两个文明建设的不断发展。随着 21 世纪的到来和我国教育改革的逐步深入,"三农"问题成为新一届政府关注的重要问题,而农村教育问题也成为重中之重。如何促进农村地区的发展,如何保护弱势群体的教育,如何促进教育的均衡发展等问题成为当前极其值得关注的政策问题。党的十八大以来,国家高度重视教育事业,把教育摆在优先发展的战略位置,将公平和质量作为主要追求,坚持教育为社会主义现代化建设服务、为人民服务,坚持改革创新,以凝聚人心、完善人格、开发人力、培养人才、造福人民为工作目标,把立德树人作为教育的根本任务,全面实施素质教育,立足基本国情,遵循教育规律,培养德智体美劳全面发展的社会主义建设者和接班人,加快推进教育现代化、建设教育强国、办好人民满意的教育。

在研究进展方面,表现为:由规划性研究转向宏观决策研究;由传统教育内部的发

---

① 曾天山,金宝成. 我国教育政策研究的回顾与展望[J]. 教学与管理,2001(13):11-16.

② 刘贵华. 中国教育研究新成就——全国教育科学规划"十二五"学科发展研究[M]. 北京:教育科学出版社,2019.

展研究转向教育系统与经济社会系统协调发展的研究,以教育环境和教育主体关系的研究为逻辑起点;由狭隘的教育增长转向教育系统的全面发展研究,更加强调整体优化、协调发展;由单一的人力需求预测研究方法转向综合运用多学科研究方法。①

有研究者指出,中国教育学发展的重要走向是"教育政策研究"。② 公共教育政策已经成为教育学研究者关注的一个重要领域。人们讨论的问题领域相当广泛,例如,国家与教育,政府、市场与学校,政府的教育功能,市场介入教育的可能性,教育与社会分层,教育发展中的地域不平等和人群不平等,学校的法律地位及其办学自主权,教师的法律地位及教师与学校的法律关系,构建学习型社会,终身教育和全民教育,等等。"以2003年《教育研究》杂志所发论文为例,来说明教育学研究的这种转向。该杂志2003年共刊登各类教育学术论文181篇(不包括书评与学术动态两个栏目的15篇文章)。其中应用研究类论文占论文总数的50.28%。这说明,研究者不再仅仅侧重于教育基本理论研究,而是更加注重研究课题对实践的指导作用与应用价值,相当多的论文是以政策作为研究的出发点的。"③

三、教育政策研究的独特性

以上公共政策在研究方法上的拓展与深化,对教育政策具有非常重要的启发意义。作为公共政策领域中的一个重要组成部分,教育政策研究必须凸显如下几个基本特点。④

1. 以问题为中心而不是以学科为中心

这里主要强调教育政策研究是一个综合性、跨学科的研究领域。教育政策问题变得越来越复杂,不是某一学科或几个学科所能解决的,它需要大量的知识与方法,因此教育政策研究需要借鉴政治学、经济学、社会学、管理学、心理学、哲学、统计学、运筹学、系统分析等学科的知识与方法,并倡导不同研究领域的学者一起协同攻关,共同解决所面临的诸多教育问题。这些问题都是现实的、迫切需要解决的,政策研究的重点不是关注如何"解释",而是如何"解决"。

2. 以行动为取向而不是以学术为取向

教育政策研究是一门以行动为取向的学科,它遵循的是政治的逻辑和实践的逻辑而不是学术的逻辑,关注的不是或不仅仅是教育的事实或规律,而是教育政策背后所体现出来的价值或利益,体现了不同利益集团之间的博弈。正如美国社会学家科尔曼(James S. Coleman)所言:"对政策研究角色的理解,存在两种截然不同的学派。其一是把政策研究视为政策决策者与政策研究者之间的私人对话。政策决策者提出问题,政策研究者只充当'君王的谋臣',运用现有科学知识提供所需的答案……另一个学

① 曾天山,金宝成. 我国教育政策研究的回顾与展望[J]. 教学与管理,2001(13):11-16.
② 劳凯声. 中国教育学研究的问题转向:20世纪80年代以来教育学发展的新生长点[J]. 教育研究,2004 (4):17-21.
③ 劳凯声. 中国教育学研究的问题转向:20世纪80年代以来教育学发展的新生长点[J]. 教育研究,2004 (4):17-21.
④ 黄忠敬. 教育政策导论[M]. 北京:北京大学出版社,2011:32-34.

派——亦是我们所认同者——则视政策研究为一种公众的活动,在这一活动中根本就没有单一的政策决策者,而政策研究者的角色只是多元利益中间的仆人。政策研究的最终贡献是提升达致政策结论的话语水平……研究的结果并不能确定政策的执行,它只是使政策过程更为公开的众多意见之一,它只是提供一个窗口使更多人能更有效地提出他们的利益与理想。"①教育政策研究需要关注这些利益集团的不同诉求,分析其不同的价值取向,以实践行动为取向,以发现和解决教育问题为宗旨。

3. 以价值为导向而不是以事实为导向

教育政策研究不仅是一种描述性研究,更是一种规范性研究。它不仅关注事实,更关注价值;不仅关注科学性和学术性,更关注合理性与可行性。教育政策体现了主体的价值选择偏向,这种选择往往会涉及民主、平等、自由、效率等一类的价值。选择哪一种价值,并不仅仅是一个技术判断问题,而且往往需要伦理推导。正如曼彻斯特大学教授弥诺齐(Martin Minogue)所说:"公共政策针对复杂社会和经济世界,某种程度上又起源于复杂的社会和经济世界。在这个世界中,大量的因素确实无法量化……这几乎是老生常谈。你怎么用数字表示一位活生生的六年级学生的品质,表示一位老人或病人的烦闷,或者是失业青年的绝望? 正是这些因素引发了政治上的热情和敌意,也正是这样的激情至少在某种程度上影响了决策的政策过程。"②从这个角度来看,公共政策价值观或公共政策与伦理的关系问题在政策科学中占有极为重要的地位。③

4. 以人的发展为核心而不是以利益为核心

一方面,教育是一种培养人的社会活动,教育政策价值的实现必须依赖教师和学生的能动性、积极性、主动性的发挥,也依赖于教师与学生两个能动主体之间的交往与互动。另一方面,教育具有公益性的特点,主要是通过政府或非营利的教育组织提供非商品性的教育服务来实现,教育政策的效果不能体现在经济方面的价值,不体现为金钱、物质、地位等利益,而要以人的发展为依归,具体体现为个人身心发展的机会、拥有获得一定教育的权利、适合于个体发展水平的教育以及得到相应认可的资质,等等。其中很多方面是一种精神的诉求,而很难用金钱来衡量。十年树木,百年树人,教育效果的长期性与滞后性的特点也决定了对教育政策效果的评估不能采取短视或短期的视角。只追求短期的效益,只追求外显的量化指标,必定会伤害到学生的发展。一味地追求考试的分数,片面地追求升学率,过分的教育产业化,这些都忽视了教育本身的复杂性以及教育对象的发展性特征,忽视了教育政策多样化目标的特点。正如政策专家那格尔指出的,教育过程本身具有多种目标,在不同的教育机构中目标又具有含混性,评估教育成果具有先天的困难性。④

---

① 曾荣光. 教育政策研究:议论批判的视域[J]. 北京大学教育评论,2007(4):2-30+184.

② Minogue M. Theory and Practice in Public Policy and Administration[M]//in *The Policy Process: A Reader*, 2nd edited by Michael Hill. London:Prentice Hall, 1977:10-29.

③ 陈振明. 政策科学的"研究纲领"[J]. 中国社会科学,1997(4):48-61.

④ 斯图亚特·那格尔. 政策研究百科全书[M]. 林明,等译. 北京:科学技术文献出版社,1990:443.

第三节　教育政策研究的两种传统

就理论与方法而言,教育政策研究在不同的知识背景中会有所不同。从国家的层面来看,政策研究在不同国家的语境中存在不同的意义,在不同的国家背景中也形成了不同的研究传统。例如,比较英国与美国的教育政策分

> 英国主导方法来自批判社会学传统,而美国主导方法更多的是传统的工具主义视角,倾向于实证主义和功能主义方法论。

析,就可以看出不同的研究传统。英国主导方法来自批判社会学传统,而美国主导方法更多的是传统的工具主义视角,倾向于实证主义和功能主义方法论。然而,尽管差异是显而易见的,但是全球化加速了思想与学术的全球流动。现在已经出现了全球性的教育政策研究领域。①

一、教育政策研究的科学传统

在美国的语境中,第二次世界大战之后拉斯韦尔就发展了“政策科学(policy science)”的方法,教育政策分析在很大程度上属于教育政治学的框架范围,具有实证主义和功能主义的基础。

1951年,斯坦福大学出版社出版了由拉纳和拉斯韦尔主编的《政策科学:范围和方法的最近发展》一书,在书中,拉斯韦尔指出政策科学是“以制定政策规划和政策备选方案为焦点,运用新的方法对未来的趋势进行分析的学问”。具体来说,政策科学应当关注六个方面。首先,拉斯韦尔倡导的政策科学关心的是“社会中人的基本问题”,强调的是整个社会制度中个人的选择,它要解决的是社会中人的生活的民主问题,因此,政策科学是一门关于民主的科学。其次,政策科学研究具有跨学科的特征,它是将政治学、心理学、社会学、行为科学以及自然科学结合起来,同时又超越各个学科之上的带有革命性的、新的学科体系。第三,政策科学是一门要充分考虑时间与空间的学问,它是在特定的时间和空间被制定和执行,并为解决特定的社会问题和实现特定的社会目标而设计的,因此,政策科学研究在政策分析模型的选择时,必须具有充分的时间和空间的观念。换言之,既要重视政策研究的历史考察,又要立足于现实去预测未来的趋势,因此,政策科学是历史与现实结合的科学。第四,政策科学研究必须注重学术界和政府部门的相互合作,应当走学者与政府官员相结合的道路,学者应该了解政府官员对政策的认识及其掌握的相关数据资料,同时也应该有政府官员的参与。也就是说,政策研究既要重视政策的理论,又要重视实践的经验,因此政策科学是一门理论与实践相统一的学科。第五,政策科学研究的哲学基础应该建立在理论实证主义之上,政策科学应该追求政策的合理性,是一门用科学方法研究行动方向的学问,理论实证主义思维方式是政策科学学科研究的基本方法。既要强调运用分析模型、数学公式来追求政策的合理性,又要强调在高层次上将知识加以组织、整合,因此,政策科学成为理性与技术相结合的学科。第六,政

---

① 黄忠敬. 教育政策研究:传统、视角与方法[J]. 南京师大学报(社会科学版),2021(06):27-37.

策科学研究应该具有"发展的概念",当制定和实施一项以社会发展为前提的政策时,政策科学研究必须要了解和预测该政策将给社会带来什么样的变化。从这个角度来看,政策科学研究是一门以社会变化为研究对象、以动态模型为核心的学问。①

　　通过实证的方法或实验的方法开展基于证据的研究,是教育政策科学化的典型特点。一个著名的案例是 20 世纪 60 年代美国芝加哥大学社会学家科尔曼在美国 4 000 多所学校对 64 万多名学生和 2 万多名教师开展的大规模调研,研究美国教育不平等的问题。科尔曼于 1966 年向美国国会提交了《关于教育机会平等》的报告,史称《科尔曼报告》。他的研究不仅关注教育的投入如教育经费、教育设备、教师工资等,更关注教育的产出如学生学到了什么等。不仅关注学校的物质条件,更关注学生的社会背景和家庭因素,得出了决定学生成绩高低的并非学校的物质条件,而是学生的家庭背景因素的结论,从而重塑了美国的教育政策,对美国教育体系的变革产生了深远的影响。② 另一个著名的例子是美国田纳西州从 1985 年开始的班级规模对学生成绩影响的大规模随机实验研究,有 80 所小学的 1 万多名学生参加,通过实验组和对照组的班级规模的大小调整,来分析班级规模与学生成绩的因果关系。研究发现,小班化的确有利于学生学业成绩的提高,尤其对处境不利学生更有好处。这个研究成果成为美国一些州开展小班化政策的强有力依据。但是,这个政策并没有得到大面积的推广实施,因为这个教育成效需要大量的教育投入,而不是每个州都愿意投入那么高的教育成本。

　　21 世纪以来,美国政策科学研究开始关注基于证据的政策(evidence-based policy)。基于证据政策的兴起与新公共管理相关,与公共政策追求效率与效果的压力有关。这也可以视其为理性主义政策制定的当代版本。比如,为政策的研究,往往是一种委托的政策研究,通常假设一种理性主义的"工程"模式的方法论,涉及一系列的步骤,从具体的政策目标,分析可能的执行策略,选择执行可获得的资源,选择实现具体政策目标最有效的策略,到实际的执行。这种路径的目标与手段是绝对独立的,而效率与效果是最重要的运作价值。它强调证据和绩效计算。近些年来,这个路径,即通过数字来呈现政策现实,已经在全球畅行。罗斯(N. Rose)用"数字政策(policy as numbers)"这个短语来指称新公共管理理念下与某种结果问责相关的政策,通过一些主要的绩效指标来体现从而实现数字管理。③ 这些指标又被称为"审计国家(audit state)",很明显,这种审计文化对为了政策的分析和政策评估具有启示意义。

　　美国的政策分析倾向于在实证主义、多元论和功能主义的框架下关注政策的评价和执行。例如,美国教育研究协会(AERA)的期刊《教育评估与政策分析》体现了实证主义的风格,聚焦于教育评估与政策分析,以及教育政策与二者之间的关系,诸如使用多元线性模式来分析学校特点与学生成绩之间的关系,或者关注分析问责绩效等具体

---

①　Lerner D, Lasswell H D. *The Policy Sciences: Recent Developments in Scope and Method* [C]. Stanford, California: Stanford University Press, 1951;徐湘林. 公共政策研究基本问题与方法探讨[J]. 新视野, 2003(6): 50 - 52.

②　詹姆斯·S. 科尔曼,等. 科尔曼报告:教育机会公平[M]. 汪幼枫,译. 上海:华东师范大学出版社,2019.

③　Rose N. Governing by numbers: Figuring out democracy[J]. *Accounting, Organizations and Society*, 1991, 16(7): 673 - 692.

的治理政策的影响,等等。①

在美国,教育政策分析作为一个学术领域通常倾向于与教育政治学联系在一起,与法学联系在一起。美国的政策分析比英国更多地关注政策的法律框架和法律后果。美国的政策制定者高度关注法律挑战的可能性,通常一直到最高法院,而政策分析者必须考虑到如何在美国宪法的合法规范内制定政策。即使对美国的教育政策开展批判性研究,例如批判种族理论,也要考虑到合法性问题。

二、教育政策研究的社会学传统

政策社会学扎根于社会的传统,具有历史的视角,往往采用质性的研究方法和阐释学的分析方法。不仅是描述性与分析性的,而且是规范性和想象性的。政策社会学不仅描述了权力与政策过程的关系,而且也指出改进的策略。政策社会学建基于规范性原则基础之上,鼓励平等,尊重差异与民主参与。政策社会学分析拒绝价值中立,强调不仅要体现特殊的价值,而且本身就是一种价值活动。

在英国和欧洲大陆,教育政策分析一般都归于教育管理学,近些年教育社会学领域也开始关注教育政策分析,比如吉尼·奥兹加(Jenny Ozga)、斯蒂芬·鲍尔、高夫·惠蒂(Geoff Whitty)等都从社会学的视角来分析教育政策。从20世纪80年代开始,英国政策社会学的方法开始流行起来,在撒切尔夫人执政时期,教育社会学作为一个研究领域持续地受到攻击,导致许多教育社会学家转向政策分析。英国的政策研究就很注重定性研究,一些政策研究往往通过采用个案研究的方法。一些新马克思主义者运用批判理论来分析教育政策中的阶级、种族与性别等问题,一些学者关注国家与教育政策的关系研究,还有一些学者关注对精英的研究,通过人种学方法探究关键人物在政策制定过程中的重要作用。主要研究成果反映在这个领域一个重要期刊上,即英国的《教育政策期刊》(*Journal of Education Policy*),此刊物编委会包括批判理论家、哲学家、学校改革者、经济学者、心理学家和政治学家等一大批批判性学者,对教育政策开展批评性的研究工作。当时,政策社会学受到各种批判社会理论的影响,包括女权主义、后结构主义、后殖民主义和后现代主义等。盖尔(Trevor Gale)拓展了政策社会学的传统,提出政策历史编纂学、政策谱系学、政策考古学作为政策分析的方法,②而大量的政策学者如迈克尔·彼得斯(Michael Peters)开拓了基于福柯治理术(governmentality)概念的政策分析方法。澳尔森(Mark Olssen)也提出用福柯的方法分析全球化背景下的教育政策。③

在20世纪90年代,在英国语境中,斯蒂芬·鲍尔指出,批判教育政策分析受到诸多的评语与批评,也没有得到实证证据的支持。在过去20多年里,这个情景已经发生了变化。它面临着两种压力:第一是与社会科学理论的发展有关,而第二涉及受到政

① Rizvi F, Lingard B. *Globalizing Education Policy*[M]. London & New York: Routledge: Taylor & Francis Group, 2010: 57.

② Gale T. Critical policy sociology: historiography, archaeology and genealogy as methods of policy analysis [J]. *Journal of Education Policy*, 2001(16)5, 379-393.

③ Rizvi F, Lingard B. *Globalizing Education Policy*[M]. London & New York: Routledge, Taylor & Francis Group, 2010: 57.

府政策研究的影响,即受到新公共管理和基于证据政策的广泛运动的影响。教育的研究范式直接或间接成为政府政策的焦点(通过优先资助、产出和影响力的关注,鼓励政策相关的研究),力图使某些理论和方法框架高于其他框架。教育政策分析走向了折中主义(批评与功能主义的,定性与定量的),而且越来越关注理论与方法的问题。[1]

政策研究的社会学范式自然受到法兰克福学派、批判理论、福柯的知识与权力理论、布迪厄的文化资本理论、哈贝马斯(Jurgen Habermas)的交往行动理论以及后现代理论等多种理论流派的影响,强调政策研究的价值有涉,并主张由政策分析来取代政策科学。一些政策研究学者也批判了传统的政策研究把政策对象看作是事实的观点(policy as fact),指出政策不过是文本(policy as text)或话语(policy as discourse)而已,其中不乏语言、修辞的技巧,也需要不同"读者"对政策进行"再脉络化"。正如意大利学者马佐尼(Giandomenico Majone)所说,政治家早已一清二楚,但政治学家却每每忘记:公共政策是由语言所组成,无论是以文字或说话方式来表达,争辩始终是政策过程中所有阶段的核心……这种以争辩为核心的取向把政策分析一方面与学术性社会科学研究相区分,另一方面与以解决问题为本的方法学比如运作研究(operations research)区别开……政策分析学者若要在公众争议的场域内得到重视,就一定要说服他人,好像律师、政治家一样,从语言运用的基础出发,恒常地把他的工作建基在各种语言的技巧问题包括修辞问题之上。[2]

第四节 教育政策研究的学科视角

从研究的理论基础与学科视角出发,我们可以大致区分出三种教育政策研究方式,每种方式均有与此相关的更广的探究领域、典型的研究问题和研究方法。

> 从研究的理论基础和学科视角来看,教育政策研究有三种路径,即经济路径、组织路径和批判路径。

一种方式利用经济学来阐述教育结果的产品和有关市场运用于教育人员和服务的问题。典型的问题包括:学校教育的支出与学生的学习如何关联? 教育市场结构的变化(例如,变革老师雇用的局限)如何影响价格(例如,教师薪水)和生产率(例如,学生学习效果与教师挣得的工资之间的相关性)? 关注这些问题的研究通常使用日常教育制度运作的大量数据,分析方法建立在经济模式的基础之上。

第二种方式涉及组织研究,利用政治科学、社会学和组织理论来解释这样的问题,即正式的政策执行时的运作方式。典型的问题包括:政策的目的是什么? 当教育者和其他人试图执行政策时会发生什么? 哪些因素影响执行? 作为执行的政策与作为目标的政策有何区别? 政策的效果是什么? 如何比较期望的效果与实际的效果? 回答这些

---

① Rizvi F, Lingard B, *Globalizing Education Policy*[M]. London & New York: Routledge, Taylor & Francis Group, 2010: 58.

② 曾荣光. 教育政策研究:议论批判的视域[J]. 北京大学教育评论,2007(4): 2-30+184.

问题的研究通常综合使用文件分析、调查法、访谈和观察等方法。分析的典型方法包括对访谈的主题编码、调查数据的统计分析和对文件的分析。

第三种教育政策研究的方式,是利用批判理论来阐述有关政策与话语在立法和再生产社会地位与收入不平等方面如何发挥作用。典型的问题包括:最近的政府行动和社会趋势如何运作以维持当前不平等的社会结构?教育者甚至是好心的教育者如何开展不同方式的教学以便让穷人和富人在他们各自的位置上?回答这些问题所使用的学术理论通常是社会和政治话语,通常指决策者、新闻报道者和其他学者写的内容。分析的目标是重新解释宣称的政策,揭示有关社会阶级的假设,揭示政策维持当前社会地位的方式。①

一、教育政策研究的经济路径

"经济的方式"在这里要宽泛地界定,它以人们或组织用以预测教育成本与结果为特征。学校财政研究分析了拨款方式、规则、经济条件和可获取资金之间的关系,所谓的"生产功能"研究就是分析输入(比如学校特征、教师与学生)和输出(比如辍学率、学生成绩和学生学习)之间有相关性。拥有经济学知识的学者做了大量这方面的研究,而拥有统计学、社会学、政治科学和其他学科背景的学者也涉及这方面的研究。人力资本理论就是典型的经济研究路径,例如美国经济学家舒尔茨(Theodore Schultz)对美国 1929—1957 年教育投资增量的收益率所作的测算,1957年美国教育对美国经济增长的贡献率为 33%。世界银行的一些报告也指出,一些国家在过去几十年经济增长速度很快的一个重要原因就是进行了大量的人力资本投资。

教育政策的经济研究,重视因果关系,非常关注因果推理;重视人类动机分析,假设人们的决策是理性的,考虑到行动的成本与收益;重视对政策后果的预计,通过已有数据,对未来政策走向作出预测。经济学家和其他定量分析就建立了复杂的统计过程,分析共同变量,进行多元回归分析、工具变量分析,进行推断。结果,推断的有效性依赖于分析因果关系的统计模型。当研究与教育政策发生关联的时候,这项研究就成为政策研究,无论是当前还是未来都是如此。

经济学的研究在很大程度上依赖于分析单位与变量假设,结论很可能会随着分析视角和变量差异的不同而有所不同。这里的关键不是这种复杂的统计分析是否适当,而是对统计基础的怀疑。统计的复杂性并没有消除统计的理论假设,而这个理论假设很可能是错误的。对经济视角提出的批评包括人类行动是不可预测的,只能通过解释的方法才能理解,需要考虑到个体的具体情境与现实意义。因果推理往往依赖于未来是过去的重复这样的假设,也是值得怀疑的,因果关联有循环论证的嫌疑。经济视角没有考虑到价值的意义,往往是价值中立的,假设事实与价值的分离。选择并非完全基于事实,而是以价值为基础的。因此,经济教育政策分析不是价值无涉的,而是需要考虑

① Cohen D K, Fuhrman S H, Mosher F. *The State of Education Policy Research* [M]. Mahwah, New Jersey, Lawrence Erlbaum Associates, Inc. Publishers, 2007: 3 - 14.

到价值因素。

美国学者格思里(J. W. Guthrie)和考贝克(J. Koppich)从经济的视角考察了教育政策,分析了在美国非常有影响的全国性的教育改革,它们是:(1) 1958 年艾森豪威尔任职期间颁布的《国防教育法》;(2) 1965 年约翰逊任职期间颁布的《初等和中等教育法》;(3) 1975 年通过的《全国残疾儿童教育法》;(4) 20 世纪 80 年代开始的追求教育质量优异运动——《国家处在危险之中》。通过比较这四次教育改革时期政治和经济环境中的 9 种因素,发现其中影响教育改革的两大因素始终存在。第一,每次教育改革都是在特定因素的激发下进行的,包括苏联人造卫星发射成功或者一份什么委员会的报告。第二,经济繁荣支撑着四次教育改革的实施或启动。基于此,他们的结论是:经济繁荣是广泛的教育改革的前提条件。[①] 这一结论具有重要的启示意义。虽然不能说所有的经济繁荣都会激发教育改革,但教育改革总是在经济高速增长的背景下发生的,尤其是成功的教育改革更是如此。

二、教育政策研究的组织路径

"组织"的路径(organizational approaches)是分析教育政策执行的捷径,这些研究通过访谈与文本分析来描述政策执行,解释正式政策与真实政策之间的差距。通过对学区督学、校长与教师等的正式或非正式的访谈,研究者搜集有关政策目标与实际的执行情况数据。通过访谈校长和开展不同主体的问卷调查,搜集多方面的数据信息,通过这些数据的相互验证来描述政策的实际运作,分析政策目标的达成情况以及产生的不可预料的结果。

组织研究突出行动的理由,强调真实的情景,使用各种证据对真实情景中行动者作出解释。这种政策研究路径认为人们对他们目的和理解的自我报告是值得信任的。组织政策研究需要考虑多种证据,一个是行动观察,另一个是来自教育者本人的自我报告,通过多方证据解释行动的原因。政策执行与政策效果的组织研究,最典型的是带有强烈评估性的案例研究。它们把政策目标看作起点,然后阐释与解释政策的后果。问题是:在何种程度上政策实现了目标?如果结果与目标期待较远,政策需要修订或被抛弃吗?如果结果与目标一致,如何做使它更有效?为了政策更有效,政策如何适应其他的语境?这种政策分析更像是项目评估,具有强烈的应用取向,不是学术研究。

这种实践取向既有优点,也有缺陷。优点是及时回应政策制定者的问题,关注当前的利益,调整也比较容易实现。缺点是与政策制定者靠得太近,不能作出理论贡献,也不能照顾到长期政策目标。

运用组织视角开展教育政策研究的经典案例是美国斯坦福大学胡佛政治学院的约翰·丘伯(John E. Chubb)和泰力·默(Terry M. Moe)的合作研究《政治、市场和学校》,从制度视角分析作为组织的学校,以 500 所公立学校和私立学校作为分析样本,以 2 万多名学生、教师和校长为分析对象,搜集了大量数据,分析了政府与市场的关

---

① 弗朗西斯·福勒. 教育政策学导论(第 2 版)[M]. 许庆豫,译. 南京:江苏教育出版社,2007:65 - 66.

系,批评了科层制的缺陷,认为公立学校的校长更像是底层的经理人,而不是领导者,他仅仅是对公共机构负责的一名官员而已,多数重大的决策由高层管理者决定,由他们设定目标,校长仅负责贯彻这些政策,许多结构方面的决策也由高层威权决定,校长被各种正式的规范约束,重大的人事决策也由上而下地归属于民主威权结构。校长与教师没有权力为学校设定基本的发展目标,从外部强加给学校的目标堆积如山,却没有内在联系,最后让教师和学校管理人员迷失了学校发展的方向,根本无力组织起来成为积极合作的团队。① 因此,他们论证教育市场化的优势,将自由市场引入美国教育体系,以私立学校的办学模式改革美国的公立中小学,主张建立新制度改善学校,赋予美国人民择校的机会,倡导家长的"择校"运动,产生了广泛的影响力。

三、教育政策研究的批判路径

批判理论,与前述两种理论不太一样,采取一种与当前政策相反的立场。这些理论的出发点是认为当前社会与政治的组织模式维持了现在的权利与利益,需要进行不断的批判性反思。批判理论者不会迎合政策制定者,而是不断发现政策制定者的问题,他们有意地与政策制定者处于对立的立场。结果,他们不会直接参与政策的制定。然而,他们的目标是通过揭示政策内在的问题和分析政策制定者的目的意图与价值立场来改进政策。他们往往并不开展实证研究,而是依赖他人的研究成果,包括实证研究成果与政策团体的研究成果。

批判理论在很大程度上是对社会权力关系的分析,根据哈贝马斯和马克思的思想,批判理论认为社会的权力与利益是不同的,表现在种族、阶级与性别的差异。白人、上层阶级和男人拥有权力,他们有意或无意地控制了政策。批判理论者不断质疑政策的目标,质疑其他分析者对观察的事件的解释。经济的和组织的分析者或许诟病批判理论者不太关注"数据",而批判理论者诟病其他分析者过于"浪漫"地对待数据,没有理解隐藏其中的权力与不平等。②

英国著名教育政策专家斯蒂芬·鲍尔在《政治与教育政策制定》一书中,以英国1988 年《教育改革法》为焦点,通过对一些关键人物的访谈,批判性地分析了撒切尔夫人执政十年间教育政策的变迁及其形成过程,对此法案中规定的全国统一课程所引发的广泛社会争议进行了深入的考察,分析了教科部、皇家督学、地方教育当局、教师联合会等利益集团之间的斗争,剖析了影响教育政策制定的各种意识形态(如新右翼、新进步主义、新职业主义等),反映了政策实践过程中各种政治力量的冲突、斗争与博弈。他得出了这样的结论:"政策制定经常是非科学、非理性的。……教育政策不只是对上层利益作出直接的反应,而最好被理解为'不是反映某一个社会阶层的利益,而是对一个

---

① 约翰·丘伯,等. 政治、市场和学校[M]. 蒋衡,等,译. 北京:教育科学出版社,2003:61-62.
② Cohen D, Fuhrman S H, Mosher F. *The State of Education Policy Research* [M]. Mahwah, New Jersey, Lawrence Erlbaum Associates, Inc. Publishers, 2007:3-14.

复杂的、异类的、多种成分的组合体作出反应。'"①

第五节　教育政策研究的主题

从教育政策过程的视角,可以把教育政策研究的主题分为教育政策制定研究、教育政策执行研究和教育政策评估研究。

> 从教育政策过程的视角,可以把教育政策研究的主题分为教育政策制定研究、教育政策执行研究和教育政策评估研究。

一、教育政策制定研究

政策制定是整个政策过程的初始环节,是政党、政府为了解决某些教育问题,在考虑到当前社会政治、经济、教育状况的基础之上,明确教育问题之所在,建立教育政策议程、确立教育政策目标、设计并选择教育政策方案,最后将教育政策予以合法化的一系列活动。教育政策制定的科学性,有效地保障了政府在教育工作中的科学化水平,并在很大程度上决定了教育工作的质量。通过对教育政策制定相关研究进行梳理,有助于我们认识教育政策研究的现状,预测教育政策研究的未来趋势,对今后教育政策制定的相关研究也具有一定的借鉴意义。

一般来说,对教育政策制定有两种理解方式。一种是把教育政策制定理解为整个政策过程,它包括政策问题、政策议题、政策决策、政策执行和政策评估等几个阶段。另一种是把教育政策制定理解为政策形成(policy-formation)或政策规划(policy-formulation),指从问题界定到议案抉择以及合法化的过程。前者是广义地理解教育政策制定的概念,它把政策执行、政策评估等环节称为后政策制定阶段。后者是狭义的概念,认为教育政策制定过程与教育政策执行过程是两个完全不同的阶段。本书所探讨的教育政策制定过程,就是从狭义上来理解教育政策制定。它主要涉及教育政策制定到底经过了哪几个阶段(process)以及与之相关的,在此过程中各政策主体(actors)之间如何相互作用这两个根本性的问题。

> 本书所探讨的教育政策制定过程,就是从狭义上来理解教育政策制定。它主要涉及教育政策制定到底经过了哪几个阶段(process)以及与之相关的,在此过程中各政策主体(actors)之间如何相互作用这两个根本性的问题。

教育政策制定研究重点关注以下几个方面:(1) 教育政策制定的模式,包括精英理论、多源流理论、批判理论等;(2) 教育政策制定的研究主题,包括教育政策制定的过程、主体、影响因素、基于证据的决策等;(3) 教育政策制定的研究方法,包括文本分析法、案例研究法和比较研究法等。

二、教育政策执行研究

教育政策的美好设想和实践往往存在差距,教育政策的制定似乎很少考虑到其执

① 斯蒂芬·鲍尔.政治与教育政策制定:政策社会学探索[M].王玉秋,等,译.上海:华东师范大学出版社,2003:1.

行所必需的实际机制。因此,对学校实施政策能力的期望往往超过现实。20 世纪 70 年代以来,人们逐渐意识到,忽视教育政策执行产生了一系列严重的影响:投资于某一政策的公共资源本可以用于另一个项目,却被浪费了;在一些政策未能实施后,公民可能会开始对政策制定者和教育系统中的其他参与者失去信心和耐心,这导致通过一项未能实施的政策对于教育政策制定者来说是一种风险。教育政策的执行是一个复杂的、不断演变的过程,涉及诸多利益攸关方,如果政策目标不明确,可能会导致政策执行出现偏差。因此,理解教育政策执行的过程、澄清其决定因素并探索使其更透明和更有效的方法是至关重要的。

> 教育政策执行是将政策所规定的内容转化为现实的过程,也就是从计划到实践的过程。

教育政策执行是将政策所规定的内容转化为现实的过程,也就是从计划到实践的过程。它是政策循环中的第二个阶段,也是非常重要的阶段。在很长一段时间,人们总认为执行是容易的,没有什么问题,政策一旦被制定出来,就一定会得到很好的执行。但研究者对政策执行情况的研究表明,许多政策并没有被执行,即使执行了,也只是被部分地或者歪曲地执行,因此政策执行并不是一件想当然的事情。

教育政策执行研究的主要内容包括:(1) 教育政策执行的发展阶段;(2) 教育政策执行研究的主题,涉及教育政策执行的主体、执行机制和执行工具等内容;(3) 教育政策执行的视角与方法,包括自上而下、自下而上和整合模式;(4) 教育政策的理论视角,主要包括组织理论、网络理论和制度分析等。

三、教育政策评估研究

政策评估是政策动态运行不可缺少的环节,只有通过政策评估,才能对政策目标是否完成,政策是否应该继续执行、修改或终结作出正确判断。教育政策评估能够使教育政策根据社会政治、经济、文化发展的新情况及时进行调整,保证教育政策自身的合理性,从而有效引领和指导教育改革。教育政策出台和教育实践推进的复杂背景对政策效力提出了更高的要求,如何通过教育政策评估为教育政策的发展提供充足有效的证据成为当下教育政策研究亟待解决的问题。政策评估也是政策过程中必不可少的一步,一项政策在执行之后,制定者与执行者总是希望能够知道是否达到了预期的目标与效果,也希望政策得到公正和全面的评价,最好还能够根据评价的结果修正或终止政策。从这个角度来看,政策评估是非常重要的。尽管如此,现实情况并不令人满意。有些政策根本就没有接受评价,有些政策即使评价过,效果也并不十分理想,对政策变革的指导意义并不大。

教育政策评估研究的主要内容包括:(1) 教育政策评估研究的理论范式,包括目的理论、政治倾向理论、建构主义理论等;(2) 教育政策评估研究的发展阶段;(3) 教育政策评估研究的主题,包括评估主体、评估标准、评估

> 教育政策评估是评估主体依据一定的评估原则、评估标准和评估工具来评估教育政策目标、政策内容、实施效果及其影响的活动过程,它贯穿于整个教育政策过程之中,包括教育政策目标评估、政策内容评估、政策执行评估、政策效果评估和政策影响评估等。

体系等;(4) 教育政策评估研究的主要方法,包括价值分析法、成本-效益法、实验研究法等。

第六节　教育政策研究的主要方法

从政策过程的视角,教育政策研究可以分为精英研究、轨迹研究、执行研究和话语研究等不同的方法。[①]

一、精英研究

精英研究(elite studies)是通过对卸任的和现任的高级政策制定者的生命史研究方法(life history method)来关注长期的政策倾向。

> 精英研究(elite studies)是通过对卸任的和现任的高级政策制定者的生命史研究方法(life history method)来关注长期的政策倾向。

精英研究通常涉及对主要政策行动者进行访谈,以理解政策文本和政策环中的政策过程,尤其关注政策文本生产的政治性。这类研究认识到政治家和政策制定者之间关系的政治,以及政策制定本身的实际场所所涉及的政治。精英研究也涉及政策发展历史,关注随着时间发展的政策变化。例如,鲍勃·林加德(Bob Lingard)等人曾经采访了10年期间的高级政策制定者,教育顾问和教育部长,以理解澳大利亚教育政策在国家层面的发展以及联邦与州之间在劳动党执政(1983—1996年)期间的妥协过程。这项研究关注结构与主体,尤其关注政策过程中的现场与实践。事实上,正是这些采访,表明了全球教育政策的出现,以及OECD对澳大利亚教育政策制定的重要作用。

精英研究方法也存在方法上的问题,因为此研究利用访谈法来采访精英政策人物,因而需要有机会接触他们。对于这个机会,经验丰富的研究者往往比新手研究者要容易,研究者与被访谈者之间的权力关系越来越成为问题。采访过程也有性别与种族之分。有时访问的方法问题也可以提供重要的研究证据。例如,作为高级研究者,"我们"采访了许多参与1987年澳大利亚《学校女童教育的国家政策》制定的高级官员,"我们"有许多采访机会,但是"我们"的博士生就很难获得这样的机会,反映了他们不同的学术地位和不同的政策氛围。10年来,这些政策制定者更加关心自己所说的话,小心翼翼地检查采访手稿,以确保他们的话不会引起政治上的麻烦或问题。大量不同的政策研究数据搜集语境也告诉"我们"许多有关每项研究焦点所涉及的实质性政策,涉及性别平等,10年以后,焦点又在男孩问题上。[②]

---

① Rizvi F, Lingard B. *Globalizing Education Policy* [M]. London & New York, Routledge: Taylor & Francis Group, 2010: 58.

② Rizvi F, Lingard B. *Globalizing Education Policy* [M]. London & New York, Routledge: Taylor & Francis Group, 2010: 59.

二、轨迹研究

轨迹研究（trajectory studies）即跟踪一个具体政策的酝酿、产生政策文本的政府内部的微观政治学和政策付诸实践的案例研究。这种研究往往从详细采访这个政策出台过程中的关键人物开始，然后检视文件资料，接着做学校层次上的政策执行和采访学生家长，做具体的案例研究。轨迹研究涉及整个政策的不同阶段，从精英采访开始，关注政策的酝酿，在政策制定过程中的勾心斗角，在政策执行和接受政策影响中的斗争。

轨迹研究（trajectory studies）即跟踪一个具体政策的酝酿、产生政策文本的政府内部的微观政治学和政策付诸实践的案例研究。

这种研究与政策生态研究（policy ecology studies）类似，把政策定位在更大的生态系统中思考。韦弗-海托华（Marcus B. Weaver-Hightower）认为，"一个政策生态由政策本身和其他文本、历史、人们、地方、群体、传统、经济以及政治条件、机构和影响政策以及受政策影响的关系等组成"。[1] 轨迹研究追踪整个政策过程，政策生态研究也会这样做，但是它把政策文本与政策过程放在更大的语境中，正如"生态"的隐喻。公共政策的人类学方法也采取与生态学类似的路径，区别于学科内的框架。[2]

运用轨迹研究方法开展教育政策研究的经典案例，是澳大利亚昆士兰大学教育学院的政策研究学者鲍勃·林加德和芭芭拉·加里克（Barbara Garrick）在 1997 年对澳大利亚昆士兰教育部于 1992—1993 年实施的一项教育公平政策（Education's Social Justice Strategy）的研究。此研究分析了此项公平政策在教育部的出台过程，并追踪了此政策在一所中学的接受情况，此学校位于一个工人阶级的社区。此研究运用轨迹研究的方法，阐释了政策文本出台和在基层接受之间的紧张关系，考察了政府部门与学校等不同政策主体之间的协商、博弈与斗争，分析了影响政策发展轨迹的各种政治、经济和组织文化等因素，尤其强调校长和教师的重要作用。此研究剖析了作为学校主体的广大教师的抵制行为，并强调教师专业发展和教师的时间是政策从文本到实践的关键，进而反思了教育政策变迁过程中的宏观和微观政治学。[3]

三、执行研究

执行研究（implementation studies），即关注如何阐释政策文本以及这些文本如何转化为行动，政策在各级层面上的反应以及抵制行

执行研究（implementation studies），即关注如何阐释政策文本以及这些文本如何转化为行动，政策在各级层面上的反应以及抵制行为，所采用的方法是参与者观察法与采访，以及批判性的人类学案例研究。

[1] Weaver-Hightower, M B. An ecology metaphor for educational policy analysis: A call to complexity[J]. *Educational Researcher*, 2008, 37(3), 153-167.

[2] Rizvi F, Lingard B. *Globalizing Education Policy*[M]. London & New York, Routledge: Taylor & Francis Group, 2010: 59.

[3] Lingard B, Garrick B G. Producing and practising social justice policy in education: A policy trajectory study from Queensland, Australia[J]. *International Studies in Sociology of Education*, 1997, 7(2): 157-179.

为,所采用的方法是参与者观察法与采访,以及批判性的人类学案例研究。①

执行研究涉及政策实践的背景,使用各种研究方法,包括采访、观察、文献分析以及人种志的案例研究等。执行研究反对把政策制定与政策执行绝然分开,强调"执行者有明确的政策作用,并非仅仅是技术上的"。美国的执行研究一直关注教育政策分析,即为了政策的分析,二者的研究文献基本上重合。在美国,与执行研究有关的政策研究是政策评估,通常由政府或州行政部门委托,在委托者委托的研究范围内,仅限于满足委托者的要求。评估研究认为政策问题是给定的,根据行政与委托者的要求测量和评估政策的效果。传统上,评估研究运用理性主义的方法,受到实证主义认识论的影响。评估结果以及研究成果,常常发表在美国的《教育评估与政策分析》期刊上。

执行研究较早在美国引起重视,它起源于对政策实施的关注。在20世纪50年代和60年代,美国联邦政府支持多项教育改革,如修订科学教育和补偿教育等政策。联邦政府希望知道大笔钞票是否实现了预期的目标,因此政府组织了对这些改革项目的评估,结果却非常令人失望,很多政策根本就没有得到执行,比如一项执行研究的副标题就恰如其分地表达了当时的状况——"华盛顿的伟大期望是如何在奥克兰破灭的?"(*Implementation: How Great Expectations in Washington Are Dashed in Oakland*)。1966年4月,美国联邦、州、城市官员与地方领导者公布了一项计划,即对加州奥克兰地区的失业非裔美国人实施就业计划,由美国经济发展部领衔实施。但是,到了1970年,大部分项目并没有完成,培训项目从来没有落地,创造的就业岗位也是一般的,找到工作的工人并非政策的目标群体,商业贷款项目完全失败了。为了探索到底发生了什么,杰弗里·普雷斯曼和亚伦·维尔达夫斯基揭示了适用于公共政策的"执行"这个概念。他们没有泛泛而谈地讨论决策者数量和政策范围,而是更加关注对执行的批判,把焦点放在实际决策的数量。他们认为,许多决策者并不能总是预计到政策的发展方向,执行也不仅仅依赖于决策点的数量。他们建立了一个复杂的执行决策模型,认为在决策点甚至关键决策点上的"不"并不意味着项目的死亡,而是意味着花时间与资源进行重新协商,直到达成"是"。这些协商的结果导致了项目延迟,或者项目目标的妥协。他们对探索政策执行困难的研究,仍然对当今政策研究具有启示意义。例如,为了提高成功执行的可能性,管理者应当限制参与者人数,减少政策执行中的决策数量,意识到参与者的偏好强度对政策结果的影响。② 这种结果极大地激发了政策执行研究。在经历了20世纪60年代末、70年代初注重政策制定或规划的研究之后,到了20世纪七八十年代,西方尤其是美国公共政策研究领域出现了一场研究政策执行的热潮,形成了声势颇大的执行运动(implementation movement)。③

进入21世纪之后,执行理论又得到极大的拓展,更加强调基层行动者尤其是学校主体的能动性与创造性。有学者指出,政策不能简单地理解为自上而下的线性过程,政

① Taylor S, Rizvi F, Lingard B, Henry M. *Educational Policy and the Politics of Change*[M]. New York & London: Routledge, 1997: 42.
② Pressman J L, Wildavsky A B. *Implementation: How Great Expectations in Washington Are Dashed in Oakland*[M]. University of California Press; Third edition, 1984.
③ 黄忠敬. 教育政策导论[M]. 北京: 北京大学出版社,2011: 172-173.

策在执行过程中不同主体会不断地解码、阐释、转化与再建构,并进行创造性的行动,这个过程不是执行(implementation),既不是自上而下的政策执行,也不是自下而上的政策实施,而是行动(enactment),是不同行动者、文本、话语、技术与对象之间的互联与互动,是动态的、非线性的复杂过程。① 从这个角度来说,基层主体不仅是教育政策的执行者,也是教育政策的制定者。这个行动理论的基本假设是,政策通常不会告诉你要做什么,而是创造了一种环境,在这种环境下,决定窄化或泛化地执行,或者设置特定的目标与结果,都具有一定的灵活度。从政策文本到政策实践是一个创造性的、相当复杂的过程,政策执行渗透着权力关系。政策文本通过官方权力,让行动主体更好地理解自己的主体性,政府也会利用自身的权威为政策辩护并让政策过程合法化,政府在让每个个体进行自我管理中发挥着重要作用,这就是福柯所强调的治理术。②

四、话语研究

话语研究(discourse studies),是运用跨学科的视角对语言、言语、文本、行动与话语实践进行分析的方法。它包括政策文本分析、内容分析和话语分析等多种形式或层次。政策既可以看作是文本,也可以看作是话语。因此,可以做相应的文本分析或话语分析。它不仅描绘话语实践,而且揭示话语对社会身份、社会关系和知识与信仰体系的建构性作用。③

> 话语研究(discourse studies),是运用跨学科的视角对语言、言语、文本、行动与话语实践进行分析的方法。

政策话语是文本,但它们又不仅仅是文本。也就是说,它们既是话语的构成部分,也是社会实践的组成部分。话语分析的理论基础是借鉴了福柯的话语思想与布迪厄的"场域(field)"理论。福柯分析了知识与权力的关系,布迪厄使用"场域"的概念,指出文本生产的语境有其特殊的逻辑,应当在不同接受语境中进行解读,这有别于政策接受的逻辑,也有别于学校和课堂实践的逻辑。

费尔克拉夫(Norman Fairclough)试图在福柯和布迪厄等人的社会和政治的话语理论里面融入更多的以语言为主的话语分析方法。这不仅需要更加注重语言在实际文本中的特别运用,还要注意那些文本与话语社会实践所属的更广泛领域之间的关系。因此,就像费尔克拉夫主张的这样:

> 要视语言为话语和社会实践,不局限于仅仅分析文本,也不局限于仅仅分析文本产生过程和文本解读过程,而是要分析文本、过程和它们社会环境之间的关系,既有情景语境的当前环境,又有遥远将来的体制环境和社会结构环境。

---

① Ball S J, Maguire M, Braun A. *How schools do policy: Policy enactments in secondary schools*[M]. Routledge, 2012: 3.
② Ball S J, Maguire M, Braun A. *How schools do policy: Policy enactments in secondary schools*[M]. Routledge, 2012: 6-9.
③ 诺曼·费尔克拉夫. 话语与社会变迁[M]. 殷晓蓉, 译. 北京: 华夏出版社, 2003: 14.

　　费尔克拉夫认为话语分析不仅关注话语中的权力关系，而且关注权力关系和权力斗争如何构成与改变一个社会或机构的话语实践。[①] 他提出了话语分析三维概念：文本分析、话语实践分析和社会实践分析。（1）文本分析。在费尔克拉夫的架构内，文本是书面语言或口头语言的具体体现，它们是话语事件的维度之一。话语文本分析集中在语言程序，分析对象包括口头文本、视觉文本或口头和视觉文本等。（2）话语实践分析。话语实践分析超越文本语言特征之外，集中在文本的产生、分配和运用，是社会实践的体现（政治的、思想的等），人类主体产生对象和接受对象的过程（写/说/设计和阅读/听/评）。（3）社会实践分析。即分析控制这些过程的社会-历史条件。所有这些程序都具有社会性，需要考虑产生话语的一定经济背景、政治背景和制度背景。[②]

　　费尔克拉夫的批判话语分析模式由三个相互联系的分析过程组成，它们是三个相互联系的话语维度，每个维度都需要不同的分析方式：文本分析注重描述（description），过程分析注重解释（interpretation），社会分析注重诠释（explanation）。[③]

　　以上是从政策过程的视角对教育政策研究方法进行的粗略分类。其实，教育政策研究的方法是丰富多样的，研究者需要根据研究主题来选择适切的研究方法。所以，并不能仅仅考虑方法本身，而是应当考虑研究问题或主题与研究方法的适切度或匹配度，只有用合适的研究方法去探索特定的研究问题，才能实现预期的目标和效果。同时，还需要考虑政策研究者的立场，谁做政策分析、为何目的以及在什么语境中的问题直接决定了政策研究的方法或路径。政策研究者需要批判性反思，意识到研究者的立场与分析的目的，意识到那些或明或暗的假设。批判政策分析认识到教育政策研究者立场的重要性，意识到政策的更大的历史语境或生态系统，要求分析者有批判性、反思性立场。

　　总之，政策研究没有止境，研究之路也是崎岖蜿蜒的。正如《教育的科学研究》一书中所说，科学进步的过程与石油开采非常相似，每一个成功的油井的背后都有许多干枯的井洞，正是这些井洞为积累知识、揭示真理作出了贡献。

---

① 诺曼·费尔克拉夫. 话语与社会变迁[M]. 殷晓蓉，译. 北京：华夏出版社，2003：35.

② Marshall J. Policy as Text and Policy as Discourse：A Framework for Analysis[M]//Michael Peters (edit)，*Education Policy*. Cheltenham UK & Northampton，MA，USA：Edward Elgar Publishing，INC，1999.

③ Marshall J. Critical discourse analysis as a research tool，discourse：studies in the cultural politics of education[M]//18（3），329 - 342. Michael Peters（edit），*Education Policy*. Cheltenham UK & Northampton，MA，USA：Edward Elgar Publishing，INC，1999，49 - 62.

第二章
什么是好的教育政策研究

本章导语

　　本章从不同视角探讨什么是好的教育政策研究,需要对教育政策的前提假设和价值取向进行分析,需要足够的证据支撑,需要全球化的比较视角等。

学习目标

1. 区分对政策的研究和为政策的研究的不同;
2. 掌握判断一项好的教育政策研究的标准;
3. 熟悉全球化对教育政策发展的影响;
4. 运用批判性方法分析教育政策的价值假设。

知识导图

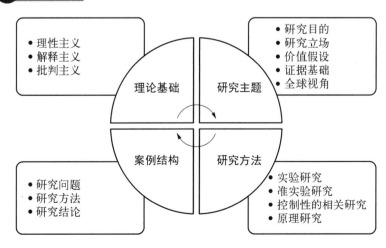

政策研究来自传统的理性主义（rationalist）和解释主义（interpretivist）的方法，同时使用来自批判的、后结构主义和后殖民主义的理论，运用多种教育政策研究的路径，确立不同政策研究的视角。不同理论的知识基础与对政策的解释是不同的，也各有优缺点。一般来说，实证主义根据可观察、可推广和可预测的数据来判断知识的合法性，而解释主义则强调现实的社会建构，并寻求根据目的来解释人类的行为。反过来，后实证主义的视角关注意义生成的过程，而批判的路径强调权力在建构与判断知识言论合法性中的重要性，从阶级、种族与性别等视角来分析权力在政策中的作用。这说明理论框架与方法工具各有所长，也各有所短，没有好坏之分，关键是研究问题与研究方法的匹配度与适切度。

考虑到政策分析的多样性，我们需要探讨政策研究者的立场和这种立场对政策分析的重要性。谁做政策分析、为何目的以及在什么语境中的问题直接决定了政策分析的路径，也能够从不同视角回答"什么是好的教育政策分析"。[1] 好的政策研究需要对政策的前提假设与价值取向进行分析，也需要有足够的证据基础，还需要把政策分析放在全球的坐标系进行研究。具体来说，我们可以从以下几个方面来判断什么是好的教育政策研究。

第一节　研究目的

我们的探索始于这样一种认识，即开展政策分析不是开处方。在某种程度上，使用的适当方法依赖于被分析政策的性质。我们可以对比一下政府发布的教育政策与学校里所关心的政策、所推进的学校改革议程，比如学生穿戴与行为；或者比较一下世界银行的教育政策以及它对全球南方国家的教育制度和专业实践产生的影响。政策分析既依赖于生产政策的场所，又依赖于所讨论政策的性质。[2]

政策研究可以根据不同的维度进行不同的分类，根据政策研究的目的，可以分为对政策的研究（study of policy）和为政策的研究（study for policy）。

①　Rizvi F, Lingard B. *Globalizing Education Policy* [M]. London & New York, Routledge：Taylor & Francis Group, 2010：44-46.

②　Rizvi F, Lingard B. *Globalizing Education Policy* [M]. London & New York, Routledge：Taylor & Francis Group, 2010：45.

一、对政策的研究

对政策的研究是学术活动,是基于学科的视角,为了追求学术知识的生产。由学术研究者开展,寻求理解为什么一项政策在一个特定的时间颁布,什么是它的分析性的假设以及造成了哪些影响。对政策的分析自定自己的研究议程;它并没有把新政策所寻求解决的政策问题建构视为理所当然。事实上,政策分析的第一步是对政策所建构的问题进行批判性的解构,分析政策的语境与历史发展。

> 对政策的研究是学术活动,是基于学科的视角,为了追求学术知识的生产。

对政策的研究有两种形式:(1)对政策厘定和政策影响的分析(analysis of policy determination and effects),它会调查公共政策构建过程中的输入和转换过程以及这种政策对各种团体的影响;(2)政策内容的分析(analysis of policy content),它会调查价值标准、假设以及支撑政策进程的意识形态。

二、为政策的研究

为政策的研究,是指为了实际政策制定而开展的应用研究。常常受政策制定的行政部门委托,更加受到实际需求、具体条件和时限的约束,研究周期会更短。为政策的分析,是以政策框架所建构的研究问题为前提,因而常常缺乏批判的方向。

> 为政策的研究,是指为了实际政策制定而开展的应用研究。

为政策的研究有两种形式:(1)政策倡导(policy advocacy),目的是制定特别的政策评论;(2)政策信息(information for policy),在这里研究者的任务是给政策制定者提供信息和数据,协助他们进行实际政策的修订与规划。

三、对政策的研究与为政策的研究的关系

尽管可以从不同视角对"对政策的研究"和"为政策的研究"做些区分,但是也不要过分夸大这个二元分类。最好把它们看作学术与应用教育政策研究连续体不同点中的两个端点。学术性的政策研究,会产生政策和政治的影响。在教育组织内部不少政策制定者对这些研究与在其工作中的应用也是有真知灼见的。然而,卡罗尔·韦斯(Carol Weiss)通过研究在公共政策中应用的诸多经典文献,指出研究影响政策的最常见模式是通过"渗透"或"启蒙"间接地发挥作用,社会科学研究会改变政策制定者考虑问题的方式,包括政策问题。在政策行政内外的政策积极分子,通常对学术政策研究具有更清晰的意识。例如,在某些教育政策领域,性别政策、女权主义政策制定者一直采取短期或长期策略来推进性别公正,她们被视作政府内的积极分子。这样,即使是象征性的政策,如没有实质性的执行任务,仅仅是为了回应各种压力的政策,也是同样重要的,它是朝向更加进步的实质性政策的第一步。为政策的研究并非都是工具的或窄化的,有时,它能为某项政策提供基石,而不仅仅是为了制定某项政策。

对政策的研究和为政策的研究这种二分,意味着政策研究与实际政策两种形式之

间的不同关系,一种是为了增加理解或"启蒙"的积极分子的关系,与此相对的是为了问题解决和合法化的"工程关系(engineering)",更具有工具性。这里研究的目的并不明确。我们应当扩大研究的视角,即在教育政策分析中,研究如何抵达政策决策者与实践者并对其产生影响。政策研究影响政策决策者和实践者的方式是多样的、多重的和协调性的(图2-1)。

图 2-1

对政策的研究和为政策的研究

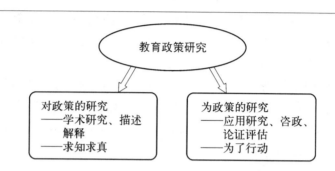

第二节 研究立场

当代社会科学中对研究方法的描述强调了反思的重要性。反思要求明确表达研究立场和数据搜集与分析的意义,研究者要明确研究的立场,他们的价值立场,问题选择和理论与方法论的建构方式。布迪厄认为,为了解构想当然的假设,研究者需要客观化自己,需要获得有价值与合法的数据。立场会影响分析的结构,而且所有政策分析都具有反思性。

一、研究立场影响政策分析

政策分析的目的与政策研究者的立场是影响政策分析的重要因素,它的重点是假设政策研究与政策之间的直接线性工具关系。然而,社会科学中的理论与研究的方法论总是具有争议性的,来自某些研究的某些证据得到采纳应用,而来自另一些研究有不同理论与方法论框架的证据,则受到忽视。鲍尔认为,方法论不应当决定教育政策分析的路径,而应当根据研究目的和研究者立场来决定。

二、研究立场的含义

这里的立场(positionality)具体包括研究者的身份角色、分析问题的理论视角与政治立场、空间位置和时间脉络四个方面。

第一,与政策研究者的实际位置有关,例如,我们能够比较学术研究者、博士生、政策官僚、委托的研究者、自由分析者、顾问研究者和政策企业家之间的立场差异;这些立场如何影响了政策分析。

第二,与政策研究者所采用的理论和政治的立场相关,理论与方法论成为研究的智力资源。理论与方法的考虑也包括本体论(我们相信的现实本质是什么)和认识论(我们如何证明知识言论的合法性)。

第三,立场是指研究者的空间位置,尤其是在全球地理中的国家位置与国家立场,包括发展中国家与发达国家之间,全球中的南方与北方之间。这种时空框架是指更广阔的话语政策语境,社会的想象力,诸如成为政策基础的凯恩斯主义、新自由主义。政策分析的方法需要在更广阔的时空框架下思考(temporal and spatial frames)。政策分析需要关系性与互联性,考虑到空间政治学、跨国空间。空间问题已经成为当代社会理论与研究的新焦点,有一个在全球化下时空压缩的语境,通过新信息技术产生影响。

第四,研究立场需要考虑历史的脉络。这强调了历史方法对于理解全球化对政策过程所产生的重要影响。政策分析需要历史的取向,问题是如何历史地建构的,需要在语境与历史中解构政策文本。例如,殖民历史梳理对理解全球化对教育政策的影响是重要的。[①]

第三节　价　值　假　设

政策分析需要批判性反思(critical reflexivity),意识到研究者的立场与分析的目的,意识到那些或明或暗的假设。批判政策分析认识到教育政策研究者立场的重要性。要意识到政策的更大的历史语境或生态系统,要求分析者有批判性反思性立场。这里的"批判"意味着解构许多政策过程和政策文本中的"理所当然"(taken-for-granteds)。作为反省性的一部分,我们必须明确我们的立场和政治站位——我们的价值立场。我们为了更加平等与民主的未来,承认并尊重差异,这种责任塑造了我们的价值立场。

以社会公平的价值取向为例。在过去几十年里,西方主要国家在制定政策时思考的社会公正主要围绕着三个哲学传统:自由-人文主义(liberal-humanism),市场-个人主义(market-individualism),社会民主主义(social democratic)。

一、自由-人文主义公平观

自由-人文主义者的社会公正概念,与罗尔斯思想有关,以公平(fairness)来界定社会公正(social justice),是在自由主义框架内阐释的一种公正理论,意味着个人自由的原则,在制定政策和开展项目时,国家的目标是消解个体在机会、平等与参与方面的阻碍。

罗尔斯在《正义论》中提出了关于正义的两条原则:第一条是平等的自由原则,即每个人应该在社会中享有平等的自由权利;第二条原则包括差别原则与机会平等原则。差别原则要求在进行分配的时候,如果不得不产生某种不平等的话,这种不平等应该有利于境遇最差人们的最大利益,也就是对处境不利人群的倾斜原则。机会平等原则,要

① Rizvi F, Lingard B. *Globalizing Education Policy* [M]. London & New York, Routledge: Taylor & Francis Group, 2010: 49-69.

求具有同等能力、技术与动机的人们享有平等的获得职位的机会,避免受到家庭背景、种族、性别等因素的影响。

二、市场-个人主义公平观

市场-个人主义,与其说唤起了公平的观念,不如说唤起了人们应得的东西。它认为,国家没有权利分配人们通过自己努力获得的私人财产,突出了市场在经济与社会交换中的重要性。这个传统拒绝再分配概念,认为国家没有征得同意就把个人拥有的财产进行转移是不公平的。①

市场被看作提供社会交换和个人选择的关键因素,有关财产权的假设是,个人拥有财产并能够在市场中交换。市场-个人主义以新自由主义为代表,它伴随着全球经济的话语,以知识经济为特色,教育的目的是为了促进人力资本的发展,鼓励个人、组织甚至国家把教育看作经济发展的手段,培训适应经济发展的技能。新公共管理主义也倡导个人选择、半市场化、问责。自 20 世纪 80 年代以来,市场-个人主义在全世界越来越成为教育政策的主导思想。教育实质上再生产了教育不平等。②

三、社会民主主义公平观

公平的社会民主概念拒绝自由-人文主义和市场-个人主义,强调社会关系的重要性,强调共同体内人们的需要。社会民主概念认为"需要(need)"是首要的,这种"需要"不同于慈善的"需要",它兼顾了公平和应得原则。

社会民主主义的观点强调"个人权利",涉及公民的平等对待、表达和运动自由、平等参与决策、权力与权威之间的相互作用。社会民主个人权利的实现要求国家干预,确实保障"个人权利",反对市场,认为公正并不完全等同于市场,除非市场受到严格的控制。

实际上,不同国家由于背景、文化、发展理念和意识形态的不同,在强调教育公平的不同方面。在斯堪的纳维亚国家,遵循社会民主原则,凯恩斯原则占居主流,国家通过再分配项目为所有人提供教育平等的机会。在后殖民发展中国家,国家建设项目也要求有责任遵守社会民主原则。相反,美国则朝向市场-个人主义,在教育中倡导选择和问责政策,尤其是所谓的里根经济革命时期和新自由主义霸权时期。

第四节   证 据 基 础

21 世纪以来,基于证据的政策和专业实践在公共部门越来越受到关注,这种趋势受到新公共管理、理性主义和新自由主义理论等的影响。例如,美国的国家教育政策,

---

① Rizvi F, Lingard B. *Globalizing Education Policy* [M]. London & New York, Routledge: Taylor & Francis Group, 2010: 157 - 158.

② Rizvi F, Lingard B. *Globalizing Education Policy* [M]. London & New York, Routledge: Taylor & Francis Group, 2010: 157 - 159.

无论是《不让一个孩子掉队》法案(*No Child Left Behind*，NCLB)，还是《每个学生都成功》法案(*Every Student Succeeds Act*，ESSA)，都非常强调基于证据的教育政策。

一、证据的四个层级

在《每个学生都成功》法案中，证据被界定为两个方面：活动与结果。界定了四层证据，判断一个活动是不是基于证据的。

层级1：强证据(strong evidence)——至少一个设计优良并得到很好执行的实验研究(随机控制试验)。

层级2：较有力的证据(moderate evidence)——至少一个设计优良并得到很好执行的准实验研究。

层级3：有希望的证据(promising evidence)——至少一个设计优良并得到很好执行的相关性研究，此研究对选择性偏见进行了控制。

层级4：阐释了一个原理(demonstrate a rationale)——活动、策略和干预阐释了一个原理，此原理建基于高质量研究或表明有可能提升学生或其他结果的积极评估。层级4的活动，必须有持续不断的努力以评估活动、策略或干预的效果。层级4一般也被视作充分证据。

二、不同层级的不同研究设计

根据ESSA证据层级的要求，可以进行不同层次的研究设计，采取不同的研究方法，具体描述表2-1所示。

层　级	设　计	界　　定
层级1(强证据)	实验研究	参与者与控制组的随机分配。
层级2(较有力证据)	准实验研究	参与者与对照组的非随机分配，通过：(1) 对一个群体进行干预；(2) 使用现有的数据，与非参与群体进行比较。在干预之前必须说明群体的等值性。
层级3(有希望的证据)	有控制的相关研究	使用现有的数据，在控制选择偏见的情况下分析干预与结果的相关性。这些偏见包括参与者的情况、以前的相关结果等。
层级4(阐释了一个原理)	原理	有独特的逻辑模型，此模型建立在以前的高质量研究或积极评估的基础之上。

表2-1

根据ESSA证据层对证据进行分类：研究设计

NCLB也提出了基于科学证据的教育实践和政策，并建立了资源库WWC(what works clearinghouse)。尽管美国联邦政策一直强调使用证据的教育决策，但路径也是一直变化的。ESSA的证据层级是新的，不同于以前的证据要求，比如它不同于以前使用的WWC。例如，WWC仅仅允许在1、2级层面上的证据，而ESSA为使用3、4级层面上的证据提供了机会。

ESSA和WWC都强调了实验研究和准实验研究的优先性。层级1的实验研究涉及参与者的随机分配。层级 2 的准实验研究,并不使用随机分配或分成实验组和控制组,对照组可以这样组成:(1)非随机分配参与者群组,再对一组进行干预;(2)分析现有的数据,比较那些接受干预的和没有接受干预的。在这两种情况下,在干预开始之前需要说明实验组与对照组是等值的。层级 3 是具有严格控制的相关研究,这些研究使用现有的数据分析干预与一个或多个相关结果之间的关系,控制选择性偏见的因素,诸如以前的结果水平或参与者的背景特点。根据 ESSA,研究发现必须是对层级 1—3 具有统计意义和积极的。

层级 1—3 描述了证据的水平,而层级 4 并不提供直接的影响证据。相反,层级 4 要求基于研究原理的证据,认为干预将产生期待的影响,再加上正在进行的干预评估,以便根据干预的影响建立证据基础。《证据指南》(Evidence Guidance)界定了层级 4 的原则:"逻辑模式(也指行动理论)是指一个定义良好的概念框架,它标识了研究方案过程、策略或实践的关键因素,并从理论和操作上描述各关键因素与结果之间的关系。"逻辑模式具有以下几个特点。一是逻辑模式应当以图形形式显示(例如,一系列的方框与箭头)。根据逻辑模型工作坊的工具包,在《证据指南》中也有引用,"逻辑模型是行动理论或项目逻辑的可视化呈现,以指导项目或政策的设计和执行"。我们并不认为像"X 引起 Y"这样的表达就是逻辑模型。二是逻辑模型应当包括(至少)干预与结果的关键因素,并且它或许还包括执行干预所需的资源。三是支持逻辑模型的研究发现或评估应当表明,干预的至少一个因素对应于至少一个预期结果。层级 4 在这个过程实践中具有挑战性。大量的评论与文章非常关注层级 4 证据界定的模糊性。

综上所述,基于证据的政策被许多政策制定者视作政策决策的上等路径,相对于政治性或意识形态的决策,它有诸多优势。然而,众所周知,证据也可能成为支持采纳某些政策而不是其他政策的工具。尤其在政策研究比较具有争议性的领域,比如教育的半市场化,问责改革,或者激励主义政策。思想库、国际组织和其他知识经济人能够提炼认同的数据和补充性的资料以支持预先确定的政策偏好。这种过滤筛选的操作意味着研究从意识形态向政策建议的发展,并运用科学和证据作为合法化的外衣。因此,根据波森(Ray Pawson)的说法,相对于基于证据的政策(evidence-based policy),基于政策的证据(policy-based evidence)更是一种普遍的实践。[①]

第五节　全球视角

全球化已经成为一个事实,而不是一种选择。随着国与国之间、各地区之间的依存度加强,我们无法再单凭国家地域空间的概念来理解世界,需要新的社会理论来理解社会关系中的文化、生态、经济、政治等。全球化理论即是适应全球村的现实需要而迅速发展起来的理论。

---

① Rizvi F, Lingard B. *Globalizing Education Policy* [M]. London & New York, Routledge:Taylor & Francis Group,2010:18-19.

在全球化时代,全球治理不仅成为一种理念,也越来越成为一种实践。一些跨国公司、国际教育组织在教育变革过程中的作用越来越大,教育的传统界线变得模糊而又相互渗透,"国家之外的因素比国家内的因素更重要"。鲍尔强调:"全球化或全球地方化过程的结果,导致在民族-国家之内来思考教育政策已经不适用了。政策的制定必须对全球化作出回应,并受到超国家主体和国家之间政策潮流的影响与驱使。"比如,世界银行、世界贸易组织(WTO)、经合组织(OECD)、欧盟和东南亚国家联盟等都对教育政策产生了越来越重要的影响。全球化的实践促进了全球化理论的发展。一些全球化理论者指出,应当超越传统的民族国家的狭隘局限,要有地球意识,具备全球眼光,学会全球思维。①

一、全球化对教育政策的影响

全球化对教育政策产生了多种影响,主要体现在如下几个方面。

1. 全球化产生了教育政策需要面对的新问题

出现了劳动力市场的转移,世界范围内工作的重组。在全球经济中,多数国家通过提供知识密集型产品与服务,提升国际竞争力。因此,它们拓展教育的内容与过程,关注能力、素养与灵活性。

2. 全球化改变了福利国家的能力

通过教育政策强化教育与非教育的问题,提高国家的教育供给能力、教育投入能力,以应对不断提升的教育需求。

3. 全球化重振国际组织在教育政策制定中的作用

例如,世界银行、OECD 和 UNESCO 就表现突出。然而,全球化也带来了新的参与教育政策制定的国际参与者,其中大部分是非政府组织,包括跨国公司和慈善基金、国际顾问和跨国公民社会联盟等。国际组织在产生这些刺激方面发挥了重要作用,尤其当政府和公众已经意识到他们教育的问题与进行改革的需要之时。国际学生测评比如PISA 在发达国家的德国与瑞士就产生了这种亟需改革的迫切感。

4. 国家在教育政策过程的作用在弱化

国际参与者在教育政策中作用的不断增强导致教育政策过程的去领域化,国家失去了在此过程中的中心作用。这就意味着需要重新界定教育政策协商制订与执行的范围、空间和动力因素。国际组织通过建议与技术帮助以及提供资金和资助条款等途径,不断提升对国家教育改革的优先战略与过程的影响力。

5. 新自由主义形塑了国际的教育政策思想

新自由主义是在当代世界上占主导的政治经济的意识形态,例如,教育中的市场机制方案,学校择校与竞争,教育部门的自由化与私有化,把公司的管理技术与领导风格等输入公共教育等。

6. 国际组织改变政策制定的游戏规则

国际组织有能力改变成员国的立法框架,最典型的案例是联合国公约或者区域

---

① 黄忠敬. 基础教育发展的中国之路[M]. 上海：华东师范大学出版社,2016：37.

的、双边或世贸组织框架下的全球贸易协定。这些协议改变了国内的教育贸易规则壁垒，包括所有权、税收、证书或质量保证规则等。

7. 信息通信技术(ICT)的发展同时也是全球化的原因与结果

这就加剧了政策思想的国际传播，形成了更大范围的政策网络。ICT 的发展改变了教育实践和教育传播、测试与认证的方式，也大幅度地减少了跨境远程学习与教学的成本。

8. 全球化产生了跨国教育供给市场

这个新兴的全球市场以补充国家教育供给的不足或与国家教育提供者展开竞争，对传统的教育体制的核心功能比如"国家建设"提出了挑战。也促使英语成为国际教育的通用语言，尤其在高等教育领域。

9. 全球化促进了跨国社会公正运动组织的发展

为教育的公益事业而斗争，支持教育作为基本人权。这些运动质疑新自由主义的全球教育议程，目标是提供替代的方案。[1]

二、全球化改变了教育政策研究的方法和方法论

全球化不仅改变了教育政策研究的主题，而且改变了教育政策研究的方法和方法论。

1. 全球化改变了分析的基本单位

民族国家，也就是一直在教育研究和比较教育研究中占主导地位的方法论国家主义(nationalism)。传统上的教育政策一直是在国家背景下发展的，然而，今天的公共政策却是政策力量、社会结构、文化传统和经济过程相互作用的结果，是多层面、多维度(地方、国家、区域和全球)时空相互作用的结果。公共政策仍然是国家的活动，由行政机构制定出来。但是已经超越国家的边界，在全球政策网络中发展，出现了全球教育政策共同体。国家在传统上被看作是与公共部门活动有关，在新管理主义视角之下，通过私有化，公共部门的半市场化和公私部门伙伴关系，公私之间的关系被重构。新国家形成、新管理主义和新的公私关系促进了从管理向治理的转型(transition from government to governance)。从政策生产与执行的国家中心路径，转向跨越公私二元分类的多主体与机构的互动，是多中心的。这种治理形式通过自我责任个体的话语生产发挥作用，包括政策制定者、执行者，涉及各种跨越旧的行政官僚体系的网络与伙伴关系。政策话语与文本的建构已经超越国家范围，具有地方、国家与全球的多层性。因此，政策具有多维度、多层面和多地性。

2. 全球化要求我们超越教育主义(educationism)

这意味着，当分析新政策趋势和政策变革时，我们需要考虑那些影响教育的外在结构、事件和过程等因素，比如福利体制、贫困状况、社会凝聚力、社会价值或经济状况等。

---

① Verger A, Novelli M, Altinyelken H K. *Global Education Policy and International Development: New Agendas, Issues and Policies*, Second edition [M]. London, UK; New York, NY: Bloomsbury Academic, 2017: 4-6.

传统的比较教育往往限制在狭小的教育学科范围,为了克服这个问题,需要在复杂的相互依存的地方、国家和全球政治经济背景下理解教育变革,教育政策与其他领域的政策互动。在今天全球化的语境下,教育被看作是最好的经济政策,是确保国家经济竞争力的必需。教育被看作是人力资本的生产者。教育政策的经济化成为教育结果有效而可靠测量的重要推动力,因此,国家能够看出它在全球比较中的压力。国际比较与教育指标已经越来越具有影响力,PISA 就是一例。OECD 的世界教育指标是另一个比较教育表现的全球项目。OECD 每年出版《教育概览》(*Education at a Glance*),呈现各国教育发展状况报告。

3. 挑战了方法论的国家主义(statism)

这种国家主义认为国家是合理和铁板一块的存在,它划定领域疆界并对疆界内的政策行动拥有垄断权。克服这种国家主义就意味着,首先,国家不能再被看作是统一的分析单元,而是代表了不同社会力量聚合的多样化实体。事实上,不同的派别或集团组成了国家,共同推进多样化发展,有时甚至发生利益的相互冲突,无论在国际层面还是国内层面都是如此。例如,在同级政府内部,教育部与财政部对教育体制内所需要的公共财政资源就有不同的立场与偏好。克服国家主义的方法就意味着要理解非国家的行动者也参与教育治理的政治议程。重新认识非国家行动者的政治作用并不必然意味着国家力量的弱化,而是意味着国家角色与作用的变化。今天的国家作用很少倾向于直接提供教育服务,而更倾向于建立标准和评估机制,以此决定学校是否达到标准。[①]

推荐阅读

1. 袁振国. 教育政策学[M]. 南京:江苏教育出版社,2001.

2. 黄忠敬. 教育政策导论[M]. 北京:北京大学出版社,2011.

3. 托马斯·R. 戴伊. 理解公共政策:第 12 版[M]. 谢明,译. 北京:中国人民大学出版社,2011.

4. 弗朗西斯·C. 福勒. 教育政策学导论:第 2 版[M]. 许庆豫,译. 南京:江苏教育出版社,2007.

5. 斯蒂芬·鲍尔. 政治与教育政策制定[M]. 王玉秋,等译. 上海:华东师范大学出版社,2003.

6. Rizvi F,Lingard B. Globalizing Education Policy[M]. London & New York,Routledge:Taylor & Francis Group,2010.

7. Ball S J,Maguire M,Braun A. How Schools Do Policy:Policy Enactments in Secondary Schools[M]. Routledge,2012.

---

① Verger A,Novelli M,Altinyelken H K. *Global Education Policy and International Development: New Agendas, Issues and Policies*, Second edition[M]. London, UK；New York, NY：Bloomsbury Academic，2017：6 - 8.

第二部分

学科基础

第三章
教育政策研究的社会学基础

本章导语

本章主要介绍教育政策研究的社会学视角,介绍以社会学作为基础来研究教育政策的内容、理论基础、方法和方法论以及经典案例。

学习目标

1. 明确社会学视角下教育政策研究的主要内容,拓宽教育政策研究的视角;
2. 了解社会学视角下教育政策研究的理论基础;
3. 掌握社会学视角下教育政策研究的研究方法;
4. 能够运用社会学的方法对教育政策的经典案例进行分析;
5. 具备跨学科的视角研究教育政策。

知识导图

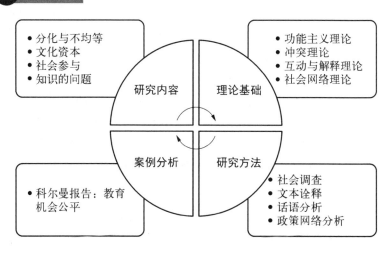

20 世纪 70 年代以来,社会理论的发展,尤其是后结构主义理论和后现代理论的兴起,为教育政策研究提供了社会学视角。在社会学视角下进行教育政策研究,即借用社会学的"学科之眼"来分析教育政策,将有关社会学理论应用于研究教育政策。1987年,英国学者奥兹加最早提出了"政策社会学"这一概念,认为教育政策研究首先应该从社会学中汲取营养,教育政策的研究要借鉴社会学研究中的历史研究、质性研究、现象学研究、解释学研究等研究方法。她的这一观点得到了后来者的支持和宣扬,并成为西方教育社会学重视应用研究的重要标志之一。进入 20 世纪 90 年代后,教育政策研究得到英美教育社会学界的普遍重视,教育政策社会学迅速发展成为一个令人瞩目的领域。

第一节　研究的主要内容

社会学视角下的教育政策研究以教育社会学关注的最根本的议题为基础,即教育及社会的不均等和机会之间的关系。一方面,教育被视为创造均等社会的主要工具。阶级、性别以及种族等社会因素的不均等,被视为教育理应排除的障碍,以达到机会分配的正义,教育机会均等也视为实现社会均等的手段之一。另一方面,教育本身也被批判理论学者指出与社会不平等再生产有关。[①] 因此,社会学视角下的教育政策研究关注教育与社会不均等的关系和阻碍因素等,包括教育分化与不均等、教育与文化资本、教育知识的问题等。

一、分化与不均等

社会分化现象是教育社会学探讨的基本问题。分化源于社会团体所呈现的系统平均差异。对分化意义的理解,第一种是由社会学家依照自己的目的来决定的客观标准的定义,第二种是比较主观的,有个体对自我的认知以及团体希望被其他人辨识而建构起来的。教育如何回应及尊重这些主体的差异性,是研究者关心的核心问题。[②]

教育中阶级分化呈现出社会学的独特性。保罗·威利斯(Paul Willis)基于对英国伯明翰一所学校的田野调查,探讨了英国工人阶级的孩子为何大都还是从事工人阶级的工作。这个问题与精英导向的教育制度有着密不可分的关系。威利斯发现了一种反学校的亚文化,受这种亚文化的影响,男孩一般对考试或者"职业前程"兴趣寡然,一心向往离开学校去挣钱。于是学业成绩差,导致这些"差生"以一种意想不到的方式,成为

---

①　Moore R. 教育社会学[M]. 王瑞贤,等,译. 台北:学富文化事业有限公司,2008:9.
②　Moore R. 教育社会学[M]. 王瑞贤,等,译. 台北:学富文化事业有限公司,2008:10.

工人阶级的后备力量。[①] 在性别问题上,玛德琳·阿诺特(Madeleine Arnot)发现 20 世纪末的 20 年间,女孩及年轻妇女在各个水平中都比男性的成就持续来得高,在高等教育及学校中,这是一种"性别革命"。这包括两个方面,一是对成就本身来说,二是成功扩展到数学及自然等传统的"男性"的领域。[②] 因此,在 20 世纪后半期,性别议题在一些教育政策改革中呈现了片段式的成功,成为政策研究的关注点。种族也是研究分化的一个重要面向,如大卫·吉尔伯恩(David Gillborn)和海蒂·萨菲亚·米尔扎(Heidi Safia Mirza)对英格兰和威尔士 1997 年所有学生普通中等教育证书(General Certificate of Secondary Education,简称为 GCSE)考试成绩的研究发现,在控制性别以及阶级因素的前提下,不同种族的学生间的不均依旧存在,印度学生表现最好,其次是白人,巴基斯坦与孟加拉裔,以及黑人……[③]阶级、性别与种族是教育中社会分化的不同向度,各自产生着特定的影响,但它们总是交互作用的,每一个个体都是阶级的成员,有某种性别及种族认同。基于这种分析,政策研究者在研究中重视对学生的社会背景、教育组织的特征以及教育过程的解释,探讨由教育而产生的社会分化的各种因素。

资料卡 3-1

性 别 问 题[④]

长久以来,社会学就明确区分生物性别(sex,男性和女性之间身体层面的解剖学和生理差异)和社会性别(gender,男性和女性之间行为层面的社会和文化差异)。社会性别,就是某个社会对其成员的各种期待,用以判断其社会、文化和心理的特征及行为是否合适或恰当。

20 世纪 60 年代,女性主义学者从理论和经验层面批判现代社会依旧存在大量性别不平等现象。在古典社会学看来,现存的以男性为主导的性别秩序是不容置疑和理所当然的。功能主义把性别差异的根源解释为社会的功能需求,女性在家务中承担"表现型"角色,而男性则在正式经济活动中扮演"工具型"角色。女性主义反对这种表面上看上去合理的天然不平等,认为男性主导与阶级区隔没有什么差别。一些学者用"社会化"或"冲突理论"的某些概念来解释性别不平等。

事实上,社会性别不平等,在大多数社会都是一个既定事实,只是程度略有差异而已。哈达斯·曼德尔(Mandel,2009)比较了 14 个发达国家的社会性别秩序和公共政策,考察不同国家致力于减少性别不平等的政策究竟取得

① 安东尼·吉登斯,菲利普·萨顿. 社会学基本概念[M]. 王修晓,译. 北京:北京大学出版社,2019:115.
② Arnot M, David M E, Weiner G. Closing the gender gap post-war education and social change[J]. *Contemporary Sociology*,1999,30(5):466.
③ Gillborn D, Mirza H S. *Educational Inequality: Mapping Race, Class and Gender. A Synthesis of Research Evidence*[M]. London:Commission for Racial Equality,2000:24-26. 转引自 [英] Moore R. 教育社会学[M]. 王瑞贤,等译. 台北:学富文化事业有限公司,2008:20-21.
④ 安东尼·吉登斯,菲利普·萨顿. 社会学基本概念[M]. 王修晓,译. 北京:北京大学出版社,2019:133-136.

了哪些效果。曼德尔指出,有些国家给养育子女的母亲发工资,另一些国家则提供补助,鼓励妈妈们停止工作,以家庭和谐为重。但这两种政策都以传统的性别分工为基础,无法消除女性在经济方面所处的不利地位。曼德尔进一步建议,光有政策是无法奏效的,需要同时作出调整的还有我们的意识形态,不能再把家务和养育子女的负担全部压在女性身上。

二、文化资本

教育与经济关系取向侧重在阶级与生产的技术和意识形态的特征上,而教育与国家形成关系取向着重地位的分析。教育在某种形式上授予个人荣耀,这个特质本身就是一种"资产"或"文化资本"形式。文化资本是法国社会学家布迪厄提出的,这是维护或提升自身在一个社会中的地位所积累和占据的资本之一。他认为文化资本是经济资本的转化,不能被理解为一种独立于经济资本之外的社会现象。艾米·斯图尔特·威尔斯(Amy Stuart Wells)与艾琳·塞尔纳(Irene Serna)运用文化资本的概念检视了美国种族混合学校对常态编班政策的抗拒情况。他们指出,白人与亚裔儿童位居能力分班的顶端,而黑人与拉丁美洲后裔则在底部,能力分班有效地将学校教育再隔离。精英父母试图维护其子女的教育优势,在某种意义上,经济资本被转化为文化资本。精英子女借其文化资本保持在教育上的优势,但教育的官方意识形态将其标记为个人内在能力的自然状态,而非基于经济资本所带来的优势。因此,维持能力分班和优资班这种高过滤性的能力分班等做法看来就像是为所有社会背景出身的儿童考虑,而非保护那些学校默认的优势儿童而已。[①] 黛安·雷(Diane Reay)研究了伦敦内城中两所社会背景截然不同的小学,探讨中产阶级家庭如何运用其文化资本对学校造成压力。她特别强调的一个重要问题是,在日益竞争的教育市场里,"具有领袖魅力特质"逐渐变得和学业成就一样重要,这些特质通过课外活动的培养,如音乐、戏剧与舞蹈班发展儿童的人格特质。这种正式资格之外的软技能,个人经历与自我展现逐渐受到重视。即在日益强调教育扩张的情况下,越来越多的人拥有学历,其他额外因素在区隔那些被期待的社会特征时变得越来越重要。在黛安·雷的研究中,中产阶级家庭会花费更多用于子女的课外学业指导,且大多时候这主要是母亲的工作。她认为这是一种性别化的集体性阶级行动。这样,在学术性向测试和学校会考排名主导的体系中,对学校教育的评估难以得知是依靠学校自身的教导,还是仰仗学生所获得的校外额外教导。[②] 2021 年 7 月 24 日,中共中央办公厅、国务院办公厅印发了《关于进一步减轻义务教育阶段学生作业负担和校外培训负担的意见》,此项引起社会巨大反响的"双减"政策,从文化资本的概念而来,亦可窥见政策对教育机会公平的理想与期待。

---

① Wells A S, Serna I. The Politics of Culture: Understanding local political resistance to detracking in racially mixed Schools[J]. *Harvard educational review*, 1996, 66(1): 93 - 118.

② Reay D. *Class work: Mothers' involvement in their children's primary schooling*[M]. Taylor & Francis, 1998: 201 - 205.

资料卡 3－2

影子教育与文化资本理论[①]

影子教育的概念最早由史蒂文森(David Lee Stevenson)和贝克(David P. Baker)提出,旨在描述为了帮助日本高中生能够顺利进入他们所期望的大学,主要发生在主流学校之外,但以提高学习成绩为目的的补习现象。马克·布雷(Mark Bray)进一步阐释了这一概念:课外补习只有当主流教育存在时才会存在;它的规模和形态因主流教育的变化而变化;在几乎所有社会中,它受到的关注都比主流教育少;它的面貌远不如主流教育清晰可鉴。事实上,早在这个概念被引入国内之前,"补习教育",即"中小学生在接受正规教育之外私自参加的针对其文化课或艺术方面进行的辅导、补习",早已成为国内学界的关注现象。

影子教育对学校教育系统性、持续性的介入,使文化资本理论的解释力产生了动摇。自文化资本理论成为分析学业情况的主流范式以来,教育社会学界的普遍研究模式是,通过测量学生参与高雅文化活动如音乐会、美术展等来确定其身体化文化资本,测量学生家中的藏书、艺术品等来确定其客体化文化资本,再通过各种方式测量学生的学业成绩,验证文化资本与学业成绩之间的正相关关系。然而这种正相关关系正显得越来越模糊,在影子教育最为发达的一些社会,甚至出现文化资本与学业成绩呈现负相关的情况。

随着教育全球化的发展,在主导全球的人力资本和消费主义的教育理念指导下,教育被视为开发人力资源以及培训优秀劳动力的最佳手段,各个国家纷纷制订相似的教育发展计划以促进经济发展,于是,教育被不约而同地指向人力资本开放、提高工作技能、终身学习计划,最终被国家和个体均视为一项经济投资。影子教育在全球范围内的增长,正是学校教育制度背后这种内隐逻辑发生转变的结果,政府考虑学业成绩与未来就业形势紧密相连,家长考虑考试分数与未来经济收入直接相关,学生承受巨大的考试压力,人们对教育的需求更为迫切甚至超出了学校所能提供的。当所有国家的学生家长都在为孩子们的成绩和考试分数担心焦虑时,家庭便会投入更多资金购买学业辅导服务以提高孩子成绩,影子教育便由此发展壮大起来。

三、社会参与

社会参与最早是在传播学领域中的一个概念。由美国学者巴伦(J. Barron)提出,他在 1967 年发表的《对报纸的参与权》一文中指出,为了维护受传者的表达自由,保障他们参与和使用传播媒介的权利,宪法必须承认公民使用大众传播媒介的参与权。美国古典社会学家沃德(Lester Frank Ward)提出了"社会力量"这一术语,更广泛地指代了不同主体的社会参与及影响力。"社会力量"指鼓动社会中众多成员采取社会行动,使社会发生变化的力量。构成一定社会的利益集团、政治团体,或综合性共同体,如各阶级、政党、人民团体、民族、宗教等都可被视为社会力量。各种社会力量的社会

---

① 朱洵. 教育全球化中的影子教育与文化资本理论[J]. 清华大学教育研究,2013,34(04):51-55.

地位、作用、利益要求不尽相同。在社会主义社会,虽然阶级关系发生了根本变化,由于仍存在着工农差别、城乡差别、体力劳动与脑力劳动的差别,存在着各种不同的政治利益和经济利益要求,因而正确处理、调整各种社会力量之间的关系具有十分重要的意义。

在教育政策研究中,政策的制定、执行和评估都有多方社会力量的参与。以美国STEM(Science, Technology, Engineering, Mathematics)教育政策为例,有研究者就对美国STEM教育中社会力量的参与进行研究,详细介绍了美国社会力量在STEM教育政策制定、资金支持、教师培养、课程提供、教学改革及学生实习等领域开展的活动(表3-1)。而社会力量能够参与STEM教育的原因可从两个维度来看。从外部来讲,美国的社会力量有参与教育发展的传统,再加上美国社会的权力分配机制和特殊的教育体制,为其参与STEM教育提供了空间;美国政府出台了多项有关社会力量参与STEM教育的政策,提供了政策支持;美国拥有对社会力量完善的监管体系,保证了其能规范地参与(STEM教育发展)。从内部来讲,社会力量自身具有较高的社会认可度,拥有专业的工作机制,并注重合作共赢,这赋予其有效参与STEM教育的能力。美国社会力量参与STEM教育的特点既呈现广泛性、专业化、有效性,同时也面临分散性、无序性的挑战。

表3-1	类型	机构名称
美国参与STEM教育的主要社会力量	非营利机构	美国教育促进会(AAAS)、美国大学协会(AAU)、考夫曼基金会(Kauffman Foundation)、卡内基基金会(Carnegie Corporation)、比尔及梅琳达·盖茨基金会(Bill & Melinda Gates Foundation)
	专业协会	美国工程教育协会(ASEE)、美国数学协会(MAA)、美国数学教师协会(NCTM)、美国计算机协会(ACM)
	STEM专业机构	STEM教育联盟、项目引路机构(PLTM)、变革方程(Change The Equation)、"100Kin10"联盟
	公司企业	微软(Microsoft Corporation)、脸书(Facebook Corporation)、谷歌(Google)、3M(3M Company)、贝克特尔(Bechtel)、波音公司(Boeing Company)、洛克希德马丁公司(Lockheed Martin)

资料来源:STEM Education Coalition Affiliate Member List.

四、知识的问题

不论教育的意图或目的为何,都需要通过知识的传递来改造学习者。课程是整个教育过程的核心,它是一种知识的组织,包括内容的选择和内容之间关系的结构化。更微观层面的教育政策研究关注知识与社会的关系,关键问题就是"我们应该教什么"。在社会学视角下,课程研究者认为课程是由社会产生,在历史脉络中定位。这个事实呈现出一系列关键问题:课程应该包含什么?课程如何组织与传递?要传递给谁,由谁负责传递?如何评量学业成就?这些问题由谁来负责处理,解决的方式如何?对这些问题的研究会因理解方式的不同而有所差异。在建构主义视角下,知识起源于团体之间的关系,尤其是权力关系。基于此,知识关系被改写成权力关系,知识被理解为知识生产者的利益。因此知识被认定是为资产阶级或男性或白人等服务的。1972年迈克尔·扬(Michael Young)指出,所有的知识都是社会建构的,换句话说,所有的课程都反映了某些社会群体的利益。① 另一项典型的研究是关于教科书政策的研究。教科书是学生接受知识的重要途径,表面上看教科书传递的知识是中立的,但实际上它们是"正式知识"的传承者。这些知识是各种政治、经济和文化因素相互作用的结果。参与教科书选择的各种因素呈现的,是决定教育政策的学校、政府和其他社会部门各种现实力量的一个缩影。美国的阿普尔在《教科书政治学》中分析了影响学校教科书出版、发行和采用的各种环节的因素,并指出教科书一方面可以看作是社会强势群体用以建立政治和文化秩序的道德体系,另一方面也可以被视为社会大众揭露学校知识和选择性传统背后利益冲突的手段。② 与建构主义相对,客观知识论则宣称知识在于它不是社会的,知识可以从中被抽离,独立于产生与持有它的社会条件之外。此理论采取了一种更"可靠"的立场分析知识的实在论视角,认为人类是以各种不同方式产生知识,有些方式证实比其他方式更为可靠,而我们寻找真理的这些方式,并非毫无问题,而是比其他较不可靠的方式更不会出错而已。迈克尔·扬在《未来的课程》里反思自己在南非和英国的教育实践的认识和研究,进一步从辩证的课程观阐述了在社会建构过程中课程对内容的选择、组织、传递以及评价的关系,强调了课程与知识的辩证结构。他认为,社会建构主义和相对主义的理论会导致知识的随意性和知识化约论,即生活经验和课程知识边界模糊以及知识容易被化约为利益、立场或当权者的知识。在比较分析埃米尔·涂尔干(Émile Durkheim)与维果斯基(Lev Vygotsky)对于知识的不同看法的基础上,迈克尔·扬提出社会实在论的课程观。一方面认同实证主义所坚持的知识是客观的,并独立于个人的经验之外。但另一方面也不否认建构主义所主张的,知识的生产是无法脱离经验脉络的,经验也几乎等同于知识。③ 扬在反思其20年来参与政策拟定的经验与检视各种不同理论后,指出这些当代课程理论中出现知识的两难困境:传统课程观缺乏社会历史观,但社会建构论者却又过于社会化所有的课程知识,使得知识被化约为社会利益团体的经验。经验若等同于知识的话,那么儿童为什么需要到学校学习呢? 教师也没有其存在的价值。所以他认为学校的课程需要兼重二者,以帮助学习者,特别是社会边缘或弱势的学习者,学习"强有力的知识",以超脱原有脉络的局限,改变社会。④

　　总的来看,如果要更全面地了解教育政策如何被制定、执行与评估,单独着眼于与

---

① 麦克·F·D·扬. 知识与控制:教育社会学新探[M]. 谢维和,等,译. 上海:华东师范大学出版社,2002:2.

② M. 阿普尔,L. 克丽斯蒂安-史密斯. 教科书政治学[M]. 侯定凯,译. 上海:华东师范大学出版社,2005.

③ 迈克尔·扬. 把知识带回来:教育社会学从社会建构主义到社会实在论的转向[M]. 朱旭东,文雯,许甜,等译. 北京:教育科学出版社,2019.

④ 迈克尔·扬. 把知识带回来:教育社会学从社会建构主义到社会实在论的转向[M]. 朱旭东,文雯,许甜,等译. 北京:教育科学出版社,2019:4.

学校有关因素的解释是具有局限性的，对某项教育政策的研究应放置于更宽广的社会架构下来检视。教育是组成社会的一个社会机构，与其他机构彼此互动并相互依存。[①] 研究者着重关注教育与社会化的过程、教育与社会分层的关系、教育的控制等。

第二节　研究的理论基础

近几十年教育政策研究无论在理论上还是实践上都取得了令人瞩目的成就。许多学者开始突破传统的研究范式，尝试运用社会学等学科的理论和方法来研究教育政策问题。比较典型的理论有功能主义理论、冲突理论、互动与解释理论和社会网络理论。

一、功能主义理论

功能主义（functionalism），又称为结构功能主义（structural-functionalism）、共识理论（consensus）或均衡理论（equilibrium theory）。该理论存在的前提是：社会和社会中的机构，如教育，是由相互依存的不同部分所构成，它们对整个社会的运作都有其必要的功用。这种理论常被喻为人体的生物功能，在整个系统内每个部分都各司其职，却又相互依存，正如心脏和大脑是人生存的必需器官一样，一种教育系统是社会存在的必需品。

功能主义（functionalism），又称为结构功能主义（structural-functionalism）、共识理论（consensus）或均衡理论（equilibrium theory）。该理论存在的前提是：社会和社会中的机构，如教育，是由相互依存的不同部分所构成，它们对整个社会的运作都有其必要的功用。

埃米尔·涂尔干确立了研究教育的保守功能法。在社会学被"公认"为主要学科领域之前，涂尔干在巴黎的索邦神学院担任教育学教授。他将教育视为一种社会机构，关注的是教育为维持社会稳定而进行的价值观传递，而没有考虑到这种稳定与工业社会改革与新兴所需求的价值观和技能之间可能存在的冲突。同时他坚持认为教育必须由国家控制，不能被特殊利益集团所掌握，然而，大多数政府均受利益集团的影响，受社会价值取向和压力的支配。也就是说，涂尔干试图理解教育以现存形式呈现的原因，却没有对其形式加以评判。

学校的一个主要功能是传授维持社会秩序所必需的知识和行为，其原因在于儿童要通过学习成为社会成员，通过与他人接触来发展相应的社会价值观，而学校就是一个重要的训练场所。受涂尔干影响，社会学家认识到要延续社会，就必须进行道德和职业教育、纪律以及价值观的传承。功能理论家将机构理解成整体社会或者社会系统的一部分，从整个系统功能或者目的角度来讨论系统中的组成部分。在拥有一个完美整合的连续系统的前提下，各部分之间相互依赖的程度与它们之间整合的程度相互关联，并互为补充。成员间共享的价值观或共识是该系统的重要组成部分，因为它们有助于维

---

① 珍妮·H. 巴兰坦. 教育社会学：一种系统分析法［M］. 朱志勇，范晓慧，译. 南京：江苏教育出版社，2005：20.

持系统的平衡。[1]

功能理论倾向于研究有关组织的结构和功能方面的问题。例如,运用此理论研究教育系统的研究者很可能会专注于组织的结构部分,如结构中的子系统和位置等,以及它们如何发挥功能以达到政策目标。

二、冲突理论

冲突理论与功能理论正相反,它假设在社会及其组成部分中个体和群体之间的利益竞争存在一种张力(tension)。这种理论方法承继了卡尔・马克思(Karl Marx)和马克斯・韦伯(Max Weber)的学说。通过对资本主义社会阶

> 冲突理论与功能理论正相反,它假设在社会及其组成部分中个体和群体之间的利益竞争存在一种张力(tension)。

级体系中被剥削工人的社会条件的揭示,马克思为冲突理论奠定了基础。他认为社会中的竞争群体,即"有产者(haves)"和"无产者(havenots)"的关系一直处于一种紧张状态中,这很可能导致斗争的产生。有产者控制权力、财富、物资商品、特权(包括接受最好教育的权利)和影响力,而无产者不断抗争和挑战以求更大程度上分享社会财富。这种权力的斗争决定了组织的结构和功能,也决定了由权力关系演变而来的等级制度(hierarchy)。

冲突理论将焦点集中在由权力产生的社会紧张关系上,认为社会组织的特征是冲突而非均衡。这些权力与冲突最终会导致变革。教育政策是在社会环境中运行的,政策不但受社会的影响,也形成特殊的社会环境。社会由不同的群体组成,因而是繁杂的、散乱的、差异的、多样的。如果说社会有不变的东西,那就是冲突。社会冲突体现为权力冲突和利益冲突。教育政策对社会中各种教育利益进行选择与整合,实现对有限教育资源的合理分配,这里的利益分配过程实质上是利益相关者运用权力展开冲突、斗争、妥协和整合的过程。如斯蒂芬・鲍尔在1990年出版的《政治与教育政策制定:政策社会学探索》一书中采用人种学研究方法,以对政策制定过程中关键人物的访谈为依据,描绘了撒切尔夫人执政10年间,政府在制定教育政策过程中所发生的斗争和冲突;[2]也有学者通过不同国家教育语言政策演变史,剖析了教育语言政策和语言冲突间的辩证关系,阐释了统治阶层如何通过政策制定和实施确立并强化其特权地位。

三、互动与解释理论

互动与解释理论主要来源于米德(G. H. Mead)和库利(C. H. Cooley)对学校或其他情境的社会互动中自我发展的研究。浸润于一种文化的个体可能以相似的方法解释

---

[1] 珍妮・H. 巴兰坦. 教育社会学:一种系统分析法[M]. 朱志勇,范晓慧,译. 南京:江苏教育出版社,2005:5-8.

[2] 斯蒂芬・鲍尔. 政治与教育政策制定:政策社会学探索[M]. 王玉秋,孙益,译. 上海:华东师范大学出版社,2003.

和界定社会制度,因为他们拥有相似的社会化过程、经验与期待。因此,形成了共同的规范来指导行为,当然,个体的经验、社会阶层和地位也导致差异的存在。

> 互动理论是基于对强调宏观层次的结构功能论和冲突论的反叛,互动理论家关心的是学校参与者之间最普通、平常的互动问题。

互动理论是基于对强调宏观层次的结构功能论和冲突论的反叛,互动理论家关心的是学校参与者之间最普通、平常的互动问题。使用这种方法的教育社会学家可能重视同辈群体间的互动、师生间的互动或教师和校长对待学生态度和成绩的互动,重视学生价值观、自我概念与自身的志向效果以及与学生成绩相关联的社会经济地位等。运用这种理论,人们对教师期待、学校的能力分组政策以及将学校作为一个整体机构进行研究。① 例如阿曼达·达特诺(Amanda Datnow)等人就探索了在美国当学校进行规模化的改革设计时会发生什么。研究者们围绕种族、阶级和性别等,讨论地方政治如何影响学校改革过程。他们还调查了当学校实施外部设计的改革时,教师和管理人员的活动和关系的变化。对学校与改革设计团队关系的可能性和界限进行研究,来确定设计团队如何随着时间的推移而变化以适应当地需求和政策要求等。②

标签理论(labeling theory)和交换理论(exchange theory)是互动理论中比较典型、使用较多的类型。标签理论的基本观点是个人会将某一标签具体融入自我概念中并在行为中表现出来。交换理论的前提是人们互动中存在投入与回报。互惠的互动将个体和群体绑在一起,例如学生学习教师则得到回报,得以回报的行为很可能会持续下去。这些互动理论有助于理解政策在课堂微观层面的实施。在对一些教育政策的分析中,有些研究者试图综合微观与宏观理论,并指出如果要理解教育系统,就必须考虑这两种理论。③

四、社会网络理论④

社会网络理论最早由德国社会学家齐美尔(Georg Simmel)提出,他的基本观点是个人与群体的两重性。当一个人加入一个群体的时候,受到群体的约束,建立起了个人和群体的基本关系,这就是所谓的社会网络关系。因此,研究个人时不能从单个孤立的人出发,而应该从他所处的社会网络角度入手。而通过具体的关系网络去研究人的行为时,首先要涉及人们所处的社会结构或网络结构;其次要描绘个人在网络中的地位,他在网络中的位置是怎样的,以及关注的基本要素。

社会网络理论到20世纪六七十年代形成各种中层理论,同时提出了可供操作的社会网络分析方法,产生了可检验、指定清楚的模型,发展得非常技术化了。网络研究的一个优势就在于很多问题是可以测量的。但它的困难在于,当研究非常技术化后,能够理解和使用这种技术和操作方法的人就越来越少,成了一个很小的群体,只能在自己内

① 珍妮·H.巴兰坦. 教育社会学:一种系统分析法[M]. 朱志勇,范晓慧,译. 南京:江苏教育出版社,2005:10-11.
② Datnow A, Hubbard L, Mehan H. *Extending educational reform*[M]. Taylor & Francis, 2002:2.
③ Bernstein B. *Pedagogy, symbolic control, and identity*[M]. Rowman & Littlefield Publishers, 2000:89.
④ 陈学飞. 教育政策研究基础[M]. 北京:人民教育出版社,2011:266-268.

部进行对话,所以在 20 世纪 70 年代末逐渐脱离了社会学的主流。但是随着格拉诺维特(Mark Granovetter)的《寻职》[①]和博特(Ronald Burt)的《结构洞》的发表,社会网络理论再次兴盛,由于其在宏观社会环境与个人选择、个人意愿之间建立了桥梁,使得人们可以从更加微观的角度考察人与人之间的互动,而成为一种很有价值的理论视角。社会网络视社会结构为一张人际社会网络结构,其中"节点(node)"代表一个人或一群人组成的小团体,"线段(line)"代表人与人之间的关系。网络分析包括以下基本要素。

行动者(actors):行动者是网络的主题。网络中定义的人,成为交接者或节点(nodes),这些行动者常同时属于许多不同的网络,且在各个网络内扮演不同的角色。当行动者消失时,自己所属的网络亦将随之消失。

关系(relationship):指的是关系的存在与其形态。两个行动者之间由于某种关系的存在而影响彼此互动,不同的关系形态或关系内容常使网络呈现不同的形式。比如,较常见的关系形态有交易关系、沟通关系、情感关系等。

中心性(degree centrality)指标:中心性指标是衡量行动者的控制或影响力范围大小的指标。一个网络的中心性度数高的行动者,表示在网络与最多的行动者有关系。拥有中心性的行动者,往往在网络中和所有其他行动者的距离最短;在社会学上的意义,就是最有非正式权力的人,在团体中往往具有领导地位。

中介性(between centrality)指标:中介性指标代表在网络关系中每两两行动者的互动,必须通过某个行动者为沟通管道的程度,亦即衡量一个行动者是否占据其他两位行动者联络快捷方式重要策略位置的指针。当此指标程度越高,表现中介性越高,越能充当媒介,促进双方之间的互动与信息交换。一个处于网络中央位置的行动者,具有取得资源与控制资源的优势,即扮演着掮客的角色。

社会网络分析将人与人之间的关系以及互动团体结构,用数值、点、线等表示,呈现人与人之间互动的方向性、接触的距离等;把人与人的各种关系加以数值化,并且以点、线等图示的方式表达。这种数量化的结果,可以对关系做更清楚的呈现。如果研究者试图对微观的行为机制进行量化的分析和统计,社会网络理论是一种比较适合的视角。

> 社会网络分析将人与人之间的关系以及互动团体结构,用数值、点、线等表示,呈现人与人之间互动的方向性、接触的距离等;把人与人的各种关系加以数值化,并且以点、线等图示的方式表达。

第三节　研究的方法和方法论

社会学视角下的教育政策研究,会将社会学研究方法用于研究过程中,比较典型的有社会调查、访谈、实地观察等,在具体的分析方法取径上有传统的实证主义的社会科学分析、在议论批判视域中的文本诠释和话语分析,以及新兴的对政策参与者的政策网络分析。

---

① 找工作。

一、社会调查

社会调查就是采用实地观察、调查访谈、案例分析、叙事研究、民族志撰写等社会学研究方法，运用微观观察视角和"底层研究"设计，对相关教育政策的制定、运行、实施反馈等进行分析评价。如斯蒂芬·鲍尔在《政治与教育政策制定：政策社会学探索》中采用人种学研究方法，以对政策制定过程中关键人物的访谈为依据，

社会调查就是采用实地观察、调查访谈、案例分析、叙事研究、民族志撰写等社会学研究方法，运用微观观察视角和"底层研究"设计，对相关教育政策的制定、运行、实施反馈等进行分析评价。

描绘了政府在制定教育政策过程中所发生的斗争和冲突；1994年他在《教育改革：批判和后结构主义的视角》则超越政府层面，研究中间层次的问题，即组织、学校结构和教师的实践，关注教育政策的实施和教育政策的影响。伯沃（Richard Bowe）等人则选取地方教育权力机构、国家课程、特殊教育以及学校管理为个案，研究教育政策的实施和社会效应。惠蒂等人以英国城市技术学院实验为个案，研究教育政策的效应、教育政策的目的以及学生对教育政策的应对。这些研究采用访谈和实地观察的研究方法，从微观视角剖析教育政策的制定、结构和社会效应。

在美国，教育政策研究在科尔曼开创的"社会政策研究"传统下，更推崇实证主义取向的研究。研究方法以量化为主，关注涉及某项教育政策的组织特征而不是论述的过程。此研究取向的基本想法是，试图用社会名词（社会经济背景、性别、年龄、种族等）尽可能地将学校加以配对比较，当这些因素都保持恒定，然后再看它们之间是否有诸如成就水平、行为类型等结果的显著差异。如果有，那就可以明确假定这是因为学校本身之间的差异导致的，某些学校比其他学校更有"效能"。那么第二阶段的研究就是去辨识这些学校的差异是如何被组织及运作，用那些名词所做的研究的确发现学校间有显著的差异。

二、文本诠释

20世纪六七十年代，以实证主义（positive science）及"分析-经验主义"（analytical-empiricism）为取向的政策研究领域取得学科中的主导以至支配地位。在政策实践上，这种政策研究取向的服务对象是一种"技术-管理主义"（technical-managerialism）的政策方向，即为

"阐释理论（interpretive theory）"，其基本假设为社会科学的研究对象本质上不是客观存在的事实，而是人类通过社会过程建构出来的现实，负载着人类主观赋予的意义及价值。

政策及社会问题提供切实可行的技术性解决方案，以协助政策有效推行其公共管理措施。[①] 一个不可忽视的冲击就来自20世纪70年代初在社会科学中兴起的"阐释理论（interpretive theory）"，其基本假设为社会科学的研究对象本质上不是客观存在的事实，而是人类通过社会过程建构出来的现实，负载着人类主观赋予的意义及价值。因此，公共政策不是一种客观存在的"目标-手段"的技术设计与执行，而是特定时空内人

---

① 曾荣光. 教育政策研究：议论批判的视域[J]. 北京大学教育评论，2007(04)：2-30+184.

类社会对重要社会问题或政策现象(如教育问题)所作的意识阐释及价值判断。[①] 社会上不同的利益相关者都对有关政策现象及议题形成赋予意义、价值的阐释与判断,政策可被理解为文本,就如德沃拉·杨诺(Dvora Yanow)认为不但公共政策作为文本,在颁布过程中由推行者解释,而且推行过程本身也作为文本,被其他利益相关者阅读和解释。政策文本承载并传递意义,这一意义是由作者、文本和读者共同赋予的。[②] 也如鲍尔认为的,政策可以被理解为"行动者根据自己的历史(经验、技术、资源、背景)赋予意义的过程"。[③] 教育政策不仅是一个成形的文本,而且是一个不断解释与再解释的过程,并且这一过程总是处于一定的社会历史背景之中。

当公共政策被界定为一个文本,它本质上就是一种社会建构的现实,亦可供不同持份者作不同阐释的对象;因此对这个阐释与建构的社会过程进行研究,就成为公共政策研究的主要课题;这样一种研究方法,基本上属于人文社会科学研究中的"诠释学"。[④] 在文本诠释的取向下进行教育政策研究,首先要分析政策文件所呈现及蕴含的统一性意义,分析该政府在文件中对哪些价值给予权威性的分配;第二个需进行探究的问题就是该教育政策文本的作者、有什么意图及其所处的背景,因为教育政策文件在撰写过程中会包含不同利益团体的意见,撰写完成的教育政策文件很大程度上已经把当时所处的背景去掉;第三个研究要点就是谁是读者,他们从教育政策文本中阅读得到了哪些意义,并且如何从政策文本走向生活世界,作出新的整合和建构。教育政策文本会对教育改革的具体措施作出诊断并提出预见性描述,而研究者要分析文本中每一层次所指向的现实世界,加以厘清并与实际现实结合后再评鉴。也就是说,在回应政策时,需要结合具体情景作出整合和建构,同时也需要化解来自其他方面对政策的期待。[⑤]

三、话语分析

话语分析作为教育政策研究的另一种方法取向,早已在近代语言学及欧洲社会政治理论的推动下,发展成为一种基本研究范式。将政策作为话语,是将政策研究超越文本的语意或含义的探究,把政策话语视为一种社会实践,即政策会具体落实执行的措施,而这些实践与措施更会对社会现实及个人产生深刻的影响。[⑥]

> 话语不局限于语言学的原义,而是一种特殊的实践。将政策作为话语,是将政策研究超越文本的语意或含义的探究,把政策话语视为一种社会实践。

对政策话语的含义理解还要追溯到福柯

---

① 曾荣光.教育政策研究:议论批判的视域[J].北京大学教育评论,2007,5(4):2-30+184.

② Yanow D. *Conducting Interpretive Policy Analysis*[M]. SAGE - USA, 2000:17.

③ 斯蒂芬·J.鲍尔.教育改革:批判和后结构主义的视角[M].侯定凯,译.上海:华东师范大学出版社,2002:31.

④ 斯蒂芬·J.鲍尔.教育改革:批判和后结构主义的视角[M].侯定凯,译.上海:华东师范大学出版社,2002:8.

⑤ 斯蒂芬·J.鲍尔.教育改革:批判和后结构主义的视角[M].侯定凯,译.上海:华东师范大学出版社,2002:10-11.

⑥ 斯蒂芬·J.鲍尔.教育改革:批判和后结构主义的视角[M].侯定凯,译.上海:华东师范大学出版社,2002:16.

对话语的界定。在福柯看来,话语不局限于语言学的原义,而是一种特殊的实践。他认为话语分析的任务在于不再将话语作为符号来研究,而将其"作为系统地形成这些话语所言及的对象的实践来研究"。① 所以福柯认为话语分析的第一个任务就是要揭示话语产生的过程及其社会条件,他认为,"每个社会都有它的真理体制,它的真理的总体政治,即该社会所认可并视为真实的话语类型;可使人们区分真伪陈述的机制和事例,以及各陈述获得认可的方法;获得真理的技术和程序;有权说明什么可以视为真理之人的资格"。② 另外一个就是要揭示话语对主体形塑的作用。话语在赋予一部分人权力的同时,也将一部分人排除在外。

故在教育政策研究中,话语分析的方法是将政策视为"一种权力的经济体现,它是地方情景中那些被利用和争夺的一系列技术和实践"③。此外就是关注教育政策中的权力。这里的权力不仅仅指政府的强力,而是多样化的力量关系,在这个力量"场"中,权力得以施展,并构成各自的组织。具体来说,就是关注相关的一系列政策是如何通过真理和知识的"生产"行使其权力的,并将这一过程视为"话语"。要回答的问题是:教育政策所依赖的"真理"和"知识"是什么? 它们是如何生产出来的? 这些"真理"和"知识"如何使教育政策具有权威性? 它们是如何通过教育政策传递,影响政策行动者的?

文本诠释和话语分析方法都是从议论批判的视域进行政策研究,虽然各有侧重,但并不冲突,在实际研究中可相互补充。就像斯蒂芬·鲍尔说的,"我提出了两个不同的关于政策的概念的理解。现在我将它们称之为'作为文本的政策'和'作为话语的政策'……政策不是上述两者的非此即彼,而是兼而有之,它们相互包容。"④这两种方法的转向将政策研究从只属于政府官员与政策研究者私下的对话引领至更为民主的批判议论的平台。⑤

四、政策网络分析

政策网络分析是 20 世纪 80 年代以来西方公共政策研究领域兴起的一种政策研究与分析方法,它将公共政策过程理解为多元利益群体复杂的互动博弈过程,突破了西方传统决策研究领域的精英主义与理性选择理论模式,并建立起了国家社会的宏观分析与基于个人主义方法的微观分析之间的联系。它把政府之外的民间组织、压力集体和公民个人,以及信任、社会资本、非正式关系、文化网络等都纳入了政策分析框架。根据这种分析框架,在政策网络中,分布着不同的政策子系统(policy subsystem),这些子系统的成员都掌握了一定程度的相关知识,能够就政策可选方案在解决政策问题的可行

① 米歇尔·福柯. 知识考古学:第 2 版[M]. 谢强,马月,译. 北京:生活·读书·新知三联书店,2003:53.
② Foucault M, Gordon C. *Power/knowledge: selected interviews and other writings*,1972—1977[M]. Pantheon Books,1980:131.
③ 斯蒂芬·J. 鲍尔. 教育改革:批判和后结构主义的视角[M]. 侯定凯,译. 上海:华东师范大学出版社,2002:19.
④ 斯蒂芬·J. 鲍尔. 教育改革:批判和后结构主义的视角[M]. 侯定凯,译. 上海:华东师范大学出版社,2002:30.
⑤ 曾荣光. 教育政策研究:议论批判的视域[J]. 北京大学教育评论,2007(4):2-30+184.

性方面展开评论。① 一个政策子系统的认定至少有两个要件：一是要有其特定的政策问题；二是有其特定的关注人群。政策问题领域是划定一个政策子系统的重要依据。根据特定的问题领域，可以把参与者分为：行政机关、立法部门的专门委员会、利益集团以及另外两个重要的行动者集团（一是新闻记者、研究者和政策分析者，他们在政策思想的产生和传播中起着重要作用；二是活跃在政策制定和执行过程的各层级的政府行动者）。

　　区分政策子系统的关键行动者，研究他们联系的方式，他们之间相互作用的行动，这种相互作用对政策的影响，激发了许多研究者的研究兴趣。这些年来，学者们创建了不少模型来回答上述问题，其中许多模型是相互对立或十分复杂的。在这些模型中，比较著名的有亚政府、铁三角、议题网络等。所谓亚政府即政府机构讨论法律、法规事务中存在的那种稳定的相互影响的非政府集团。铁三角是指利益集团、国会委员会和政府机构在政策过程中，尤其是在农业、交通和教育领域具有牢不可破的控制力。在20世纪六七十年代，对美国案例的进一步研究显示，许多亚政府不是完全地占有权力，休·赫克罗（Hugh Heclo）在这个基础上提出了议题网络（issue network）。他指出，议题网络由大量有着不同程度共识并在同一环境中相互依赖的参与者组成，没有明显的起点和终点，参与者不断地进入或退出网络，成员总在变化。政策网络分析视角提供的启示是，可以从政策子系统的参与模式来分析各个维度政策参与者之间的联系。从关注单个参与者的特征，转为关注他们之间千丝万缕的关系，建立个体、组织和宏观环境的桥梁。②

> 政策网络分析视角提供的启示是，可以从政策子系统的参与模式来分析各个维度政策参与者之间的联系。

社会学视角下教育政策研究案例分析
《科尔曼报告：教育机会公平》

　　《科尔曼报告：教育机会公平》是根据《1964年民权法案》的要求，美国政府委托詹姆斯·科尔曼等组织实施，经过广泛调查，以白人多数族群所获得的机会为参照，记录了公立学校向少数族裔提供公平教育机会的情况。

一、研究问题

　　《1964年民权法案》第402条要求：教育部长必须在本法案颁布后两年内组织一次调查，在美国的所有领土、领地以及哥伦比亚特区的范围内，考察在所有层次的公共教育机构中，由于种族、肤色、宗教信仰或民族出身不同而使个人丧失公平教育机会的情况，并向总统和国会提交报告。该项调查研究的问题主要包括四个。

---

① 迈克尔·豪利特，M. 拉米什. 公共政策研究：政策循环与政策子系统[M]. 庞诗，等，译. 北京：生活·读书·新知三联书店，2006：216.
② 陈学飞. 教育政策研究基础[M]. 北京：人民教育出版社，2011：265-266.

第一个问题是,在公立学校中,种族和族群之间相互隔离到什么程度?

第二个问题是,学校是否根据一些(被视作)教育质量优秀指标提供了公平的教育机会?

第三个问题是,如果用标准化成绩测试对学生的表现进行衡量的话,学生究竟学到了多少?

第四个问题是,学生的成绩和他们所上的学校之间可能存在什么样的关系?[①]

二、研究方法

这项调查是由美国教育部属下的国家教育统计中心负责展开的。除了中心的工作人员,还有一些外部顾问和承包人被聘用参与研究。在调查的早期设计阶段,研究团队曾向大量教育工作者进行过非正式咨询,还对一些组织的代表进行了咨询,包括全美有色人种促进协会法律辩护与教育基金会、争取种族平等协会、美国犹太人委员会、全国城市联盟、反诽谤联盟、南方基督教领袖协会、美国少数族裔组织全国联合会、美国民权委员会等。

正式的调查设计、管理和分析工作主要由约翰·霍普金斯大学的詹姆斯·科尔曼负责。范德堡大学的厄内斯特·坎贝尔负责领衔大学方面的调查。被指派专职参与调查的国家教育统计中心工作人员的工作包括:教育考试服务中心负责公立学校的调查,它们提供已研究设计出的测试题目,由统计中心工作人员制定特别问卷进行测试调查。教育考试服务中心依照统计中心工作人员提供的规范进行了计算机分析。佛罗里达州立大学的查尔斯·南等人负责辍学问题的研究,在研究推进的同时,美国人口普查局也将本次调查作为其1965年10月现时人口调查的一部分,并对数据进行了处理。西北大学的雷蒙德·W·麦克领导的社会学家团队在10座美国城市中进行了少数族群教育的案例研究。对于事实上存在的种族隔离所带来的法律和政治问题,威斯康星大学的G·W·福斯特领导的律师团队在7座美国城市中进行了案例研究。普林斯顿大学的约翰·图基在回归分析设计方面提供了咨询帮助。

科尔曼牵头的调查组收集了美国4 000所学校的645 000多名学生、20 000多名教师以及各层面学校官员的数据,并将有关学校的调查主要分为种族隔离情况、设施与师资情况、学生的学习成就、与成就相关的学校特征因素等四大部分。调查对象分为学区管理者、学校校长、教师、学生;调查工具为问卷和标准化测试,标准化测试的对象为1、3、6、9和12年级的学生。科尔曼等依据种族类型,将学生划分为黑人、美洲印第安人、亚裔、波多黎各人、墨西哥人、白人6类,通过分析统计各类学生在上述调查内容方面的现状及差异,最终形成了"科尔曼报告"。[②③]

三、研究结论

第一,美国公立学校中存在着严重的种族隔离问题。在少数族裔人群中,

① 詹姆斯·S.科尔曼,等.科尔曼报告:教育机会公平[M].汪幼枫,译.上海:华东师范大学出版社,2019:序.

② 詹姆斯·S.科尔曼,等.科尔曼报告:教育机会公平[M].汪幼枫,译.上海:华东师范大学出版社,2019:调查.

③ 詹姆斯·S.科尔曼,等.科尔曼报告:教育机会公平[M].汪幼枫,译.上海:华东师范大学出版社,2019:29.

黑人是受种族隔离程度最高的。若把所有群体都考虑进去,白人儿童的受隔离程度最高。[①]

第二,校际间差距对不同种族的学生有不同的影响。少数民族学生的学业成就高低更多地依赖于他们所在的学校,而白人学生的学业成就较少因为学校的设施、课程和教师等条件而受到影响。

第三,造成黑人儿童学习水平低的原因主要不是学校物质条件,而是学校内的社会因素,即学生家庭的社会经济背景、同学的社会经济背景等。科尔曼对影响白人学校学生学业成就差异因素的重要性进行了排序,其中最重要的因素是同学的社会经济背景差异,其次是教师素质的差异,而设备和课程的差异是最不重要的因素。该重要性因素排序与黑人学校相同。影响最小的因素(设备和课程)在黑人和白人学校间的分布是最平等的,影响最大的因素(同学间的社会经济背景)分布却是最不平等的。研究进一步指出,学生的学业成就还与学习期望有很强的相关性,学生处于不同的同学环境中将会取得不同的学业成就。

第四,同学间的社会经济背景对不同社会阶层的学生有不同程度的影响。研究发现,将低收入阶层的孩子送到中等收入阶层子女占大部分的学校,对低收入阶层子女有好处,而对中等收入阶层子女不构成伤害。这是因为低收入阶层家庭的孩子比中等收入阶层家庭的孩子更容易受影响。在中等阶层家庭,信心和成就根植于成人的监管和教育,中等阶层的孩子大都在家里学得多一些,从同学和老师那里所学的东西要少一些。[②]

四、研究局限性/成果表达

这项研究最终以《教育机会公平》(*Equality of Educational Opportunity*),又称《科尔曼报告》的形式呈现,其突出贡献在于重新界定了教育机会均等的内涵。从社会学的视角来看,"教育机会""均等"本身就是社会学、教育社会学关注的话题,科尔曼讨论了种族、阶层、性别等一系列社会学概念的因素对教育均等、教育效能等的影响。他认为,教育机会均等不能仅仅局限于靠平等的投入,如平等的教育支出、教师和设备等来衡量,而应将关注的重心转到独立于家庭背景的学生学业成就。《科尔曼报告》不仅具有重要的理论意义,而且对美国甚至世界范围内的教育政策和法律制定产生了直接的影响,主要有两方面。首先,它为美国的"平权法案"的出台铺平了道路;第二,它促进了学校和校车接送学生政策的出台。针对报告中得出的结论,科尔曼提出政策建议:为了有效改进少数民族学生和贫穷学生的学习成绩,应当统一学校,把少数民族学生同白人学生安排在同一所学校里,以创造一个能够提高学习成绩的有效环境。为此,需要为由于居住分隔开来的白人学生和黑人学生提供校车接送学生上学。从此,校车成了解决种族隔离问题的象征,在法院、卫生、教育和福利部的推动下,校车接送学生的运动在20世纪60年代末达到高潮。《科尔曼报告》发表后,许多后续研究也证实了报告中的核心结论。

---

① 詹姆斯·S.科尔曼,等.科尔曼报告:教育机会公平[M].汪幼枫,译.上海:华东师范大学出版社,2019:3.
② 詹姆斯·S.科尔曼,等.科尔曼报告:教育机会公平[M].汪幼枫,译.上海:华东师范大学出版社,2019:30.

但也有许多研究对报告结果表示质疑,并从三个方面展开。第一,研究所使用的分析模型过于简单,假定教育过程的产出,即每个学生的学业成绩直接地相关于一系列投入。第二,标准化考试分数的测量没有太多考虑学生的态度、学校的出勤率以及其他可能更有价值的教育质量指标。第三,研究仅是一个时间截面的检验,缺乏时间序列上的研究,其结论的可靠性还有待更多的研究来验证。

推荐阅读

1. [美] 詹姆斯·S. 科尔曼,等. 科尔曼报告:教育机会公平[M]. 汪幼枫,译. 上海:华东师范大学出版社,2019.

2. [英] 斯蒂芬·J. 鲍尔. 教育改革:批判和后结构主义的视角[M]. 侯定凯,译. 上海:华东师范大学出版社,2002.

3. [英] 斯蒂芬·鲍尔. 政治与教育政策制定:政策社会学探索[M]. 王玉秋,孙益,译. 上海:华东师范大学出版社,2003.

第四章
教育政策研究的管理学基础

本章导语

　　本章主要介绍教育政策研究的管理学基础,介绍以管理学作为基础来研究教育政策的研究内容、理论基础、方法和方法论以及经典案例。

学习目标

1. 明确管理学视角下教育政策研究的主要内容,拓宽教育政策研究的视角;
2. 了解管理学视角下教育政策研究的理论基础;
3. 掌握管理学视角下教育政策研究的研究方法;
4. 能够运用管理学的方法对教育政策的经典案例进行分析;
5. 具备跨学科的视角研究教育政策。

知识导图

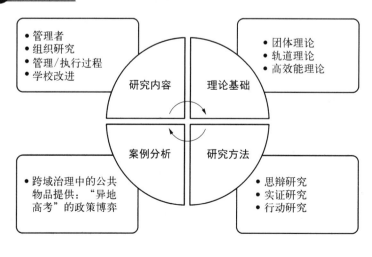

在管理学视角下进行教育政策研究,即借鉴管理学的理论或方法对教育政策的制定、执行、评估等进行研究。事实上,在公共政策、公共管理等学科基础上发展而来的教育政策学,本身就带有浓厚的管理学色彩。威尔逊(Woodrow Wilson)在《管理研究》一文中指出:"公共管理是公共法律的详细说明和系统执行。每个普通法律的特殊应用都是管理的活动……"①古德诺(F. J. Goodnow)在其著作中强调"政治要制定政策和表达政府的意愿,管理是要执行这些政策"②。政策制定过程被认为是决定未来的竞技场,它通过提供决策制定的相关因素和结构设计使管理者以及其他专业人员执行决定。政策制定者创建了政策,专业人员将政策和实践结合起来。政策由决策者制定,由管理者和专业人员将其与实践结合。

1945年西蒙(Herbert A. Simon)关于政策和管理的界限的评论是,无论是古德诺的研究还是后来的无数区分,都没能提出将"政策问题"与"管理问题"区分开来的清晰标准或明确标志。且在学者阿普尔比(Paul H. Appleby)看来,议会和立法者(政府教育部门和学校董事会)为未来制定政策,却不能控制政策的运行。管理者不断地制定关于未来的准则,同时也不断地影响法律,以及法律范围内的行为。曾经需要管理者作出的数以万计的决定现在仅由一个法院来做,管理者也要为法规设计建议,这是制定政策的一部分功能。执行者往往是一边处理政策一边着手管理,他们更多的是处理全局问题,而不是把问题独立地看作政策问题或管理问题。③ 可以说,在政策制定与实施过程中一直伴随着管理行为,透过"管理学"之眼看教育政策,重点关注的内容有管理者、组织关系、管理过程等,教育管理学的一些理论基础也是在该视角下研究教育政策的有力框架。

第一节　研究的主要内容

管理学视角下的教育政策研究,关注的主要内容有政策管理者角色、教育组织研究、政策管理过程以及具体到学校政策层面的学校改进研究等。

一、管理者

教育管理的各个层级,在教育政策制定、执行、评估的过程中都承担着关键角色。

---

① Wilson W. The Study of Administration[J]. *Political Science Quarterly*, 1887, 2(2): 197-222.

② Goodnow F J. The Principles of the Administrative Law of the United States[M]. Boston: GP Putnam's Sons, 1905: 15.

③ 托马斯·J. 瑟吉奥万尼,等. 教育管理学:第5版[M]. 黄崴,等,译. 北京:中国人民大学出版社, 2014: 46.

在美国,联邦政府部门、50 个州的教育部门,还有许多私立和半私立组织对教育事业承担主要的政策分析和发展的责任。几千个学校董事会和上万名管理者运用发展和管理政策来管理天天运转着的学校。在我国,中共中央、国务院制定了教育政策后,地方各级政府行政部门需要根据当地实际情况落实执行好政策。教育行政部门事实上兼具有管理和政治的角色,首先要接受中央的教育领导,进行教育基层管理,另外就是支持和补充教育领导角色,补充和支持地方的教育治理。

由此,在教育政策研究中,关注管理者的问题就转换为对各级教育行政人员的研究,他们关心的问题以及政策如何执行、执行的效果怎么样、有哪些改进措施等。某些兼具有领导角色的部门,还会从具体政策目标制定、目标价值以及对学校社会的影响进行考虑,并更强调它们自己对政策实施的满意结果如何。在我国,地方政府作为行政管理角色,在教育改革中有着不可忽略的重要作用,地方政府的政策执行能力直接左右着当地的教育品质。有学者以研究性学习这一课程政策为例,选择某一县级教育局作为研究样本,运用案例研究的方法分析了地方政府的课程政策执行行为。研究者借用理查德·埃尔莫尔(Richard Elmore)等人的分析框架,并通过文本分析、调查和访谈等资料获取途径发现,地方政府在执行课程政策的过程中所能动员的资源并不多,存在过度依赖行政命令的倾向,诱导、能力建设和制度变革等政策工具没有得到有效的重视和利用。另外,地方政府在执行课程政策的过程中已形成一套非常精致的命令运行系统,但地方政府以发布指导性意见为主,明确性的指令较少,课程改革的执行存在明显的实验主义,具有运动型解决方式的迹象,这会导致在课程政策执行过程中出现大量的不确定性等。[①]

还有一些研究多聚焦“校长”的管理者角色,在变革的时代,学校面临的环境日趋复杂,校长承担的职责也日益繁多。以美国《不让一个孩子掉队》法案的实施为例,当时以学业成绩为基础的绩效责任制得到大力推行。为此,教育当局加强标准化考试的组织,并将学校的学业成绩进行横向对比,试图以这种基于数据监控(data monitoring)的责任制推动学校提升教育质量。在这一政策的影响下,校长的教学领导职能受到前所未有的重视。但同时,校长又需要做大量的事务性工作以应对责任制的考核,包括材料的准备、报告的撰写等,从而分散了在教学领导上投注的精力。校长必须切实担负起相应的责任,引领学校在绩效考评中交出一份令人满意的答卷。

针对美国校长是如何应对外部绩效责任政策的挑战,有研究者通过质性研究发现,校长在政策实施过程中扮演着积极的角色,自主决定如何应对联邦的政策法令和地方教育当局的措施,自主选择学业测评方案,自主决定如何落实绩效责任。[②] 在这一过程中,校长既不是受到政策摆弄的被动者形象,也不是一味不执行政策的反对者形象,他们会结合本校的特点和实际状况,对外部绩效责任政策进行选择性的吸收和解释,乃至

①　柯政. 地方政府的课程政策执行行为分析[D]. 华东师范大学,2005.

②　Koyama J. Principals as bricoleurs: Making sense and making do in an era of accountability [J]. *Educational Administration Quarterly*,2014,50(2):279-304.

以不同的方式进行策略性调整,创造性地实施政策。[1]

二、组织研究

教育组织是管理学视角下教育政策研究的重点之一,政策的实践与管理发生在特定的组织情境之中,组织中的政治与权力的抗衡,一直存在于政策过程的始终。以政策执行的微观场域——学校为例,作为一个复杂组织,"学校"可以从多个视角去理解:结构层面探讨的是学校组织的目标、结构、运作等;文化层面关注学校组织的象征性特质,探讨如何利用仪式、活动以及符号等运作,尤其是围绕利害关系人(stake holder)、围绕利益而展开的相互角力,如何操纵权力以争取最大利益的过程等。学校成为一个权力组织系统,即可对某项教育政策下各级控制与不平等现象进行剖析,深化了对教育政策执行过程中组织领域权力关系的认识。此外,传统的管理学理论在组织中的权力运作中强调,组织的领导者拥有与职位相关的法定权力,其他成员则要接受这种权力的支配,领导者凭借职位性权力,通过设定工作重点、调整组织结构、调配人员以及其他管理手段,确保组织实现目标。但在实践中,组织的权力运作并不简单,尽管组织领导者拥有一定的法定权力,但也只是权力的竞逐者之一,组织中的其他成员或群体会围绕各自的利益展开争夺。表面上看,组织目标与政策多为领导者所主导发布,然而事实上它们是组织中各联盟与利益团体之间不断折中协商后的产物。[2]

有学者以美国一所高中汉语言课程的终结为例,对其中的微观权力关系进行了考察。[3] 研究发现,尽管该语言课程项目运行良好,并且受到学生和社区家长的广泛欢迎,但最终还是被校董会(school board)取消了。而取消的真正原因,并非校董会大部分成员所给出的理性解释(如缺乏充足经费和人力资源的支持),而是校董会成员派系之间存在分歧。这说明:对教育组织中的政策、措施和行为进行分析,不能单纯依赖理性的解释框架,而要从更为现实的角度,从社会、政治和经济等因素综合考量,寻求内在原因,正视组织中的政治斗争和歧见。

三、管理/执行过程

管理被广泛定义为通过与其他人一起有效和高效率地工作来完成组织目标和成功地承担重要职责的一个过程。计划(planning)、组织(organizing)、领导(leading)、控制(controlling)这四个管理职能是被理论家最常提及的。计划涉及为学校和部门要贯彻的发展蓝图和战略政策所制定的目标和任务。组织涉及把人力、财力、物质资源最有效地集中起来去实现政策目标。领导是处理指导和监督下属方面的事,包括组织的计划执行、人员激励、期望的明确、交流渠道的维护。控制涉及管理者的评价功能,包括检查、调节和控制表现,提供反馈和其他有关目标实现标准与管理内部维护职责的关注,

---

① 张晓峰.教育管理的研究变迁:基于1996—2015年典型国际期刊的分析[M].北京:教育科学出版社,2020:148.

② 秦梦群.教育领导理论与应用[M].台北:五南图书出版股份有限公司,2010:124-129.

③ Shouse R C, Sun J. Friendly habitat, endangered species: Ecological theory and the demise of a high school Mandarin program[J]. *Educational Administration Quarterly*, 2013, 49(3): 395-420.

以及一些外部适应的关注。[①] 在一项教育政策中,参与者特别是作为管理者的角色,如何发挥这些职能来进行决策、执行和评估,都是教育政策研究关注的话题。

有研究者以 2007—2013 年北京市实行高中新课程政策为例,分析了执行者和执行内容两个方面,发现政策初期阶段的执行以激进方式为主有其必然性,第二阶段的执行则应以渐进方式为主。依据渐进方式的"渐进"和"民主"特征,这种推进方式的关键是重视子过程之间的相互关系和加强执行者之间的平等互动。[②] 也有研究者分析了 2009 年实施的义务教育教师绩效工资政策执行过程中出现的政策目标偏离现象。通过对上海、安徽、河南三省市 1 000 位校长和教师的问卷调查以及 8 次结构性访谈,发现绩效工资政策在执行过程中,存在县域教师与公务员工资出现新的差距、学校层面绩效考核工作异化、绩效工资政策激励目标空传等问题。执行偏差是由于绩效工资政策模糊导致的残缺式执行、教育评价体系尚未健全下的政策替代、群体及组织结构复杂下的象征性执行所致。[③]

四、学校改进

学校变革、学校改进是管理学视角下比较具体的政策研究主题,是对于政策实施与学校运作的整体性分析。学校变革、改进与有效性研究自 20 世纪 70 年代末引起研究者的兴趣,他们主要探讨具体的、整体性的学校有效性过程与评估,描绘学校变革与改进过程,分析有效或成功的学校领导实践等。以美国为例,从 20 世纪 70 年代末开始,美国陆续实施了一些学校整体改革项目。尤其是进入 90 年代后期,美国开展了一项大规模的学校综合改革项目(Comprehensive School Reform),即通过学校层面的系统变革来改进学校,提高学校有效性。该项目历时 10 年(1998—2007 年),国家设立专门的资金用于鼓励和支持中小学投入学校综合改革,并资助研究者评估学校综合改革各种模式的效果。伴随着学校综合改革项目的推进,学校变革与改进研究达到一个高潮。近些年,随着学校改进需求的进一步提升,针对薄弱学校的革新计划(School Turnaround)开始实施。如果说学校综合改革项目针对的是普通学校,那么革新计划则指向那些长期处于底部、学生学业水平低下的学校,它探索如何通过师资队伍更新、教学综合改革以及赋予学校更大自主权等措施,促使学校得到显著转变和改进。学校综合改革项目在实施过程中,涌现出"一起行动"(Together Initiative)、"学校发展计划"(School Development Program)、"全体成功"(Success for All)等十多个综合改革模式。[④]

① 托马斯·J. 瑟吉奥万尼,等. 教育管理学:第 5 版[M]. 黄崴,等,译. 北京:中国人民大学出版社,2014:56.

② 李孔珍. 高中新课程政策执行的方式选择:由激进到渐进——以北京市为例[J]. 课程·教材·教法,2013,33(03):3-9.

③ 胡耀宗,严凌燕. 义务教育教师绩效工资政策执行偏差及其治理——基于沪皖豫三省市教师和校长的抽样调查[J]. 教师教育研究,2017,29(05):14-18.

④ Borman G D, Hewes G M, Overman L T, et al. Comprehensive school reform and achievement: A meta-analysis[J]. *Review of educational research*, 2003, 73(2):125-230.

从学校综合改革项目实施过程的研究中会发现,大多数改革模式至少在某种程度上提升了学生的学业成绩,但没有一种模式能够像人们期待的那样显著提升学生的学习水平。分析其中的原因,有的将其归结为"学校综合改革"整体概念框架存在缺陷,没有将影响学生学习的社会因素考虑进去;有的认为这些改革模式本身是有效的,只是在实施过程中走样了,或者这些模式取得的进步没能被充分记载下来。[①] 此外,面对在文化、语言和经济上具有多样性特征的学生群体,学校管理者头脑中缺乏足够的多样性认知,在教育学生时很少考虑到学生的身份、文化、语言以及关系等社会性因素,从而影响了学校教育的有效性。[②] 学校变革与改进是一项系统工程,需要兼顾影响学校教育的技术因素和非技术因素。在影响学校变革与改进的因素上,财和物的因素往往受到较大重视,而人的因素相对被忽略。而实际上,组织成员缺乏对于学校变革的支持性态度,是许多变革项目遭遇失败的共同原因。因此,促使广大教师愿意投入学校变革,就成为学校变革获得成功的一个重要条件。学校组织的信任关系——教师对同事的信任以及对学校领导者的信任,是一个重要的变量。[③]

第二节　研究的理论基础

管理学视角下政策研究的理论基础主要基于管理学、教育管理学的相关理论,主要有团体理论、轨道理论、高效能理论等。

一、团体理论

团体理论认为政府的政策是社会中为数众多的利益集团之间斗争的产物,是政府权衡各种利益集团的利益和要求的结果。安德森认为:"在任何时候,公共政策都反映了占支配地位团体的利益。"[④]戴伊则认为政治实际上就是

> 团体理论认为政府的政策是社会中为数众多的利益集团之间斗争的产物,是政府权衡各种利益集团的利益和要求的结果。

利益团体之间为影响公共政策而进行的竞争,所谓利益团体即"拥有共同态度的团体,它们对社会上其他团体进行某种请求"。[⑤] 公共政策反映的是利益团体的力量均衡(团体的相对影响力),而团体的影响力则取决于它们的数量、财富、组织强度、领导艺术、接近决策的管道以及内部统合力。在团体理论的视角下,政策中的参与者都不是个

① Nelson S W, Guerra P L. Educator beliefs and cultural knowledge: Implications for school improvement efforts[J]. *Educational Administration Quarterly*, 2014, 50(1): 67-95.
② Nelson S W, Guerra P L. Educator beliefs and cultural knowledge: Implications for school improvement efforts[J]. *Educational Administration Quarterly*, 2014, 50(1): 67-95.
③ Zayim M, Kondakci Y. An exploration of the relationship between readiness for change and organizational trust in Turkish public schools[J]. *Educational Management Administration & Leadership*, 2015, 43(4): 610-625.
④ 詹姆斯·E. 安德森. 公共政策[M]. 唐亮, 译. 北京: 华夏出版社, 1990: 22-23.
⑤ 托马斯·R. 戴伊. 理解公共政策(第12版)[M]. 谢明, 译. 北京: 中国人民大学出版社, 2009: 17.

人在行动,而是归属于一定的利益集团,可以称之为联盟。这些联盟间可能是竞争性的,也可能是非竞争性的。联盟间由于政策理念不同和各自拥有的资源相异,会视情势调整自身的目标,决定自己的策略以及使用相应的手段。联盟间通过"政策活动家(policy broker)"的活动而互动。这种互动包含了政策理念的相互学习。最终的政策输出是由最高决策者作出决定之后,通过发布新规则、任命新职位以及重新分配资源实现的。联盟的活动应当渗透于所有这些过程中。联盟就是以这样的方式来影响决策过程的。例如一些教育政策研究会就利益集团影响政策的渠道进行系统的分析。不管是政策的制定还是实施,组织系统中的人们都有一定限度的利益表达权利,而利益表达的合法渠道主要有"个人联系"、重要的"精英人物代理""大众传媒工具""立法机构、内阁和行政机构"等形式。利益表达对于一个组织群体而言是一种输入和"要求",政策理念的提供同样是一种输入,且更多表现为对政策的一种"支持"。

二、轨道理论

轨道理论假设的政策实施模式是标准的工作流程。这一理论不是依靠直接监督和分级授权,而是将大量的时间花在预期所有可能出现的问题上,然后提出答案和解决方案,为人们提供从一个目标或结果到另一个目标或结果的轨道。一旦轨道被确定,所需要做的是训练人们如何跟进,并建立监控系统以确保程序的正常进行。

> 轨道理论假设的政策实施模式是标准的工作流程。这一理论不是依靠直接监督和分级授权,而是将大量的时间花在预期所有可能出现的问题上,然后提出答案和解决方案,为人们提供从一个目标或结果到另一个目标或结果的轨道。

当轨道理论被应用于学校,以学校改进为例,它创建了一个教学传递系统,提出特定的目标,谨慎地列出明确的课程和具体教学方法;监督和评估教师,对学生进行测试,他们遵守获得批准的课程和教案。批评者认为,这一理论运用的结果是,校长和教师运用更少的技能,且学生的学习日趋标准化。在这一理论中,政策的组织计划工作与实际执行情况往往出现相分离的状况。管理者(地方教育行政官员)负责前者,而执行者(校长和教师)负责后者。

三、高效能理论

高效能理论适用的是在政策过程中,不再强调自上而下的等级和详细告诉人们该怎么做。权力下放是关键,授权工作人员作出自己的决定。在这一理论下,学校主要是通过与人们建立关系来实施管理控制,而不是依靠条例

> 高效能理论适用的是在政策过程中,不再强调自上而下的等级和详细告诉人们该怎么做。权力下放是关键,授权工作人员作出自己的决定。

和工作模式。通过借鉴高效的商业组织的管理实践,高效能理论认为,有效领导的关键是紧密联系工作人员以达到预期目标,但是需用宽松的管理方式。

当高效能理论应用于学校时,其目的是得到可衡量的学习成果。虽然结果本身是

标准化的,但学校可自由决定如何实现自己的目标。校长、教师可以用他们认为能最好达到标准的方式去组织学校和教学工作。该理论强调收集数据,以确定工作人员做得怎样,并鼓励他们找出不断提高自己业绩的方法,较多地用于学校改进、学校变革等政策研究中。与此同时,在高效能理论中,产品和标准都提供给工人,而后由工人自己决定如何做这项工作。由于计划做什么与计划怎么做是相分离的,所以仍然存在政策制定与执行孤立、分散和缺乏意义的问题。当手段和目标相分离,专业的辨别能力会减弱,且民主原则可能被破坏。在具体的学校政策执行中,家长、校长和教师的参与仅限于"怎么做"而不是"做什么"的程序决策。①

第三节　研究的方法和方法论

随着教育管理学、教育政策学方法的发展,研究者们综合使用思辨研究、实证研究、行动研究等方式,从早期单一的方法走向归纳与演绎共存、量化与质性并重的研究旨趣。

一、思辨研究

思辨研究是指研究者在个体理性认识能力及经验的基础上,通过对概念、命题进行逻辑演绎推理以认识事物本质特征的研究方法。

> 思辨研究是指研究者在个体理性认识能力及经验的基础上,通过对概念、命题进行逻辑演绎推理以认识事物本质特征的研究方法。

思辨研究主要运用于教育政策研究的经验总结与建议归纳。在 19 世纪,教育管理的研究基础主要是"经验"和"管理实践",从事研究的学者大都是中小学校长或学区学监(superintendent)出身,有着丰富的实践经验,走的大都是先行政后学术的道路。他们所研究的问题也大都来自实践,以学校为研究场域,比如:如何管理好一所学校? 校长应该做哪些事情?

在这方面比较有影响力的两位美国学者威廉·佩恩和哈里斯(W. T. Harris)都曾担任学校的教师、校长和学区学监。佩恩在担任美国密歇根州一个地方的学区学监时,于 1875 年写了《论学校管理》一书,该书最早论述了学校教育管理活动与政策实施情况。佩恩指出,学区学监要根据哲学或学术的探究来发现教育的目的和方法,校长要传达学监的政策意图,并负责在学校实施,教师的主要功能是教给学生适应社会所必需的知识。② 哈里斯提到学校管理是一个独特的研究领域,并对学校中的管理问题做了界定与研究。值得注意的是,佩恩和哈里斯探讨的虽然是教

---

① 托马斯·J. 瑟吉奥万尼,等. 教育管理学:第 5 版[M]. 黄崴,等译. 北京:中国人民大学出版社,2014:46.
② Callahan R, Button H. Historical change of the role of the man in the organization:1865 - 1950[J]. *Teachers College Record*,1964,65(9):73 - 92.

育政策实施中的现实管理问题,但两人都重视思辨哲学的作用,并批判经验主义倾向。佩恩认为,当从教一个学生转为教一群学生时,就有了对学校组织和教育体制的需要,在建构学校组织科学的时候,需要从历史学、社会学、政治学以及法学等学科中吸取营养,教育组织应当考虑不同民族国家之间的差异。研究者需要从各种学科中演绎出能够为教育实践者所使用的规律。哈里斯非常重视推理在社会科学探究中的作用,相信"纯粹思维""自我意识""心灵"的作用,反对实证主义哲学家孔德用探究自然科学的方法来发展社会科学的观点。在哈里斯看来,教育的问题是与更广泛的其他社会问题紧密相连的,不能只关注学校内的现象,需要挖掘教育或学校在社会中的功能。[①]

二、实证研究

实证研究就是基于事实和证据的研究。不管是以确定数量的程度为目的,还是以量化的程度支持对性质的判断,只要是基于事实和证据的研究,它就是实证研究,也才称得上是实证研究。

> 实证研究就是基于事实和证据的研究。

实证主义方法包括调查、访谈、实验、测量等,伴随着工商管理理论被引入教育管理领域而兴起。进入 20 世纪后,教育领域以追求科学管理为旨趣,对教育政策的研究也评估衡量管理的效率和效益,并需要对相关因素进行测量和分析。在实证主义之下,研究者们以调查教育现实为主,从重视"演绎"规律转向重视"归纳"规律,从重视思考现象的本质转向描述现象的特征。显著的特征就是收集政策实施过程中的数据进行分析。另外,研究者对政策问题更加具体,会聚焦到某一教学实验政策、评估测量与审计政策的实施等。

例如,最早将实证主义方法用于教育研究的莱斯,对学校课程政策问题中的哲学和科学问题进行了区分,他认为"学校应该教什么"是个哲学问题,但学校如何教、如何达到标准等就是科学问题。为了研究教学时间与学习结果之间的关系,更好地促进学校变革改进,莱斯走访了 36 所学校,收集了 50 000 名学生的信息。研究发现教学时间与学习结果之间没有必然关联,这在当时引起了较大轰动。更重要的是,这种实证方法的运用在教育管理领域是史无前例的。[②] 克伯雷(Ellwood P. Cubberley)强调使用比较分析、描述统计、数据测试分析、绘图制表等方法进行管理学视角下的教育研究,并格外重视"历史方法"的价值,认为要从历史中寻求答案重构社会机构,对教育历史的分析可以为学校建设和改进提供参考。[③]

---

① 张晓峰. 教育管理的研究变迁:基于 1996—2015 年典型国际期刊的分析[M]. 北京:教育科学出版社,2020:19.

② Culbertson J A. A century's quest for a knowledge base[J]. *Handbook of research on educational administration*,1988:3 - 26.

③ Cubberley E P. *Public school administration: A statement of the fundamental principles underlying the organization and administration of public education*[M]. Houghton Mifflin Company,1916.

三、行动研究

行动研究主要是指在真实的教育环境中，教育实践工作者按照一定的操作程序，综合运用多种研究方法与技术，以解决教育实际问题为首要目标的一种研究方法。

行动研究主要是指在真实的教育环境中，教育实践工作者按照一定的操作程序，综合运用多种研究方法与技术，以解决教育实际问题为首要目标的一种研究方法。

20 世纪三四十年代，教育管理者不再对工商业的管理模式顶礼膜拜，开始重新思考公立教育的目的与学校管理者的角色，寻找教育管理新的支撑点。1933 年，美国教育协会学区学监分会出版的第 11 本年鉴以"教育领导"为主题，以纪念教育管理研究的探路者哈里斯——其关注教育的社会功能，主张对教育管理进行哲学探究。1935 年，该分会出版的第 13 本年鉴以"教育中的社会变革"为主题，集中探讨社会变革对教育管理的影响。1934 年，纽伦(J. H. Newlon)的著作《作为社会政策的教育管理》①出版，标志着当时人们对教育管理的重新思考达到顶点。这一时期莫尔曼(A. B. Moehlman)、莫特(P. R. Mort)、西尔斯(J. B. Sears)都主张研究问题根植于实践当中，研究者应当和实践者保持密切联系；对科学研究采取比较宽泛的定义，主张科学研究既需要演绎的方法，也需要归纳的方法。莫尔曼在 20 世纪 20 年代曾担任学区学监，他在 1940 年出版的《学校管理》一书中，将教育视为社会文化的一个内在组成部分，教育目的与当代文化发展相一致，对学校的研究也应置于所处的社会环境中去考察。结合教育的目的和普遍认可的教育实践，他提出学校管理的 16 项原则，将学校管理视为介于课堂教学与达到学校目的之间的协调活动。② 莫特探讨了学校在管理过程中人文的、文化的和民主的要素，并提出学校管理的若干原则。在莫特看来，管理不仅要关注过程和方法，更要注意管理的目的。学校管理工作的核心是解决问题，解决问题的关键在于和过程中的人、组织、观念等方面打交道。③ 西尔斯借用法学、政治科学、公共管理以及商业管理的知识，注重用"历史"的方法研究教育管理及政策问题，在《公共学校管理》一书中，他论述了公共管理和社会、政治生活的关系，不仅关注学校管理的技术和程序，而且关注学校管理的根本目的，学校管理问题的本质，学校管理的历史背景、社会背景、心理背景与哲学背景等。他指出学校是管理、社会和经济生活的一个组成部分，这就要求学校管理者不仅要懂得管理的科学，而且要能够在更广泛的事务中发挥领导作用；以前的培训只会把学员训练成管理领域的"独裁者"或"技工"，而不是将他们培养成学者或政治家。④

---

① Newlon J H. *Educational administration as social policy*[M]. C. Scribner's Sons，1934.

② Moehlman A B. *School administration: Its development，principles，and future in the United States*[M]. Houghton Mifflin，1940.

③ Mort P R. *Principles of School Administration*[M]. New York：McGraw-HillBook Co，1946.

④ Sears J B. *Public school administration*[M]. Ronald Press Company，1947.

管理学视角下教育政策研究案例分析

跨域治理中的公共物品提供：
"异地高考"的政策博弈[①]

自 1977 年中国恢复高考以来，高等教育学校招生政策从未间断，而高考资格地与户籍地必须一致的政策，由来已久。目前中国高考政策存有两大特点：一是与户籍挂钩的高考资格确认，二是分省高考招录。这两个特点造成了我国当前高考政策有失公平、社会不满的主要问题。异地高考指的是不在这个地方上学却在这里参加高考。而我们要解决的是进城务工人员子女的高考问题，指的是父母在这里务工，达到一定年限，孩子是在这里上学能够就地高考。这一概念道出了"异地高考"政策改革的目的，就是解决无户籍而有求学经历的外来人口子女高考资格问题，而不是所谓的"高考移民"。2003 年 9 月，国务院相继发布的两个文件是最早关于"异地高考"的政策性规范，即：《国务院关于进一步加强农村教育工作的决定》（国发〔2003〕19 号）和《国务院办公厅转发教育部等部门〈关于进一步做好进城务工就业农民子女义务教育工作意见〉的通知》（国办发〔2003〕78 号）。由教育部、中央编办、公安部、发展改革委、财政部、劳动保障部等制定的这个"意见"，其主要目标在于动员各级政府发挥各自功能，承担相应责任来解决进城务工农民子女的"九年义务教育"问题。但是，解决了外迁务工子女的"九年义务教育"问题之后，又带来了这些农民工子女的"异地高考"问题，自 2012 年开始的异地高考政策博弈随即展开。

一、研究问题

研究问题主要有：（1）社会发出"异地高考"改革的呼吁之时，各地政府、组织团体是如何回应的？（2）各地政府在"异地高考"政策中的博弈是怎样的？（3）各地各级政府的"异地高考"政策博弈所呈现出的政府间关系是怎样的？

二、研究方法

研究主要采用了文本分析和社会调查方法，通过对 2012 年年底之前各地出台各自的"异地高考"政策文本、各地高校资源数据、各地社会公众对"异地高考"政策的分析调查，以层级性要素、差异性要素、资源性要素和外部压力要素四类要素构成"异地高考"政策博弈的分析框架，对各地政府的政策制定以及之间的关系进行详细分析。

三、研究结论

第一，地方政府之间对于同一项改革存在着不同的政策选择。对于地方政府之间的"异地高考"政策博弈的现状而言，主要是集中在政策制定和政策执行环节。地方政府作为"异地高考"政策博弈的主体，具有以下特殊性：（1）地方政府中的同级政府间博弈，"异地高考"政策的制定和出台以地方政府为主导，省级政府是核心；（2）高等教育资源的分布与经济发达程度成正比，使这样的政策博弈具有代表性，是资源缺乏的地方政府与资源丰富的地方政府之间的博弈；（3）除了资源性要素等之外，外部性要素在"异地高考"政

① 唐贤兴.大国治理与公共政策变迁：中国的问题与经验[M].上海：复旦大学出版社，2019：246.

博弈中作用明显。

第二,层级性要素、差异性要素、资源性要素和外部压力要素影响着政府之间政策博弈的立场和态度,进而推动了政府之间关系的动态变化。在"异地高考"政策制定环节的博弈中,层级性要素的缺失为省级政府之间就政策问题持不同意见提供了基本条件,省级政府很明显受到国务院的层级性约束,即贯彻中央关于教育公平的改革政策。横向的省级政府之间则没有受到彼此的层级性限制,这为彼此之间形成竞争性博弈提供了制度性前提。差异性要素是构成地方政府各自出台政策的充分条件,没有地方差异就谈不上寻求政策改革。"异地高考"政策中的差异性要素主要表现在各省的情况不同,各自有着不同的教育、户籍、招录、考试制度以及考试人口结构。"异地高考"政策博弈中影响力最大的是资源要素和外部压力要素。资源要素是本次政策改革的根本原因,实现资源分配公平是本次政策改革的目标所在。作为一个社会民生问题,"异地高考"相对于其他政策问题更能够引起社会公众的关注。给"异地高考"改革政策施加外部压力的主体既有既得利益者也有权利将受限制的全体,还有一些媒体、学者、律师等,能对政策制定产生较大影响的团体也是政策外部施压群体。

第三,在政策制定环节中,不同省份的政府对于相同的"异地高考"政策问题有着不同的立场,并且几乎同时出台了不同利益诉求的政策。政策博弈过程从一开始就产生,不同省级政府之间由于受到层级性要素、差异性要素、资源性要素和外部压力要素的影响,而采取了不同的立场和态度,进而在维护本地政府利益的前提下,选择了竞争性的政策博弈。高等教育资源丰富的省份受长期的户籍制度红利、本地民众的外部压力,以及政策松动后可能出现的治理困境等原因的影响,出台了保守的改革政策。与此相对,在高等教育资源稀缺的地区,政府主要受到中央层面新政策改革倡议、外部民众强烈呼吁以及政府自身对于高等教育资源分配不均的改革诉求等原因的影响而出台了较为积极的改革政策。不难看出,"异地高考"政策改革中地方政府间的关系依然是一种竞争性关系。

📖 推荐阅读

1. [美]托马斯·J. 瑟吉奥万尼,等. 教育管理学:第 5 版[M]. 黄崴,等译. 北京:中国人民大学出版社,2014.

2. [美]彼得·圣吉. 第五项修炼:学习型组织的艺术与实践[M]. 张成林,译. 北京:中信出版社,2018.

3. 罗伯特·欧文斯. 教育组织行为学:第 7 版[M]. 窦卫霖,等译. 上海:华东师范大学出版社,2001.

4. [美]韦恩·霍伊、塞西尔·米斯克尔. 教育管理学:理论、研究与实践:第 7 版[M]. 范国睿,主译. 北京:教育科学出版社,2007.

5. [美]马克·汉森. 教育管理与组织行为[M]. 冯大鸣,译. 上海:上海教育出版社,2005.

第五章
教育政策研究的政治学基础

本章导语

　　政治学是教育政策研究的重要理论基础。从政治学视角看教育政策研究,主要关注政治主体、权力的运作和政治制度的架构对教育政策的影响。政治学研究中常用的国家理论、政府理论和精英理论为教育政策的研究提供了理论基础。此外,本章归纳了教育政策研究方法以及发展趋势。总之,教育政策研究的政治学视角让我们从不同的视角理解和阐释教育政策研究。在本章的末尾附上了典型案例,帮助读者结合前面所讲的内容深入理解,实现融会贯通。

学习目标

1. 明确政治学视角下教育政策研究的主要内容,拓宽教育政策研究的视角;
2. 了解政治学视角下教育政策研究的理论基础;
3. 掌握政治学视角下教育政策研究的方法;
4. 能够运用政治学的方法对教育政策的经典案例进行分析;
5. 具备跨学科的视角研究教育政策。

知识导图

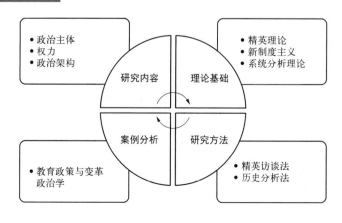

第一节　研究的主要内容

一、政治主体

这里的政治主体主要是指与政策过程相关的主体,包括直接或间接参与政策制定、执行、评估和监控的个人、团体或组织。由于各国的政治制度、经济基础和文化传统等方面的不同,各国的政策过程存在差别,政策主体的构成因素及作用方式也有所不同。研究的内容主要涉及:每一类主体在政策过程中发挥什么样的作用和功能;每一类主体参与政策过程的方式与途径;这些政策主体的重要性以及影响力如何。[①]

> 这里的政治主体主要是指与政策过程相关的主体,包括直接或间接参与政策制定、执行、评估和监控的个人、团体或组织。

从大的方面来看,主要有两大主体。(1)官方的政策主体。官方的政策主体是指政治体制内、行使公共权力的教育政策过程的参与者,一般包括国家机构、执政党、政治家和官员。现代西方国家的政治体制多以三权分立为原则来构建国家的公共权力。立法、行政、司法三种权力分别由议会、内阁和法院掌握,这三大系统各司其职、彼此独立、相互制衡,以保持三种权力之间的平衡状态。中国现行的政治体制是中国共产党领导的议行合一体制,即国家的行政机关、法院和检察院都是由各级人民代表大会选举产生,并受其监督,对其负责。(2)非官方的政策主体。非官方的政策主体是指政治体制外不直接行使公共权力的政策过程的参与者,主要包括利益集团、公民、大众传播媒介以及思想库等。在这里,要严格区分官方和非官方之间的界限是很难的。利益集团经常游说并且被政府官员游说,各种研究人员与政府人士具有经常性的密切联系,有时他们是作为受雇用的咨询顾问与政府发生联系,有时他们则是以在诸如国会委员会前作证的方式与政府发生联系,而且这时他们常常具有更加非正式的职位。[②]

从国内学者的研究来看,有学者认为我国政策主体是"三位一体",主要是指广义的政府(包括中央和地方党委、全国和各级人民政府)。[③] 其实这类主体是决策的主体,不同的阶级或者集团教育政策的决策主体是不同的。在西方资本主义国家,决策的主体可能就是执政党、行政首脑和立法机关。而在非洲一些国家,决策主体有可能是掌权的酋长、部族、宗教团体和军事团体。决策主体通常是担当统治责任的政治精英,对政策的制定起着重要甚至是决定性的作用,但重要的政策不只是一个单独的决策者或者主权者决定的。有学者从"谁的政策"和"谁制定的政策"两个方面出发提出了决策主

①　黄忠敬. 教育政策导论[M]. 北京:北京大学出版社,2011:105-111.
②　约翰·金登. 议程、备选方案与公共政策:第2版[M]. 丁煌,等译. 北京:中国人民大学出版社,2004:57.
③　孙绵涛. 教育政策学[M]. 北京:中国人民大学出版社,2010.

体、咨询主体和参与主体的概念。① 咨询主体帮助决策主体在教育政策的制定过程中对政策的科学性和可靠性负责,而参与主体在保证教育决策的客观性、保证教育政策有效运行等方面起着不可替代的作用。

二、权力

权力是政治学的核心概念,它体现在政治主体为实现某种目的或利益的政治过程之中。它既是一种影响力,也是一种约束力,既有权威性,也有强制性。哈贝马斯认为政治权力可以分为两个部分:一个是占中心地位的权力,另一个是处于边缘地带的权力。行

> 权力是政治学的核心概念,它体现在政治主体为实现某种目的或利益的政治过程之中。它既是一种影响力,也是一种约束力,既有权威性,也有强制性。

政、立法和司法机关所拥有的权力处于政治权力的中心,而市民社会中的公共组织以及建立在这个公共组织基础之上的大众传媒是政治权力的边缘地带。政治权力与政治权利是有区别的。政治权利,是指公民依法享有的参与国家政治生活的权利,主要指选举权、被选举权,参加管理国家、担任公职和享受荣誉称号等权利。国家权力的运作是为了维护和实现社会公共利益,体现公民的权利,实现人民的主权。

在教育领域,主体通过对教育权力的争夺来决定个体对教育资源的占有,教育权力越大,所能支配的教育资源就越多。目前的研究主要集中在几个方面。首先是教育权力的来源问题;其次是国家对教育的管理和控制问题,即国家的教育权力问题;再次是教育权力行使问题。政治不仅从宏观方面影响和控制着教育,而且在微观的课程与教学中,也可见其影响的痕迹。从政治学视角探析权力对课程政策的影响成为政治学家、教育学家的兴趣点。西方学者把课程知识当作权力分配和控制的反映结果,权力的分配与社会控制产生了课程知识的差异和阶层化。持此观点的代表人物及代表作是扬的《知识与控制:教育社会学探索》,阿普尔的《意识形态与课程》《教育与权力》《官方知识》,保罗·弗莱雷的《被压迫者教育学》,等等。改革开放以来,我国学者也就此问题进行了较为系统、有意义的研究。有学者从阿普尔的“谁的知识最有价值”问题出发,围绕知识、权力与控制的主线阐释了作为文化现象的课程本身所表现出来的文化特征、课程与文化的关系;②有学者也认为知识和权力存在着密切的关系,它们是同一过程的两个方面。③ 从上述可以看出,西方学者的研究引发了人们对课程政治性的思考,为从微观层面上研究课程提供了新的路径。国内研究虽然较少提及课程的政治性,但是关于知识和权力关系的研究则有较为明显的政治意味,亦属于大胆的探索,开拓了这一领域广阔的研究空间。

---

① 祁型雨. 论教育政策的主体[J]. 教育理论与实践,2000(7):16-18.
② 黄忠敬. 知识·权力·控制:基础教育课程文化研究[M]. 上海:复旦大学出版社,2003.
③ 陈建华. 论知识/权力关系及其对教育知识价值取向之影响[J]. 比较教育研究,2006,27(3):13-18.

三、政治架构

政治制度直接影响着教育政策的制定和实施。不同的政治制度会有不同政治的组织结构和政治愿景。政治制度的核心是决策体制，决策体制就是决策权力分配的制度，由于历史传统、社会政治、文化等差异，形成了各式各样的决策体制。我们可以从横向和纵向两个视角来考察世界各国决策体制的差异。（1）横向结构：三权分立与议行合一。决策体制的内容之一就是如何分配同级政府机关之间的权力，大致形成了西方的"三权分立"和我国的"议行合一"两种决策体制。三权分立是西方许多国家普遍实行的一种政治体制，即立法、行政与司法三种权力相互联合又相互制衡。在议会政体中，行政机关由立法机构从自己人中选出，并且只要得到多数立法者的支持就能够保持在位执政。在总统制政体中，行政机关与立法机构是分开的，行政机关通常由投票者直接选举产生，并不需要获得多数立法者的支持。美国是总统制政体的典型，而世界上多数国家是议会体制的形式。有些国家如法国则采取了这两种体制的混合模式。① （2）纵向结构：集权制与分权制。决策体制的内容之二就是如何分配上级与下级政府之间的权力。大致形成了集权制和分权制两种决策体制。集权制就是指决策权集中于上级机关，下级机关没有或很少有自主权，只能根据上级指令行事的决策体制；分权制是指下级机关在其管辖范围内有自主权，上级机关无权加以干涉的一种决策体制。在历史上，不同国家曾经形成了不同的决策体制，属于集权制的国家如法国、苏联、中国、日本等国家；属于分权制的国家如美国、英国、澳大利亚等。②

> 不同的政治制度会有不同政治的组织结构和政治愿景。政治制度的核心是决策体制，决策体制就是决策权力分配的制度，由于历史传统、社会政治、文化等差异，形成了各式各样的决策体制。

其实，有关国家政府的职能和国家治理等问题远比我们想象的更为复杂。美国知名学者福山在《国家建构》一书中指出，世界政治的主流是抨击"大政府"，力图把国家部门的事务交给自由市场或公民社会，但具有讽刺意味的是，政府软弱、无能或无政府状态恰恰是导致许多严重问题的根源，在一些发展中国家这个问题表现得尤为突出，在这些国家，中央政府不是太强而是太弱了。他提出一个所有政治制度设计者必须面对的问题：国家的职能范围应当有多大以及国家的力量强度应当有多强。为了回答这个问题，他在国家活动的范围和国家权力的强度之间作出区分，前者主要是指政府所承担的各种职能和追求的目标，后者指国家制定并实施政策和执法的能力特别是干净、透明的执法能力（也即现在通常所指的国家执行力或制度能力）。

当然，并不存在一种放之四海而皆准的正确路径，因为国家发展不仅取决于相应的具体制度能力和国家职能，也受其他许多因素的制约。福山指出："集权和权力下放的组织，都有其优势和劣势。哪些优势具有决定意义取决于事先肯定无法知晓的外部条件。最佳的组织往往是那些能够灵活地根据正在变化的外部条件适时调整集

① 迈克尔·豪利特，等. 公共政策研究[M]. 庞诗，等，译. 北京：生活·读书·新知三联书店，2006：107.
② 黄忠敬. 教育政策导论[M]. 北京：北京大学出版社，2011：66-68.

权程度的组织。"①

在教育领域,需要从政治的视角来研究教育政策。教育政策的政治学视角主要体现在以下几个方面。第一,国家在教育政策中的职能问题研究。正如前文所说,集权制与分权制的政治架构导致对教育政策作用的差异,教育中的"大政府"还是"小政府"一直是争议的主要方面,也是研究的重要主题。第二,教育政策的意识形态研究。意识形态不仅影响人们界定教育政策问题的方式,而且也制约着人们理解可能的解决教育政策问题的能力。因此,在研究教育政策时不能忽视价值与观念意识形态的存在。在美国,实施的是两党政治。每个党派都有不同的意识形态,也代表着不同阶级的利益,因而也就提出了不同的教育政策。新自由主义强调市场在教育中的作用,强调自由市场的机制,主张弱政府,反对国家干预经济,支持经济上的自由竞争,主张私有化,倡导教育券和家长选择的教育政策;而保守主义则强调共同文化基础、回到传统的重要性,倡导经典阅读,强调学术学科,主张国家课程标准和国家标准考试,体现了标准、卓越、问责等教育政策取向。第三,政党政治对教育政策的影响研究。一个主题是不同政党执政对教育政策的影响。美国实行两党制,民主党主张"大政府",认为只有政府的管理才能消除现实社会中的种种不公平现象,因此反对教育券计划。共和党为了维护个人自由,主张"小政府",即限制政府的权力,因此主张教育券计划。而代表不同政党利益的总统在执政期间的态度和立场影响着政策的制定和推行。英国政治结构对教育政策产生影响,两党政治与中等教育综合化政策之间的关系错综复杂,或者说是中等教育综合化政策在两党政治争斗中的变迁过程;中等教育综合化政策是 20 世纪大部分时期两党教育政策冲突的焦点。② 还有一些主题是开展同一国家的不同历史时期政党稳定性对教育政策延续性的影响,以及开展不同国家的政党政治对教育政策的国际比较研究。有学者研究了日本政权更迭对教育政策的影响,从 2000 年到 2009 年不足 9 年,日本已换了 6 届内阁,随着政权的频繁更迭,日本的一系列政策,包括教育政策也随着政治家的政治理念甚至政治需要而发生变化,频繁的政权更迭使国家的教育基本政策从制定到贯彻执行都产生了脱节的问题。③

第二节　研究的理论基础

一、精英理论

帕累托(Vilfredo Pareto)第一个将"精英"一词转换成为社会学分析的工具。作为精英循环理论的开创者,帕累托认为社会发展过程就

> 精英阶级又可以一分为二:执政的精英阶级和不执政的精英阶级。

① 弗朗西斯·福山. 国家构建:21 世纪的国家治理与世界秩序[M]. 黄胜强,等,译. 北京:中国社会科学出版社,2007:74.
② 许建美. 教育政策与两党政治——英国中等教育综合化政策研究(1918—1979)[M]. 杭州:浙江大学出版社,2014.
③ 丰崎本子. 21 世纪日本政权更迭对教育政策的影响[D]. 华东师范大学,2009.

是政治精英的无限循环过程。精英阶级又可以一分为二：执政的精英阶级和不执政的精英阶级。执政的精英阶级即统治（政治）精英，是狭义的"精英"概念，是帕累托致力于精英研究的对象。① 不执政的精英是广义的精英，是指那些在人类活动的各个领域里取得突出成绩从而达到较高层次的冒尖人物。

拉斯韦尔对精英的理解不一样："所谓权势人物就是在可以取得的价值（如尊重、安全和收入）中获取最多的那些人，取得价值最多的人是精英，其余的人是群众。"②拉斯韦尔主张应从社会的各阶层而非少数阶级中挑选精英，从而确定了精英研究走向"民主"的价值转向。

米尔斯（Charles Wright Mills）把"精英"理解为一个社会阶级，这一阶级很大程度上由他们所扮演的机构角色的价值决定。精英是上流阶层，其成员经过筛选、培养和认证，并允许他们进入指挥现代社会非人为的机构层级中。③ 米尔斯对权力精英的研究集中在分析权力精英、中层、大众社会以及传媒在权力运作中的作用和相互关系，他指出美国出现了由政治领导人、跨国公司领导人和军队领导人组成的权力精英阶层，他们已经形成共同的利益需求和相互配合支持的思维方式，自觉或不自觉地利用国家权力在社会容忍的范围内实现本阶层利益的最大化。作为"权力精英理论"的创始者，米尔斯的著作《权力精英》被认为是运用精英理论研究社会结构的一个范例。

托马斯·R. 戴伊在《理解公共政策》中总述了自己对精英的看法：作为统治者的少数人并非作为被统治者的多数人的代表，精英人物主要来自经济社会较高的社会阶层；公共政策所反映的不是大众的要求，而是政治精英的主要价值观；社会分化成掌权的少数人和无权的多数人，少数人掌握社会价值的分配权，多数人参与不了公共政策的决定。④ 在自上而下的政策制定模式中，托马斯·R. 戴伊描述了国家的精英集团通过什么样的过程将他们自己的价值观念和兴趣喜好转化为公共政策。这些过程可以细化为几个相互独立的路径，即政策的形成过程、利益代表集团的运作过程、候选人选举过程、民意的制造过程、政府使政策合法化的过程和政策执行的过程、政策结果的评估过程。自上而下的政策制定显而易见体现的是精英集团的兴趣爱好。例如在候选人选举过程中，戴伊运用了大量的图表和数据来说明，金钱左右着选举领导人的过程。选举权是西方民主最重要的权利，但在西方国家，选举常常被金钱、财团、媒体和黑势力等所影响和操纵，从而成了"富人的游戏""钱袋的民主"和资本玩弄民意的过程。⑤

二、新制度主义

新制度主义是20世纪下半叶西方社会科学领域研究范式转型的产物，是伴随着行

①　V·帕累托. 普通社会学纲要[M]. 田时纲，译. 北京：东方出版社，2007：39.

②　哈罗德·拉斯韦尔. 政治学：谁得到什么？何时和如何得到？[M]. 杨昌裕，译. 北京：商务印书馆，2000：2.

③　米尔斯. 权力精英[M]. 王崑，许荣，译. 南京：南京大学出版社，2005.

④　托马斯·R. 戴伊. 理解公共政策：第10版[M]. 彭勃，等，译. 北京：华夏出版社，2004：19.

⑤　托马斯·R. 戴伊. 自上而下的政策制定[M]. 北京：中国人民大学出版社，2002.

为主义衰落而生的一种革命性范式,主张"重新发现"制度,以便在实证研究与规范研究之间架起一座桥梁。

1. 新制度主义的理论背景

伴随着实证主义在社会研究领域的滥觞,追求社会研究的科学化成为一股势不可挡的潮流,这种力求实证、定量、动态研究的主张在政治学领域的重要标志是行为主义革命。行为主义过度追求实证和定量研究,不但表现出对政治伦理和价值的无视,而且对制度漠不关心。在对行为主义的批评中诞生了新制度主义。其标志是1984 年詹姆斯·马奇(James G. March)和约翰·奥尔森(John P. Olsen)在《美国政治科学评论》期刊上发表的《新制度主义:政治生活中的组织因素》(*The New Institutionalism: Organizational Factors in Political Life*),在该文中,两位作者对 20世纪 50 年代以后至当时的政治科学理论的特点进行了诸多的批评:(1) 背景性的,倾向于把政治看作社会的一部分,而对政治与社会不加以区分;(2) 简化论的,倾向于把政治看作是个体行为的综合结果,而不将政治的结果归因于组织结构和适当的行为规则;(3) 功利主义的,倾向于把行动看作是精心谋划的利己主义的产物,而不太倾向于把政治行动者看作是对义务和责任的回应;(4) 功能主义或实用主义的,倾向于将历史视为一种达到独特的适当均衡的有效机制,而不太关心历史发展中不适应和非唯一性的可能性;(5) 工具主义的,倾向于将决策和资源配置定义为政治生活的中心关注点,较少关注政治生活是如何通过象征、仪式和庆典围绕意义的发展进行组织的。[1]

2. 新制度主义的含义

新制度主义是在旧制度主义的基础上发展起来的,可以说是后行为主义时期的一股横跨政治学、经济学、历史学、社会学等几乎所有社会科学领域的研究取向和理论潮流,不同领域的研究者从不同的角度将制度引入研究的中心,企图说明制度是什么、制度起源、制度变迁、制度和行动之间的关系、制度的效率等重大问题。

3. 新制度主义的主要观点

传统制度取向强调理性、选择、个体行为,强调连续和一致性,涉及规则、程序与正式的政府组织等诸多主题。它运用法学家和史学家的工具,以解释对政治行为与民主效率的约束。与"旧"制度主义相比较,新制度主义有六大不同:从以组织为焦点到以规则为焦点;从对制度的正式理解到对制度的非正式理解;从对制度的静态理解到对制度的动态理解;从隐含的价值到一种价值决定论的态度;从对制度的整体主义的理解到对制度的分散化的理解;从独立到嵌入。[2] 这些方面展示了建立在传统制度主义洞见基础上的新制度主义的"新面貌"。

---

① March J G, Olsen J P. The New Institutionalism: Organizational Factors in Political Life[J]. *The American Political Science Review*, 1984, 78(3): 734−749.

② 维恩·朗德斯. 制度主义[M]//大卫·马什,格里·斯托克. 政治科学的理论与方法. 景跃进,等,译. 北京:中国人民大学出版社,2006:95.

4. 新制度主义的分类及主要观点

主流观点中影响较大的一种方法是将其分成历史制度主义、理性选择制度主义和社会学制度主义。这三种流派对制度的概念、制度的起源和制度的变迁有着不同的主张(表5-1)。

表5-1 新制度主义的分类及主要观点		历史制度主义	理性选择制度主义	社会学制度主义
	制度的概念	将制度界定为嵌入整体或政治经济组织结构中的正式或非正式的程序、规则、规范和惯例。	把制度定义为一种决策规则。	制度不仅包括正式的规则、程序、规范,还包括为人的行动提供"意义框架"的象征系统、认知模式和道德模板等。
	制度的起源	倾向于把"观念转化"看作是制度形成的来源,当观念被人们接受,并转化为一种结构形式时,制度就产生了。	制度之所以产生是其可以解决集体行动的困境并使得集体行动中的个体因此获益。	通过强调制度在文化环境中的巨大价值和制度提高了组织的社会合法性角度来说明制度的起源问题。
	制度的变迁	强调路径依赖,强调在现有的制度基础上进行局部的改进。	强调行动者的偏好是先定而不受制度影响的,制度只是行动者策略的一个规则性变量,因而不太关注制度变迁问题。	强调制度的社会合法性,也就强调既有制度限制新制度创设的方式,关心制度的建立如何从既有制度中借出模板。

资料卡5-1

制度主义的"旧"与"新"①

一、制度主义

从根本上说,制度主义是一个中性的概念,是从不稳定的、组织松散或狭隘的技术活动中出现有序的、稳定的、社会整合的模式。制度主义最重要的方面是要考虑在新的环境或需求之下,组织或实践是否准备好(被)放弃或改变。制度主义理论专注于"独特性",考察在内外部环境的作用下组织形成的独特过程、战略、前景以及能力和资源。

二、新制度主义

新制度主义关注复杂组织中普遍存在的"不连贯性"与"合法性"。就不连贯性而言,新制度主义者将大型组织理解为一个由多项权力拉锯而成的联盟,而非一个统一、协调的系统,他们削弱理性、系统和纪律,强调组织的松散甚至是无政府状态。从合法性来看,对于合法性的关注是组织存在的必要条件,也是组织行为者的持续驱动力。

---

① Selznick P. Institutionalism"old"and"new"[J]. *Administrative Science Quarterly*, 1996(41): 270-277.

三、系统分析理论

系统分析理论是政策研究尤其是政策分析的最基本方法,它运用现代科学的方法和技术对构成事物的系统的各个要素及其相关关系进行分析、比较、评价和优化可行方案,从而为决策者提供可靠的数据。它根据客观事物所具有的系统特征,从事物的整体出发,着眼于整体和部分、整体与结构及层次、结构与功能、系统与环境等方面的相互联系和相互作用,以求得优化的整体目标。

> 系统分析理论是政策研究尤其是政策分析的最基本方法,它运用现代科学的方法和技术对构成事物的系统的各个要素及其相关关系进行分析、比较、评价和优化可行方案,从而为决策者提供可靠的数据。

系统分析的特征是以系统观点明确所要达到的整体效益为目标,以寻求解决特定问题的满意方案为重点,通过计算工具找出系统各要素的定量关系;同时,它还依靠分析人员的价值判断,运用经验的定性分析,从而借助这种互相结合的分析方法,才能从许多备选方案中寻求满意的方案。系统分析遵循以下基本原则:

(1) 内部条件和外部条件相结合的原则;

(2) 当前利益和长远利益相结合的原则;

(3) 局部利益和整体利益相结合的原则;

(4) 定量分析和定性分析相结合的原则。

系统分析突破了西方传统政治学中的静态模式,把人类的政治行为引入了政治分析。它把政治生活看成是一种行为系统,把社会成员和社会环境对政治生活的影响作为变项,通过系统模式考察它们对政治系统的作用以及政治系统对它们的反作用,从动态把握了人类政治行为和政治过程。其次,系统论的整体观点,系统的要素,要素、环境和系统之间的相互联系以及相互作用的观点,都是把人的政治行为放在与外在环境和人际间政治行为的普遍联系中进行考察,这样可以全面地分析人类的政治现象。最后,作为一种宏观理论,政治系统分析具有较广的适用性。

政治系统分析也存在着一些明显的缺点和局限。首先,政治系统分析作为一种理论框架本身还不够成熟。这表现在:(1) 政治系统的边界不清。对于由外部环境进入系统的需要是什么,它们是如何进入的,也缺乏明确的说明;(2) 对政治系统的内部结构和要素的性质、特点、要素与要素的互动规律、系统与系统之间的关系和各子系统之间的关系都缺乏明确的说明;(3) 对政治系统的运动过程的解释过于简约。此外,政治系统分析仍然存在一定的局限性。它只局限于对西方发达国家尤其是美国政治的研究,对广大发展中国家的分析还比较少。另外,系统分析偏重于对政治行为分析,对西方国家的一些重要政治现象例如"权力"这样的重要问题并没有给予足够的重视。

第三节　研究的范式与方法

近年来,随着教育改革的深入,单一的数据难以展现教育政策的复杂性,难以揭示教育政策和社会变迁之间的关系。微观取向的教育政策研究正逐渐兴起,重点关注教育政策制定、执行和社会效应的深度剖析。

一、精英访谈法

精英访谈法是 20 世纪八九十年代一系列具有里程碑意义的教育政策研究的基石。精英访谈法是指研究者对一个有较高地位的人进行访谈,如一名经选举产生的官员或其他公众人物。这些人通常扮演独特的角色,能够就某一事情提供有洞察力的信息,这些信息很难通过其他的途径获得。

> 精英访谈法是指研究者对一个有较高地位的人进行访谈,如一名经选举产生的官员或其他公众人物。

在政策制定研究领域,斯蒂芬·鲍尔的《政治与教育政策制定》当属精英访谈研究方法应用的典型案例。为了研究英国 1988 年《教育改革法》的制定过程,呈现英国政府在撒切尔夫人执政时期教育政策制定中各种意识形态力量的冲突与博弈,斯蒂芬·鲍尔在 15 年的时间里访谈了包括新右翼政府顾问、智囊团以及产业界的游说团和教科部相关人员在内的 49 名政治精英,详细调查了他们对于全国统一课程、全国统一考试等问题的看法。与一般的访谈方法相比,在教育政策研究中应用精英访谈具有不可比拟的优势。第一,精英访谈为教育政策研究者提供了一个高效的工具,是研究教育政策、政治和权力关系的重要数据来源。精英访谈的受访者都是直接或者间接参与教育政策决策过程的人,这些人对于教育政策决策过程有着鞭辟入里的独特见解,这是一般受访者所不具备的特点。通过采访这些精英不仅可以获得具体教育政策问题的全景,同时也为教育政策研究提供了有效的证据。第二,精英访谈也被视为一种有用的手段,让研究者得以洞悉精英主观理解中的"假设世界",让支撑个体行为的潜在信仰、动机和解释得以外显,由此探索参与和影响教育政策的启动与实施的关键人物的主观想法与价值观念,这些信息鲜少能从书籍、文件与官方记录中收集。第三,从一定程度上说,访谈是研究者与受访者通过对话共同建构思想和观念的过程,与非精英受访者不同,精英群体大多学识渊博且具有较强的专业性,在与研究者的互动与交流过程中更能生成具有创造性的观点,甚至会对研究人员不完善的研究设计进行修正。

二、历史分析法

历史分析法又叫作动态分析法。它立足于对政策的历史和现状的深入分析,从下向上地进行预测。它能较好地反映出不同时期的不同特点和变化。政策预测既是对过去历史总的分析,又有具体生动的现在情况分析,以及未来状态模拟,能较好地为上级决策部门提供过去信

> 历史分析法又叫作动态分析法。它立足于对政策的历史和现状的深入分析,从下向上地进行预测。它能较好地反映出不同时期的不同特点和变化。

息、现在信息和未来信息。在运用历史分析法的时候,首先,要求把政策中的政治现象置于特定的历史范畴和背景中加以分析和考察,找到其产生和存在的历史原因;其次,要求从历史因果的角度,包括特定历史下政治因素和其他社会因素对政策制定及实施

的影响，把握政策制定的本质和发展规律；再次，还要求站在新的历史高度，对政策的问题和事务进行再认识。以下是对历史分析法在教育政策研究中的运用案例。

政治学视角下教育政策研究案例分析

教育政策与变革政治学[①]

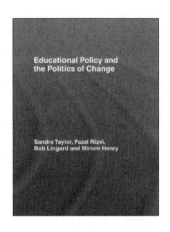

　　20 世纪 80 年代以来，教育政策逐渐成为一个颇有争议的研究领域。对于各国政府和教育工作者来说，教育政策如何在教育实践中发挥作用是一个关键问题。由桑德拉·泰勒（Sandra Taylor）、法扎尔·里兹维（Fazal Rizvi）、鲍勃·林加德（Bob Lingard）和米丽娅姆·亨利（Miriam Henry）合著的《教育政策与变革政治学》汇集了教育政策领域重要的实践和理论智慧。这一研究详细阐释了国家如何制定教育政策以应对更广泛的社会、文化、经济和政治领域正在发生的变化，研究了学校应对这些变化的方式，以及由此产生的政策。这部著作从国家官僚机构内部和外部的角度审视了各个层面的教育政策过程，尤其关注社会正义方面。

一、研究问题

　　1. 什么是政策？教育政策有什么独特之处？

　　2. 国家颁布的教育政策如何改变教育实践的结构？

　　3. 教育政策如何影响父母、老师、学生、管理者和公民的生活？

二、研究方法

　　该研究使用的方法是批判性政策分析法。批判性政策分析质疑教育政策的根源和发展，探索权力、资源和知识的分配，关注社会分层以及政策对特权和不平等关系的影响，尤其对历史上代表性不足的群体成员抵制或参与政策的性质感兴趣，探究在作出政治选择时主体行使权力的方式是批判性政策分析方法的核心。

　　批判性政策分析并非利用宏观/微观二分法，宏观/中观/微观分类方法，而是强调政策制定的多层次性，以及探索政策过程各层次之间联系的重要性。这种方法基于批判性话语分析理论，探索特定政策的历史背景；追踪政策"问题"是如何被构建和定义的；探究特定问题是如何出现在政策议程上的；突出政策是如何以某种方式形成的，即经济、社会、政治和文化背景是如何塑造政策文件的内容和语言的。

三、研究结论

　　1. 政策不仅仅是一份文件或文本，政策是动态和互动的。政策代表了教

① Henry M., Lingard B., Rizvi F. et al. *Educational Policy and the Politics of Change* (1st ed.)[M]. London：Routledge. 1997.

育改革进行的冲突以及各主体之间的妥协结果,政策文本中选择的措辞是经过仔细挑选的,并根据各种利益集团的意见进行了大量修改;

2. 政策存在于环境之中。重大历史事件、特定的意识形态和政治气候、社会经济背景还有特定的个人,这些都会影响政策的形成以及政策的演变和结果;

3. 政策制定是一项国家活动。虽然许多企业和私人组织,包括私立学校都参与了不同种类政策的制定,但是教育政策的制定属于一项国家(或政府)活动,政府的政策常常要受到不同部门甚至部门内不同单位的不同利益和期望的挑战。此外,政府与私人部门有着复杂的关系,政府与公民社会也有着同样复杂的关系。因此,政策往往是由国家、市场和民间社会之间的互动形成。

📖 推荐阅读

1. 约翰·金登. 议程、备选方案与公共政策:第 2 版[M]. 丁煌,等译. 北京:中国人民大学出版社,2004.

2. 哈罗德·拉斯韦尔. 政治学:谁得到什么? 何时和如何得到?[M]. 杨昌裕,译. 北京:商务印书馆,2000.

3. 迈克尔·豪利特,等. 公共政策研究[M]. 庞诗,等译. 北京:生活·读书·新知三联书店,2006.

4. [美]弗朗西斯·福山. 国家构建:21 世纪的国家治理与世界秩序[M]. 黄胜强,等译. 北京:中国社会科学出版社,2007.

第六章
教育政策研究的经济学基础

本章导语

经济学是教育政策研究的重要理论基础。从经济学视角看教育政策研究,主要关注的是教育政策如何平衡教育资源的供给与需求、成本与效益以及投入与产出这三对矛盾。经济学研究中常用的人力资本理论、公共选择理论和成本分担理论为教育政策的研究提供了理解教育政策研究的理论基础。此外,本章归纳了教育政策研究方法以及发展趋势。总之,教育政策研究的经济学视角让我们从经济学的角度理解和阐释教育政策研究,可以说研究存在优点和不足。在本章的末尾附上了典型案例,帮助读者结合前面所讲的内容加深理解,实现融会贯通。

学习目标

1. 明确经济学视角下教育政策研究的主要内容,拓宽教育政策研究的视角;
2. 了解经济学视角下教育政策研究的理论基础;
3. 掌握经济学视角下教育政策研究的研究方法;
4. 能够运用经济学的方法对教育政策的经典案例进行分析;
5. 具备跨学科的视角研究教育政策。

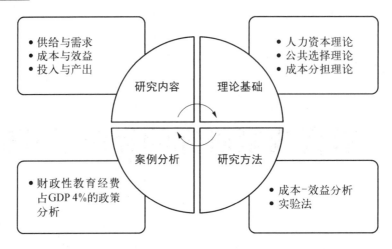

知识导图

- 供给与需求
- 成本与效益
- 投入与产出

研究内容

理论基础

- 人力资本理论
- 公共选择理论
- 成本分担理论

案例分析

研究方法

- 财政性教育经费占GDP 4%的政策分析

- 成本-效益分析
- 实验法

第一节　研究的主要内容

经济学视角下教育政策研究主要从供给与需求、成本与效益、投入与产出以及利益主体的博弈等经济学关注的主题出发,对有关研究进行分析。

一、供给与需求

教育是培养人的活动,有别于纯粹的商业性活动。但是在市场经济条件下,教育同其他任何商品生产部门一样,都存在着供给与需求问题。关于教育供求问题的研究,国内外最有代表性的理论主要有三种:一是按国家人力需求组织教育供给的理论;二是按教育投资收益率组织教育供给的理论;三是按个人教育需求组织教育供给的理论。教育供求在一般意义上是指教育机会的供给与需求。教育供给是指一定社会为了培养各种熟练劳动力和专门人才,促进社会、经济和个体的发展,而由各级各类教育机构在一定时期内提供给学生的受教育机会。教育需求是指国家、企业和个人对教育有支付能力的需要。

在教育政策的供求分析中,政策的供给者主要是政府和学校,而学生、家长等是政策的需求者。纵观整个义务教育的主要政策,反映的就是人们对义务教育的需求和政府对义务教育的供给程度,其中较典型的就是义务教育阶段的"减负"政策和就近入学政策引发的"择校热"问题。

家长希望子女加入优质学校和国家提供优质的义务教育不足之间的矛盾加剧了学生的课业负担问题[①],经济发展水平不均衡带来教育资源的不合理分配增加了学生的课业负担。在义务教育已经普及的今天,公众对于义务教育的需求已经从"有学

---

① 顾志跃.中小学生课业负担过重原因的分析[J].中国教育学刊,1995(05):2-6.

上"转变为"上好学",义务教育作为公共产品,政府、学校等供给主体有义务提供满足家长、学生以及其他需要优质义务教育资源。但是由于种种原因,这一供给平衡很难实现,进而加剧了学生的学业压力,这是需求主体在需求未能得到满足时的结果。只有"需求侧"和"供给侧"两方面共同发力,真正实现对供需的调节,"减负"政策才会真正落地。

义务教育择校问题的出现是在我国"就近入学"政策实施之后,由于"重点校"政策的存在,导致学校间的差距拉大。一方面是"示范学校""窗口学校"的存在,另一方面是所谓的"薄弱学校"甚至是"垃圾学校"。在这种情况下,家长们为了子女能进一所好学校而四处奔波,择校之风于是愈演愈烈。很多研究者从经济学视角分析择校现象,揭示其内在规律,提出如何规范择校行为,促进义务教育的均衡发展;总结出择校现象的本质原因在于优质义务教育资源供给相对不足与社会过度需求之间的矛盾;提出扩大优质教育资源供给,促进教育事业与教育产业共同发展,大幅度提高教育总支出占 GDP的比重,满足不同经济、文化背景家庭及不同禀赋、兴趣和特长学生的择校需求才是缓解"择校热"的关键所在。[①]

近些年来,"全面二孩"政策下教育资源需求分析也是一个热点。有学者基于2010 年全国第六次人口普查数据,对 2016—2035 年学前教育和义务教育阶段学生规模进行预测,并估算所需教师编制、教育经费和校舍规模,分析了"全面二孩"政策对未来我国义务教育战略规划的影响。[②] 也有学者基于北京市第六次人口普查数据,预测了"全面二孩"政策下北京市 2019—2029 年城乡学前适龄人口和在园生规模,并分析了资源需求给学前教育资源配置带来的挑战。综合来看,这些研究主要是基于人口普查数据和一定的统计分析方法,研究学生规模的变化对于教育战略规划的影响,这些战略规划包括校舍园舍的规模、教师的规模和教育经费的配置等内容。[③]

二、成本与效益

教育投资是人力资本最主要的形成途径,也是推动经济发展的重要因素。当把教育投资作为经济行为来考察时,它同其他物质资本的投资一样,同样存在着成本与收益问题。教育成本包括个人成本和社会成本。教育的个人成本,是指学生为了学习由个人或家庭直接支付的各种费用和发生的间接成本,教育的直接成本包括:学杂费、书本等学习用品费,交通费,住宿费等。教育的间接个人成本也称为教育的个人机会成本,是指学生在达到法定就业年龄后因继续就学所放弃的劳动收入。教育的社会成本是指社会支付的直接成本和间接成本。社会直接成本主要用于教育的公共支出。社会间接成本包括社会所放弃的收入、免税成本、潜在的租金和折旧费。教育的收益是指通过培

① 胡瑞文.破解教育难题必须深化体制改革[J].中国教育学刊,2012(04):1-4.
② 李玲,杨顺光."全面二孩"政策与义务教育战略规划——基于未来 20 年义务教育学龄人口的预测[J].教育研究,2016,37(07):22-31.
③ 洪秀敏,马群."全面二孩"政策与北京市学前教育资源需求[J].北京师范大学学报(社会科学版),2017(01):22-33.

养和提高劳动者的知识与技能给个人和社会带来的种种有益效果,也称为教育的经济收益。成本效益分析原来是经济学中的一个概念,20 世纪 60 年代引入教育领域,是指在制定教育计划过程中,通过对成本效益的综合比较,帮助决策者对诸多可供选择方案进行决策的一种工具。

成本效益分析是国家采取宏观教育政策的依据。第二次世界大战后,随着发展中国家的崛起及其经济的日益发展,亟待政府采取对策措施解决教育落后的局面。成本效益的分析视角对于发展中国家的三点政策含义是:第一,增加教育投资是合算的,教育投资的收益率一般比物质投资收益率高。第二,把重点放在初等教育普及上是最为有利的教育战略。发展中国家存在的问题是教育结构不合理,教育投资偏好高等教育。研究表明,在发展中国家,教育投资的收益率高低顺序依次是小学、中学和大学,因此要调整投资方向。第三,由私人来承担一部分或者更大部分的教育费用,这样有利于促进社会的公平。以我国高等教育为例,在我国高等教育发展中,精英教育一度是高等教育输送人才的方式,但却是以很高的教育成本为代价的。1999年至 2002 年连续 4 年的高校扩招,标志着我国高等教育逐步从"精英教育"向"大众教育"迈进。高等教育相关的投资成本由政府主要承担转变为政府、企业、家庭和个人共同来承担。

从宏观到微观,从中央到地方,从各级各类学校到每个教育机构,在教育改革的过程中,都面临着建议中的种种方案进行成本效益的分析。例如,在我国教育改革的过程中,大中小学以及普通教育与职业教育之间按何种比例构成,其成本效益最佳? 为了充分利用人力资源,各级各类学校师生之间,教师与职员之间的比例应当如何安排? 为了更好地培养人才,公派留学生出国政策该何去何从? 这些都是成本效益分析需要关注的问题。

三、投入与产出

20 世纪 60 年代,各国政府加大教育投入,在校人数不断增加。20 世纪 70 年代之后公众逐渐认识到学校教育并没有像预期那样会带来经济的繁荣和社会的进步,反而加剧了社会的不平等。此后,一批有志于学校改革的研究者致力于研究学校投入、提高教师质量等措施对学校产出的影响。一个著名的例子就是美国田纳西州的师生比成绩项目(Student Teacher Achievement Ratio,简称 STAR),该项目通过实验来分析班级规模对学生的考试成绩和参加大学入学考试的可能性的影响。研究表明,小班化教育有利于学生学业成就的提高,尤其对处境不利的学生更具优势,并且这种优势具有累积性。在 STAR 计划的研究之后,全美国至少有 30 个州着手缩小班级规模。就加州而言,已投资大约 3 亿美元以减少低年级的班级人数。STAR 计划的研究成果掀起了美国小班化运动。[①]

最早并且最有影响力试图解释教育投入与教育产出之间的实证关系的研究,是由

---

① Finn, Jeremy D. Achilles, Charles M. Tennessee's class size study: findings, implications, misconceptions[J]. *Educational Evaluation and Policy Analysis*, 1999, 21(2): 97 - 109.

詹姆斯·S.科尔曼主持完成的,该研究得到了政府的资助。研究团队通过调查学生的社会经济背景、课外活动、丰富的课程等教育投入的差异,考量学生在成绩方面差异的原因。研究发现黑人学生和白人学生之间的考试成绩有着十分明显的差异,并得出了一个备受争议的结论:与教师质量、课程资源等学校可以控制的教育投入相比,家庭背景对教育产出的影响要大得多。[1] 同时科尔曼的研究也在其他学者那里得到了验证,社会经济地位高的家庭对子女的校外教育投资更多,他们的子女接受了更好的教育。[2] 但是,也有学者对《科尔曼报告》提出了质疑,认为这项研究假定教育过程的产出,即每个学生的学业成绩直接地相关于一系列投入是不合理的。科尔曼的贡献在于从投入和产出方面对教育平等进行分析。这不仅有理论意义,而且对世界范围内的教育政策和法律制定都产生了直接的影响:其一,公立教育资源投入开始向弱势群体倾斜,在中小学强制实施黑人学生和白人学生合校;其二,统一学生和校车接送政策,从此校车成了解决种族隔离问题的象征。[3]

第二节　研究的理论基础

一、人力资本理论

人力资本理论作为一种理论形成于20世纪上半叶。1924年,苏联经济学家斯特鲁米林在其发表的《国民教育的经济意义》一文中率先用数量统计方法研究教育和经济的关系;1935年,美国哈佛大学教授沃尔什(J. R. Walsh)发表了《人力的资本观》,最先提出了人力资本的概念,并用数量方式研究了大学阶段教育经济收入的问题。而对人力资本理论形成起重大作用的是美国经济学家舒尔茨,他在20世纪50年代开始人力资本理论的研究,于1959年发表《人力投资》,1960年他以美国经济学会会长的身份在年会上发表《人力资本投资》的主题演讲,并于1979年因对人力资本理论研究的贡献获得诺贝尔经济学奖。舒尔茨认为,人力资本主要是指凝聚在劳动者本身的知识、技能及其所表现出来的劳动能力。他十分强调教育对人力资本形成的重大意义,把教育看成是一种人力资本投资,而且这种人力投资收益率大于物力投资收益率,既可以增加其他经济要素的生产力,还可以增加投资自身的积累。[4] 此后,贝克尔(Gary S. Becker)以及丹尼森(Edward Denison)也对人力资本理论的形成和发展作出了很大的贡献。

---

① 多米尼克·J.布鲁.教育经济学[M].北京:北京师范大学出版社,2017.
② 杨文杰,范国睿.教育机会均等研究的问题、因素与方法:《科尔曼报告》以来相关研究的分析[J].教育学报,2019,15(02):115-128.
③ 马晓强."科尔曼报告"述评——兼论对我国解决"上学难、上学贵"问题的启示[J].教育研究,2006(6):29-33.
④ 西奥多·W.舒尔茨.教育的经济价值[M].曹延亭,译.长春:吉林人民出版社,1982.

> 人力资本理论的主要观点是，通过对人进行投资，改善人的能力和素质，提高人的生产率。人力资本是经济增长的重要因素，与非人力资本（物资资本）具有同样甚至更重要的作用。

人力资本理论的主要观点是，通过对人进行投资，改善人的能力和素质，提高人的生产率。人力资本是经济增长的重要因素，与非人力资本（物资资本）具有同样甚至更重要的作用。具体表现为：第一，现代经济已大不同于传统经济，劳动者的知识、技术能力已经成为现代经济增长的决定因素；第二，突出教育的生产性功能，认为教育具有提高劳动生产率、培养经济发展需要的各种人才的功能；第三，阐明教育与经济增长的内在互动关系和一般规律。对个人来说，提高个人劳动水平，增加了收入；对国家来说，教育投资提高了国民的人力资本，增加了国民经济总产值。舒尔茨研究了美国自1929年到1957年的经济增长，得出教育在国民收入增长中的贡献率是33％，投资收益率在初等、中等和高等教育中分别是35％、10％和11％，平均收益率是17％。丹尼森在《美国经济增长因素和我们面临的选择》一书中指出教育在这一时期国民收入增长中的贡献率是35％。[①] 可见，教育投资的收益率是非常高的。然而，不少发展中国家早期的教育投资并没有带来预期的经济繁荣。20世纪70年代中后期，西方国家更是出现了严重的经济危机。不景气的经济状况和教育的不断扩张发生了矛盾，各国的经济困难也导致教育财政出现紧缩。人力资本理论同时受到来自效率和公平两个维度的挑战。

1. 基于效率视角的挑战

对人力资本理论最为著名的批评之一是来自一系列劳动力市场理论，包括筛选理论以及劳动力市场分割理论等。不同于人力资本理论将教育和个人收入及经济增长之间的关系解释为教育引发更高的劳动生产率，这些理论认为教育可能仅仅是社会角色及地位的重新分配，即将更好的工作、更高的收入或更高的社会地位分配给具有更高教育水平的人。因此在这些理论模型中，尽管个人的教育投资决定了其社会经济地位，但是并不能带来生产效率和社会可分配产品的增加。

2. 基于公平视角的挑战

基于传统的人力资本理论，如果教育和劳动生产率，劳动生产率和收入之间存在确定关系，提高社会平均受教育水平将最终缩小劳动者受教育程度的差异，进而缩小社会收入差异。然而第二次世界大战后，各国大规模的教育扩张与劳动力教育水平的提升并没有如预期那样促进收入分配的均等化，收入分配的不平等仍受到原来代际不平等的影响。批评者认为学校系统以一种精英主义的方式"合理化"复制和再生产资本主义社会的不平等，阶层观念等非认知因素以一种潜在的方式将个人禁锢于家庭所在阶层，从而阻碍了社会代际流动的实现。

二、公共选择理论

公共选择理论产生于20世纪50年代，其产生是基于将经济学的分析方法用于政

---

① 江海燕. 人力资本理论与教育现代化[J]. 学术研究，1998(09)：44-47.

治学的集体决策问题,用经济学的研究方法分析政治市场的行为,是对经济学研究领域的扩展。

英国的布莱克(Duncan Black)在 1948 年发表了《论集体决策原理》一文,其中的许多观点为公共选择理论的产生奠定了重要基础,因此布莱克被尊称为"公共选择之父"。布坎南(James M. Buchanan)是公共选择理论的领袖,他在公共选择研究领域作出了突出贡献,因此获得了诺贝尔经济学奖。在对政治决策问题的研究中,布坎南提出了人们能从相互交换中获得各自所需的利益,他的理论弥补了传统经济学理论中缺乏独立的政治决策分析方法这一严重缺陷。另一代表人物是戈登·塔洛克(Gorden Tullock),他于 1966 年创立了著名的《公共选择》期刊,他与布坎南合著的《同意的计算》,被称为是公共选择学派形成的标志之作。该著作全面讨论了公共选择理论的一些最基本的问题,深入分析了为促进公共利益而由市民设计的政治制度,证实了单纯多数规则必然会降低政府的办事效率,导致政府开支无限扩张,损害人们的根本利益。公共选择理论还把交换关系用于政治决策的过程中,这一观点源于威克塞尔(Knut Wicksell)。威克塞尔认为,在政治决策中,个人是按照成本-收益原则来进行决策的。由威克塞尔提出、布坎南总结得出的公共选择理论的三个主要因素是:方法论的个人主义、"经济人"假说以及经济学的交换范式。①

> 公共选择理论的三个主要因素是:方法论的个人主义、"经济人"假说以及经济学的交换范式。

方法论上的个人主义,即在分析人类的行为时应从个人角度出发,因为个体是组成群体的基本细胞。布坎南认为,集体行为的产生是个体行为的必然结果,个体的作用极其重要,他是私人行为与集体行为的唯一终极决策者。

其次,是"经济人"假说。这一假设认为自利和理性是人的两个基本特点。自利表现为:(1) 人是自私的,即个人行为只受个人利益驱使;(2) 人的目的是追求个人效用最大化。理性主要表现在:人在经济活动中既追求利益也关注成本,人总是期望收益最大化或成本最小化。在采取某项行动之前,每个人都会在内心对该行动的成本和效益进行比较分析。以布坎南为代表的公共选择理论认为,"经济人"假说之所以能够从理论上对人的行为作出合理解释,主要在于它反映了人的基本行为特点。它摒弃了过去经济学家假定的在经济活动中人人都是自私的以及政治学中认为的政治学家都是利他主义的观点,认为无论是在经济市场上还是在政治市场上,人的目的都是追求自身利益并考虑如何使自身的利益最大化。②

最后,是经济学的交换范式。在分析经济问题时,主要经济主体之间存在自愿交换的关系就会产生有效率的市场结果,确保各主体之间的利益最大化。在分析政治问题时,公共选择学派运用自愿交换的观点。在政治市场中,交易的对象是公共产品,人们建立交易契约关系,通过契约的达成使交易双方的福利状态得到促进。

---

① 陈振明. 政治与经济的整合研究——公共选择理论的方法论及其启示[J]. 厦门大学学报(哲学社会科学版),2003(02):31-40.
② 布坎南. 自由、市场和国家[M]. 吴良健,桑伍,等,译. 北京:北京经济学院出版社,1988.

大多数公共选择理论都坚持"经济人"的假设,而事实上,在解释和预测人的政治行为方面,公共选择理论还存在一些缺陷:首先,人作为社会人,不能离开社会而独立存在,人不仅有追求经济利益的一面,还有其社会性的一面;其次,政治活动和经济活动是不同的,完全套用经济活动的分析方法是不正确的;最后,人的需求并不是单一的,人在进行某种政治活动时的动机也往往是多元的。在公共选择理论中,"经济人"概念中的自利属性被过度歪曲和放大。总之,公共选择理论从方法论个人主义、"经济人"假说和经济学交换范式三个角度出发,将经济学的分析方法用于分析政治过程,作出了不同于传统政治学理论的解释,既有创新,又有一些理论上的困境。

三、成本分担理论

1986 年,美国著名教育经济学家约翰斯通(D. Bruce Johnstone)在其发表的著名论文《高等教育成本分担》中首次提出高等教育的成本分担理论。该理论认为高等教育成本应该由纳税人(通过政府)、家长、学生及社会人士(通过捐赠)共同分担。教育成本分担理论,是以对高等教育价值的科学认识为基础的。[①] 20世纪六七十年代之前,人们认为高等教育是一种推动经济社会发展的强有力工具,并且高等教育应该由政府全额资助。随着经济社会的发展,高等教育迈入了大众化阶段,国家财政独力支持高等教育已经力不从心,综合各方面的因素,教育成本分担理论开始被人们关注。

> 成本分担理论认为高等教育成本应该由纳税人(通过政府)、家长、学生及社会人士(通过捐赠)共同分担。

教育成本分担理论认为,教育成本的分担者包括四类人:政府或者纳税人、学生、学生家庭和教育捐赠者。受教育者应当支付一定的学习费用,即学费。这种分担遵循两种原则:一是"利益获得"原则,就是说谁从教育中获得好处和利益,谁就应该支付教育经费;二是"能力支付"原则,即所有从教育中获得利益者按支付能力大小支付教育成本,能力越大,支付越多。

约翰斯通认为教育成本的分担有六种形式:初始学费;大幅上涨的学费;住宿费和生活费;奖学金、助学金的减少,实际上是变相地将教育成本转嫁到受教育者身上;助学贷款的增加,鼓励受教育者用未来的预期收入来支付现期的教育费用;减少政府补贴,鼓励私人部门或者个人的捐赠。约翰斯通对学生、家长、政府和大学对教育成本分担的时间上的差异进行了细致研究。他把承担高等教育成本的时间分为"过去""现在"和"将来"。约翰斯通指出,家长为了承担子女的高等教育成本,使用了"过去"的财产和积蓄,在"现在"为子女上学付款或还要负债供子女上学,到"将来"要用取得的收入来归还贷款。对学生而言,则要动用父母"过去"的积蓄,在"现在"承担学费,为此要努力获得奖学金或助学金,在"未来"用收入归还贷款,赡养父母以示回报。[②] 约翰斯通的这

---

① D. Bruce Johnstone. *Sharing the Costs of Higher Education* [M]. New York: College Entrance Examination Board, 1986.

② 约翰斯通. 高等教育财政:问题与出路[M]. 沈红,李红桃,译. 北京:人民教育出版社,2004.

一思想,为教育成本分担理论的建立,为教育资助政策的制定在全世界的推行提供了理论依据。

第三节　研究的方法和方法论

经济学理论和经济学的方法对教育政策的影响越来越大,在教育政策制定、政策执行和政策评估过程中都取得了长足的进步。这不仅表现在经济学视角下研究的方法论转型、研究的应用性和基于证据的特征,而且表现在具有明显的经济学特征的具体研究方法,比如成本-效益分析方法和实验经济学方法等。

一、教育政策研究经济学视角的独特性

与以往的研究相比,经济学视角呈现出以下新的特点。

第一,研究的方法论,从单纯地强调经济的定量分析向教育分析和经济学分析、定性分析和定量分析有机结合的方向发展。在此基础上再从政策科学的角度,进一步分列政策理论研究(从学科的角度研究政策理论问题)、政策过程研究(分析教育政策如何制定、执行和演变)、政策分析(对政策目标、实质、影响因素等的分析)、政策评估(对教育政策实施效果和影响的分析,既可以是描述性分析也可以是对教育政策本身的规范性评价)、政策倡导(研究的目的是为政府提出政策建议)、政策内容研究(侧重对政策文本内容的描述和介绍)、政策咨询(主要是政府资助的课题研究)、政策阐释(解释政策出台的目的、意义、作用等)。[①] 定量分析目前成为教育政策研究中的一种主导趋势,但也有学者指出定量研究广泛运用的问题。首先,简单的定量研究方法较多,高级定量研究方法较少。应用最频繁的是统计描述,其次是模型法和调查法,再次是回归分析、F 检验、相关分析和 T 检验,然后是方差分析和因子分析。由于研究方法的多样性和研究者驾驭能力的有限性,已有研究成果中难免会出现前设不清晰,设计不严密,步骤不明确等研究方法运用不规范的情况。[②]

第二,研究的应用性,经济学视角下教育政策的研究侧重于政策倡导和政策咨询。比如,有关我国国民经济体系中政府教育投资比例问题的探讨,教育资源使用效率和效益问题的探讨,免费师范生政策的探讨,助学贷款政策的探讨。这些经济转型期教育资源配置的效率与公平问题的探讨都强调通过定量分析和定性分析的有机结合,为政府决策提供基于证据的科学依据。诸多研究者从以往注重现有政策的趋同和解释,逐步走向对转型期以及传统教育管理制度、政策进行积极质疑和反思,学科研究的主体性和科学性不断增强。另外,研究者不再满足于"书斋式"统计文献研究,开始走到教育体制改革的第一线,运用调查法、访谈法等进行大量的实证研究,不断地从简单的静态分析

①　涂端午,陈学飞. 我国教育政策研究现状分析[J]. 教育科学,2007,23(1): 19 - 23.
②　贾云鹏,范先佐. 教育经济学研究: 回顾、反思及建议——文献分析的视角[J]. 教育研究, 2014(2): 66 - 75.

转向复杂的动态分析。比如,对我国当前高等教育资源使用效率的现状、问题和对策的研究,新时期义务教育阶段教育供求问题的研究等。

第三,研究要基于证据,经济学的方法非常重视数据的重要性,强调基于证据的研究发现。在这方面经济合作与发展组织(OECD)最值得关注,在人力资本理论的视角下,从教育产出、教育投入、教育机会和教育过程四个方面进行国际比较,发布《教育概览》年度报告。为了使各国的教育统计数据具有国际可比性,经济合作与发展组织、联合国教科文组织统计所(UNESCO - UIS)以及欧盟统计办公室(EUROSTAT)按照国际教育分类标准(International Standard Classification of Education),联合设计了教育统计数据表(称 UOE 数据表),各国定期填报,作为国际组织教育统计基础平台,在国际上产生了广泛的影响力。

二、教育政策研究的经济学方法

教育政策研究的经济学方法有很多,这里介绍两种主要的方法。

> 成本-效益分析是公共政策分析的常用方法之一,也是从经济学视角来分析教育政策的方法之一,即通过分析教育投入成本和教育产出的效益来制定政策或评估政策,其基本原则是好的教育政策的效益要大于其成本,政策的改革在对一些人有利的同时又不伤害其他人。

1. 成本-效益分析

成本-效益分析是公共政策分析的常用方法之一,也是从经济学视角来分析教育政策的方法之一,即通过分析教育投入成本和教育产出的效益来制定政策或评估政策,其基本原则是好的教育政策的效益要大于其成本,政策的改革在对一些人有利的同时又不伤害其他人。事实上,现实的政策总是使一些人受益,而以牺牲另一些人的利益为代价。在此情况下,受益者获得的效益要足以补偿受损者的损失且他们自己还有剩余,那么这个政策改革就是好的。这种分析方法的显著特点是:第一,重点关注资源的投入使用;第二,是效率导向的分析;第三,具有一定的功利主义的偏好。

当然,教育领域是相当复杂的,当成本-效益分析的方法应用于教育领域时,也应当考虑到它的局限性。第一,对效率的过分追求往往就忽视了对教育公平的关注,而这在教育领域却是非常关键的;第二,教育是一项公益性的事业,不能以营利为目的,因此也就不能追求经济利益的最大化;第三,教育具有长期性,成本-效益分析不能只关注短期的效益,且无法衡量无形的成本效益。同时,机会成本、边际效益、溢出效益等都不是那么能够清晰地界定清楚并进行量化分析的。这些局限性提醒我们,教育领域进行成本-效益分析时需要与其他的分析方法结合起来,尤其是与政治的价值分析结合起来,才能作出正确的判断。

2. 实验法

实证研究是当今国际教育研究的主流话语和主要方法,自 2015 年以来,华东师范大学联合北京师范大学、全国教育科学规划办、光明日报等机构,连续举办了七届全国教育实证研究论坛,发布教育实证研究行动宣言,对于推进教育实证研究范式的转型和促进教育学研究的科学化进程产生了极大的影响,对于推动我国实证教育研究的开展及其科学化、规范化水平的提升起到了里程碑作用。

教育中的实验法有两种类型,包括实验经济学方法和自然实验方法。第一,实验经济学的研究方法,从方法论角度看,实地实验(field experiment,也称为田野实验)的快速兴起并得

> 教育中的实验法有两种类型,包括实验经济学方法和自然实验方法。

到广泛应用,它与传统的实验室受控实验方法的主要区别在于实验场地是发生在学校这个真实的场景。这里以探索学生的公平感为例加以说明。运用实验研究的方法,通过利益相关者和旁观者游戏,对小学、初中和高中不同年龄阶段的 667 名学生的公平偏好进行实验研究,探索学生眼中的公平观,分析学生公平偏好的影响因素。研究发现,中小学不同年龄学生的公平偏好是发展性的,学生最初倾向于均等主义的公平感,随着年龄的增长以及受到同伴关系、认知发展、社会经验等因素的影响,学生越来越倾向于接受由运气、绩效和效率导致的不平等,体现了差异化的公平感。[1]国外自 20 世纪 80 年代以来便有学者通过最后通牒实验来研究人类的公平感,为了探究公平感是否存在于人类的天性之中,实验经济学家们将目光从成人转移到了儿童身上。这一领域的经典研究当属苏黎世大学著名实验经济学家恩斯特·费尔(Ernst Fehr)于 2008 年发表在《自然》(Nature)上的题为《年幼儿童的平均主义》的论文。该研究选择了三个年龄组的被试:3—4 岁的托儿所组,5—6 岁的幼儿园组和 7—8 岁的小学组。每一个被试都会参加三个实验,并且在每个实验中会拥有一个随机配对的伙伴,每一个决策者会给自己和伙伴分配糖果、果冻或汽水。在亲社会实验(prosocial treatment)中,决策者可以选择(1,1)和(1,0)的分配方式;在妒忌实验(envy treatment)当中,决策者可以在(1,1)和(1,2)两种分配方案中进行选择;在分享实验(sharing treatment)中,决策者可以在(1,1)和(2,0)中进行选择。研究结果表明,3 到 8 岁之间的儿童对于不平等的厌恶随着年龄的增长而加强,绝大多数儿童在 3—4 岁时表现得较为利己,而大多数 7—8 岁的儿童更喜欢公平分配资源,以消除不平等。[2]

第二,自然实验的方法,即采用自然发生的数据或经验数据进行分析。2021 年诺贝尔经济学奖授予大卫·卡德(David Card)、乔舒亚·安格里斯特(Joshua D. Angrist)、吉多·因本斯(Guido W. Imbens),因为他们"对因果关系分析的方法学贡献"。他们最重要的成果是通过自然实验的方法证明了教育投入与教育回报的因果研究。教育投入与教育回报之间的关系是微观经济学的研究重点之一,但此类研究进展缓慢且面临着许多困难。教育投入与教育回报之间的关联性研究难点有以下三点:(1)如何衡量教育资源的投入?(2)个人收入数据的自相关性导致回归分析难以做到客观公正;(3)教育投入与教育回报之间漫长的时间间隔,导致包括宏观经济形势、劳动力市场变化以及技术进步等因素都会对二者的相关性分析造成极大的干扰。卡德和

---

① 黄忠敬,吴洁,高星原. 学生眼中的教育公平是什么?——基于实验研究的证据[J]. 华东师范大学学报(教育科学版),2021(1):107-115.

② Fehr E, Bernhard H, Rockenbach B. Egalitarianism in young children[J]. Nature,2008,454(7208):1079-1083;黄忠敬,孙晓雪,王倩. 从思辨到实证:教育公平研究范式的转型[J]. 华东师范大学学报(教育科学版),2020(9):119-136.

克鲁格在《学校质量与种族相对收入关系评估》(1992)一文中提出的解决方法如下:(1) 用学生与老师数量比、学期平均长度以及老师平均工资等指标衡量教育资源的投入;(2) 分析处于同一劳动力市场中,种族一致、收入水平一致但接受教育的时代及地点不同的工人,通过构建他们收入变化与教育质量变化之间的差分模型来消除自相关以及时间间隔所带来的影响。他们在一系列的论文中介绍了教育投入对学生的受教育程度以及未来工资的影响。他们首先研究来自宏观的数据,分析了美国联邦内陆 48 个州的教育投入变化趋势与居民受教育程度以及收入变化趋势之间的关联性,表明它们之间存在正相关关系;然后重点分析了 20 世纪前半叶的南方 18 州中,非裔美国人相对收入变化与教育投入变化之间的关系,进一步强化了以上研究结论;最后,以 20 世纪 30—60 年代教育平等化进程有着极大差异但地理位置相近的南、北卡罗来纳州为突破口,通过分析不同种族居民的收入差距变化与教育投入变化之间的关系,验证了教育投入与教育回报之间的因果关系。[1]

经济学视角下教育政策研究案例分析

财政性教育经费占 GDP 4% 的政策分析[2]

一、研究背景和研究问题

20 世纪 80 年代,我国教育经费短缺。1980 年 1 月邓小平在《目前的形势和任务》的讲话中指出"经济发展和教育、科学、文化、卫生发展的比例失调,教科文卫的费用太少,不成比例"。在此情况下,教育研究者开始积极思考教育经费问题。1982 年,在国家哲学社会科学"六五"教育规划中,明确把教育和经济之间的关系作为重点研究课题,并由北京大学经济系厉以宁承担这项课题。厉以宁此前在《中国社会科学》杂志上用经济学观点探讨教育问题,并且在社会上产生较大的影响。最终这个课题由厉以宁担任组长,课题的名称为"教育经费在国民收入中的合理比例与教育投资经济效益分析"。这一项目的核心内容是确定教育经费拨款的合理界限。

二、研究方法

课题组成员从不同角度,利用多种方法对这个界限进行了探讨。有国际比较分析,有国内历史现状分析,也有通过建立模型做经济计量分析。确定教育经费拨款的合理界限,最直接的方法就是计算实际的必要需求和可能的供给。但是这两者的主观随意性和巨大弹性使得研究者无法得出客观的标准。于是研究人员考虑从国际比较入手,力图找到政府对教育拨款的规律性。课题组成员先后在联合国教科文组织、世界银行和国际货币基金组织的年鉴中收集了一百多个国家 1961—1980 年的各种数据。通过这些数据,形成了一个

① 袁振国,黄忠敬. 走实证研究的道路,使教育学成为科学——专访华东师范大学袁振国教授[J]. 教师教育学报,2022(2):1-9.

② 刘妍. 基于研究的教育政策制定过程——财政性教育经费占 GDP 4% 的政策分析[J]. 北京大学教育评论,2011,9(02):132-142+191-192.

统一的关于教育经费比例的评价和预测模型,利用这个模型可以对未来的教育经费投入进行预测和规划。只要国家有明确的经济发展目标,利用模型就可以预测出经济发展目标相对应的教育拨款的合理比例。

三、研究结果

当时确定我国 20 世纪末经济发展的战略目标是人均 GDP 比 1978 年的基数翻两番。据此测算,到 20 世纪末,我国人均 GDP 的目标大体上是 800—1 000 美元。把 800 美元代入模型中计算,结果是 4.06%。也就是说,当人均 GDP 达到 800 美元时,对应这个经济发展水平的国家教育经费占 GDP 比例的平均水平是 4.06%。如果这是一个合理水平,我国公共教育经费比例不应低于 4.06%。为了验证上述结论在社会主义国家的适用程度,北京师范大学王善迈组织一批研究者建立了子课题"苏联东欧国家的教育投资及其与我国的比较"。他们利用模型预测的结果是:20 世纪末人均 GDP 达到 1 000 美元时,教育经费的合理比例是 3.79%。与上述利用市场经济国家数据的模型得出的结论相差不大,都是 4% 左右。至此,4% 作为 20 世纪末与当时经济发展水平相适应的公共教育投入目标在研究层面获得了共识。

1988 年,研究小组把相关研究成果编辑成《教育经济学研究》一书,由上海人民出版社出版。书中的结论包括:第一,在中国人均国内生产总值不断增加的时候,相对应的预算内教育经费占国内生产总值的比例值;第二,一国的教育投资总量受到经济力量的制约,随着经济的发展,教育投资占国民收入的比例会不断上升;第三,教育投资增长率高于经济增长率,教育投资超前于国民经济的增长;第四,教育投资的超前增长速度是递减的,当经济达到较高水平时,教育投资的比例趋于稳定。

四、4% 研究成果在政策中的表达

1985 年,研究项目负责人厉以宁将项目成果的主要结论写成书面报告,送呈时任中共中央政治局常委的胡启立。与此同时,新华社于 1986 年第 616 期《国内动态清样》上也刊登了厉以宁报告的主要观点,引发了一些中央部委的讨论。此外,身为全国人大常委会委员的厉以宁还经常在人大会议上提出公共教育经费问题,并曾以研究成果的观点为依据之一和一些代表提出增加教育经费拨款的议案;按照法律的要求,国家相关部委必须针对人大提案的观点给予回应,这就引发了决策层面对 4% 政策目标的讨论,从而进一步扩大了研究成果对决策层的影响力。

凹　**推荐阅读**

1. [美] 西奥多·W. 舒尔茨. 教育的经济价值[M]. 曹延亭,译. 长春:吉林人民出版社,1982.

2. [美] 布坎南. 自由、市场和国家[M]. 吴良健,桑伍,等,译. 北京:北京经济学院出版社,1988.

3. [美] 约翰斯通. 高等教育财政:问题与出路[M]. 沈红,李红桃,译. 北京:人民教育出版社,2004.

4. 亚当·斯密. 国富论[M]. 贾拥民,译. 北京:中国人民大学出版社,2005.

5. ［英］冯·哈耶克. 个人主义与经济秩序[M]. 邓正来,译. 北京：生活·读书·新知三联书店,2003.

6. 邱渊. 教育经济学导论[M]. 北京：人民教育出版社,2001.

第三部分

过程研究

第七章
教育政策制定研究

📖 **本章导语**

    教育政策制定过程是整个教育政策动态过程的起点。本章主要介绍了教育政策制定研究的理论基础,归纳了当前教育政策制定研究中的主要研究问题,总结了教育政策制定研究的相关研究方法,展现了教育政策制定研究的重要研究结论。

📑 **学习目标**

1. 了解并掌握教育政策制定研究的理论基础;
2. 了解教育政策制定研究的主要研究问题;
3. 掌握教育政策制定研究的研究方法,并尝试应用这些方法去研究教育政策问题;
4. 了解并学会分析教育政策制定研究的经典案例;
5. 充分阅读本章推荐文献,形成自己对于教育政策制定研究的理解。

📊 **知识导图**

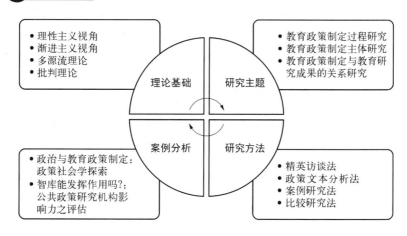

- 理性主义视角
- 渐进主义视角
- 多源流理论
- 批判理论

理论基础

- 教育政策制定过程研究
- 教育政策制定主体研究
- 教育政策制定与教育研究成果的关系研究

研究主题

- 政治与教育政策制定:政策社会学探索
- 智库能发挥作用吗?:公共政策研究机构影响力之评估

案例分析

研究方法

- 精英访谈法
- 政策文本分析法
- 案例研究法
- 比较研究法

教育政策制定是整个教育政策过程的初始环节,是政党、政府为了解决某些教育问题,在考虑到当前社会政治、经济、教育状况的基础上,明确教育问题之所在,建立教育政策议程、确立教育政策目标、设计并选择教育政策方案,最后将教育政策予以合法化的一系列活动。教育政策制定的科学性,有效地保障了政府在教育工作中的科学化水平,并在很大程度上决定了教育工作的质量。通过对教育政策制定相关研究进行梳理,有助于我们认识教育政策制定研究的现状,预测教育政策制定研究的未来趋势,对今后教育政策制定的相关研究也具有一定的借鉴意义。本章将从教育政策制定的理论视角、教育政策制定的研究主题、研究方法以及经典案例四个层面介绍并评析当前教育政策制定研究的相关成果,并从案例出发,剖析一些经典的教育政策制定研究。

第一节　教育政策制定研究的理论视角

在教育政策制定研究过程中,政策分析者们逐渐发展出了诸多理论视角来对教育政策制定的过程进行解释。其中较有影响力的理论有理性主义视角、渐进主义视角、多源流理论视角以及批判理论视角。多年来,中西方政策分析研究者们通过这些理论视角来阐释教育政策制定的过程。

一、理性主义视角

理性主义应用于教育政策制定当中的目的在于设计出一套程序,使得决策者制定出能够获得最大效益的合理政策。理性主义根植于启蒙运动时期的理性主义和实证主义,经历了由全面理性主义到有限理性主义的发展历程。全面理性主义认为社会总是应该收集所有与问题有关的信息以及可供选择的解决办法,然后选择一个最佳办法,从而"科学地"或"理性地"解决问题。但是,由于决策者所面对的种种教育问题充满不确定性,而决策者的能力和掌握的知识有限,可能在政策斗争中妥协,因此不可能完全满足理性化的要求。[①] 故而,全面理性主义遭受到了很多激烈的批评,其中以美国行为主义科学家赫伯特·西蒙和政治学家林德布洛姆最为权威。总的来说,对于全面理性模式的批判大致可以概括为以下几点:

　　全面理性主义认为社会总是应该收集所有与问题有关的信息以及可供选择的解决办法,然后选择一个最佳办法,从而"科学地"或"理性地"解决问题。

（1）决策者为理性人的设定缺乏经验支

---

① 黄忠敬. 教育政策导论[M]. 北京:北京大学出版社,2011:122.

持,在现实中,决策者的公正客观与理智常常是有限的。

(2) 决策者不可能获得与问题有关的所有信息,而且搜集资料所要花费的时间和代价十分昂贵。

(3) 由于决策者拥有的知识和获得的信息是有限的,所以不可能预先对所有备选方案的投入与产出、成本与效益作出精准的估算。

全面理性主义充满了乌托邦色彩,西蒙和马奇在批判全面理性主义及对行政决策研究的基础上提出了有限理性主义。西蒙认为,"理性就是要用评价行为后果的某个价值体系,去选择令人满意的备选行为方案"[①],也就是说,决策者在进行政治决策时并不可能完全评估每一个备选方案的成本与效益,再去选择一个利益最大化的方案,而是选择一个令人满意的决策方案。决策者不必检视

> 在有限理性主义理论视角下,人并非完全的理性人,人类行为所依赖的是有限理性,介于理性与非理性之间。这是一种更符合实际的决策形式,因为人们在现实活动中会受到生活环境、能力、阶层、时间、知识水平等因素的影响,只能在力所能及的范围内作出符合自己价值观念的决策。

每一个备选方案,只要找到那个令他感到满意的方案就可以进行决策。在有限理性主义理论视角下,人并非完全的理性人,人类行为所依赖的是有限理性,介于理性与非理性之间。这是一种更符合实际的决策形式,因为人们在现实活动中会受到生活环境、能力、阶层、时间、知识水平等因素的影响,只能在力所能及的范围内作出符合自己价值观念的决策。有限理性的人在决策活动中的表现如图 7-1 所示。[②]

> (1) 在情报活动阶段,不同经验和背景的决策者,对政策环境的认识会有不同的解释;
> (2) 在设计活动阶段,人们并不是试图找出所有可能的方案,而是力所能及地寻找尽可能多的决策方案;
> (3) 在抉择活动阶段,决策者的选择往往与备选方案的提出顺序有关,如果A先于B提出,A又是满意方案,那么就不会再花时间考虑B,即使B比A好。

图 7-1

有限理性者的决策活动

有限理性的决策步骤是:(1) 确定需要解决的问题和所要达到的目标;(2) 分析存在的困难;(3) 建立一个有效方案的标准,这个标准应当是决策者感到满意的标准;(4) 选择一个可行的方案;(5) 评估这一方案,如果这个方案符合所确定的标准即为可行,若不符合则再选择一个可行方案进行评估,直到找到符合标准的方案;(6) 执行可

① 赫伯特·西蒙. 管理行为[M]. 杨砾,韩春立,徐立,译. 北京:北京经济学院出版社,1991:79.
② 陶学荣,崔运武. 公共政策分析[M]. 武汉:华中科技大学出版社,2008:193.

行的方案。在执行的过程中如果发现新的问题则需要重新进行调整,这是一个不断循环的过程。①

二、渐进主义视角

渐进主义是由美国著名政策分析家林德布洛姆提出的,从 1953 年渐进主义的概念被提出之后又经历了几十年的发展,先后演变为渐进调试科学、断续渐进主义。尽管在不同的时期里,林德布洛姆对渐进主义的表达有所不同,但是这一模式的基本思想并未发生大的变动,基本思想一直保持一致。渐进主义的主旨是政策的制定是根据过去的经验,对已有的政策进行改良而得出的。它是以现行的政策为基础,在与其他新的方案进行比较之后,对原有政策进行修补从而提出新的政策。

> 渐进主义的主旨是政策的制定是根据过去的经验,对已有的政策进行改良而得出的。它是以现行的政策为基础,在与其他新的方案进行比较之后,对原有政策进行修补从而提出新的政策。

林德布洛姆提出,对政策制定过程的研究不能仅仅满足于静态的阶段划分,也就是把政策制定过程解析划分为若干阶段或小过程,而主张从政治的、经济的和社会的环境或背景入手,从而提出以“政治互动”这种动态的途径来分析和解释政策制定过程,即以“互动的政策制定”来代替“分析的政策制定”,从动态中把握政府的政策制定活动与过程。他提出并系统阐释了渐进决策模型,认为政策不过是过去政府活动的延伸,在旧有的基础上把政策稍加修改,决策者通常是以现有的合法政策为主。② 基本思想是:一种和以往越不同的政策方案,就越难预测其后果,就越难获得人们对这项政策的支持,其政治可行性就越低。因此,重大创新的政策就越难以预料后果,所以这种模式主张,政策制定基本上应该是保守的,仅限于在边际范围内进行小幅度的政策调整与改动(图 7 - 2)。

图 7 - 2

渐进主义理论视角下的政策决策模型③

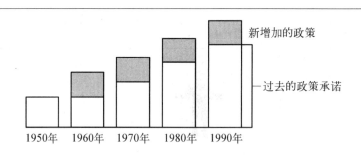

---

① 此步骤参考黄忠敬《教育政策导论》第 123 页与陈振明《公共政策分析导论》第 58 页进行了调整与改动。

② 查尔斯·林德布洛姆. 决策过程[M]. 竺乾威,胡君芳,译. 上海:上海译文出版社,1988:43.

③ 袁振国. 教育政策学[M]. 南京:江苏教育出版社,1996:75.

资料卡 7-1

渐进主义的特征①

（1）要求决策者必须保留对以往政策的承诺。政策制定要以现行政策为基础，不能另起炉灶，政策要有继承性。

（2）注重研究现行政策的缺陷。决策者不必过多地分析与评估新的备选方案，只着重于现行政策的修改和补充。

（3）着重于目标与备选方案之间的相互调适，使问题比较容易处理，而不关心基础的变革。

（4）在面对同一社会问题的不同解决方案时，只着重于减少现行政策的缺陷，不注重目标的重新改进，也不注重手段和方案的重新选择。

在渐进主义视角下，政策制定者被看成是"按部就班，修修补补的渐进主义者或安于现状者"②，政策只是政府过去行动的持续，是对原有政策的改动修补而已。从本质来说，渐进主义所形成的政策目的在于补救具体的社会弊病，而不是为了未来社会目标的实现。根据渐进主义制定的政策优势在于能够避免严重的政治错误，再者，一个全新的政策即使再完美，施行的结果如何也是极为不确定的，放弃既定的政策而冒险采用全新的政策去得到一个不确定的结果往往需要承担极大的风险。因而，对于政府而言，维持社会政治的稳定是极为重要的，从这一点来说，保守的渐进主义就比理性主义更为实用。除此之外，渐进主义还更容易减少决策失误的风险，更容易被政策目标群体所认可和接受。

尽管林德布洛姆的渐进主义影响力巨大，并拥有不少支持者，但是确实也招致了一些批评，毕竟它只能延续和巩固现有的政策，维护既得利益者的利益。综合来看，对渐进模式提出的批评主要集中在以下几个方面：第一，这种模式缺乏目标倾向；第二，这种模式太过保守，缺乏大规模的变化和创新；第三，渐进模式在某种程度上只是高级政策决策者之间的利益博弈；第四，这种模式只关注短期内问题的解决，可能会给社会带来不利的后果。③

三、多源流理论

约翰·金登在其著作《议程、备选方案与公共政策》中首次提出多源流政策制定框架。金登认为，政策制定的过程当中存在三种源流：首先是问题源流，都是现实世界中有待解决的问题；其次是政策源流，参与者由政策制定者、

政策制定的过程当中存在三种源流：首先是问题源流，都是现实世界中有待解决的问题；其次是政策源流，参与者由政策制定者、政策研究专家、政策研究机构等组成，任务是针对政策问题提出解决的方案；最后是政治源流，包括利益集团的斗争行动、政府换届等政治事件。

---

① 陶学荣，崔运武. 公共政策分析[M]. 武汉：华中科技大学出版社，2008：195.

② 查尔斯·林德布洛姆. 决策过程[M]. 竺乾威，胡君芳，译. 上海：上海译文出版社，1988：43.

③ 迈克尔·豪利特，等. 公共政策研究[M]. 庞诗，等，译. 北京：生活·读书·新知三联书店，2006：249 - 250.

政策研究专家、政策研究机构等组成,任务是针对政策问题提出解决的方案;最后是政治源流,包括利益集团的斗争行动、政府换届等政治事件。① 这三种源流就像三条独立存在的溪流,时而分叉而独立,时而汇聚而相交。当这三条溪流彼此汇聚结合在一起时,政策形成的机会便会到来,金登称之为"政策之窗"。政策之窗也是一个机会之窗,政策之窗的开启就意味着一个新的问题的浮现,这就给创造新的应用方案提供了机会。这样的机会是十分难得的,而且稍纵即逝。有时候一个重大的突发事件便会创造这样的机会,诸如政权更迭、全国较大的游行活动等(图7-3)。

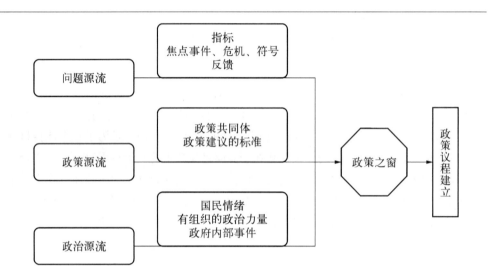

图 7-3

多源流政策模型示意图

约翰·金登提出的多源流理论为许多学者进行政策研究开拓了一个新的研究视角和新的分析框架,构成了一个理解政策流程特别是议程设置的有力工具。金登的多源流理论对于西方学术界有两个重要的贡献:一是多源流理论有助于"进化"政策理论(例如间断均衡理论)的发展;二是它促成了大量的、专注的、分析不同政策过程的文献。

国外有许多学者对约翰·金登的多源流理论进行分析甚至进行进一步的改进,以促进该理论的进一步发展。这些学者中最具有代表性的就是尼考劳斯·扎哈里亚迪斯(Nikolaos Zahariadis)。他对金登的多源流理论进行了三个角度的扩展和一个角度的修正。首先,他从英国和法国两个国家三个部门(包括石油、电信和铁路部门)的私有化政策出发,对两国政策进行探讨之后,利用三大源流进行了深入分析并做了比较研究,得出了金登的多源流理论分析框架不仅适用于美国,也同样适用于其他国家的结论;其次,他提出多源流理论不仅适用于政策的"前决策"过程,同样也可以用来分析整个政策的决策过程;最后,他将金登的多源流中政治源流的社会公众情绪、利

① 约翰·W.金登.议程、备选方案与公共政策:第2版[M].丁煌,等,译.北京:中国人民大学出版社,2004:209-239.

益集团以及政府机构环节这三个维度合而为一,形成了"执政党的意识形态"这个概念。[1] 杜兰特(Robert F. Durant)、迪尔(Paul F. Diehl)等人与扎哈里亚迪斯的观点大体上相同。他们都认为金登的多源流理论已经成为分析美国政策决策前过程阶段的一个强有力的理论框架,而且该理论也可用来阐明美国外交政策的整个形成过程。[2]

四、批判理论

1. 何为批判理论?

批判理论起源于法国的启蒙运动,法兰克福学派将自己的哲学——社会学理论称为"社会批判理论"或"批判理论"。批判理论正式被确立为一种理论始于霍克海默(Max Horkheimer)1937年发表的《传统的和批判的理论》一文。批判理

> 批判理论起源于法国的启蒙运动,法兰克福学派将自己的哲学——社会学理论称为"社会批判理论"或"批判理论"。

论在德国唯心主义哲学中被进一步强化,经历了马克思的唯物主义和批判社会理论的转折并走向各种后现代思潮。[3] 批判理论诞生于马克思主义的思想熔炉,但又与马克思主义在类型上有所不同。批判理论所关注的焦点不在"经济基础",而在政治和文化等"上层建筑"上。[4] 批判理论"并不满足于对存在物的看法,它不接受现状,而是根据现状的可改变性这一视角,将现状改造为理性的状态"[5]。"批判"理论旨在寻求人类"从奴隶制中解放",并致力于"创造一个满足人类需求和力量的世界"。[6] 长期以来,批判理论家一直试图将他们的目标、方法、理论和解释形式与自然科学和社会科学的标准理解区分开来。他们声称社会探究应该结合而不是分离哲学和社会科学的两个方面:解释和理解、结构和能动性、规律性和规范性。它们不仅寻求提供实现某种独立目标的手段,而且在统治和压迫的情况下寻求人类解放。虽然批判理论通常被狭义地认为是指从霍克海默和阿多诺(T. W. Adorno)开始并延伸到马尔库塞(Herbert Marcuse)和哈贝马斯(Jürgen Habermas)的法兰克福学派,但任何具有类似实践目标的范式都可以称为"批判理论",包括女权主义、批判种族理论以及某些形式的后殖民批评。

2. 批判理论的特征

第一,与实证主义相对立。批判理论试图从行为者自身的角度来理解他们,因此,它应该是与实证主义相抵触的。可以说,批判理论把对实证主义的批评作为其出发点

---

① 保罗·A. 萨巴蒂尔. 政策过程理论[M]. 彭宗超,等,译. 北京:生活·读书·新知三联书店,2004.

② Durant R F, Diehl P F. Agendas, Alternatives, and Public Policy:Lessons from the U. S. Foreign Policy Arena[J]. *Journal of Public Policy*, 1989,9(2):179-205.

③ 殷华成. 霍克海默批判理论专题研究[M]. 北京:新华出版社,2017:5.

④ 斯蒂芬·埃里克·布朗纳(Stephen Eric Bronner). 批判理论[M]. 孙晨旭,译. 南京:译林出版社,2019.

⑤ 格·施威蓬豪依塞尔,等. 多元视角与社会批判:今日批判理论(下卷)[M]. 鲁路,等,译. 人民出版社,2010:5.

⑥ Horkheimer M. Traditional and Critical Theory[J]. Critical Theory Selected Essays, 1972, 188(243):1-11.

之一。批判理论和以自然科学为模式的社会科学理论之间存在一些基本认识论的差异。例如,批判理论试图从行为者自身的角度来理解被观察者的意图和目的,以及行为者社会秩序的规则和构成意义,而社会科学理论则试图以中立的局外人的形象,即一个超然的观察者的视角来解释、预测和控制人类行为以及可观察到的经验现象。前者的视角是反思和批判的,而后者则强调客观。

第二,批判理论试图揭示和批判"特定社会背景下社会行为的准因果和基本规律"。① 批判理论家认为,个人的行为在很大程度上是由社会制度或他们无法控制的社会条件引起的。对他们来说,这种社会制度或条件在决定人们行动的后果方面起着重要作用。然而,在许多情况下,这些社会制度或条件由于无法满足他们的某些需求而产生冲突。因此,批判理论试图分析和揭露社会秩序中实际与可能之间的结构性冲突,以及社会秩序所产生的各种需求和目的与它所提供的各种满足之间的冲突。它涉及通过意识形态批判来揭露系统对个人意识的支配,试图指出人类思想中的错误,以及这些错误帮助维持阻碍个人意识的社会秩序的方式。例如,理性、实证主义、合法化和文化一直是批判理论主要关注的系统统治领域。

第三个特征与批判理论的核心目标——解放有关。批判理论旨在启发人们了解他们的真实处境和真正的利益,从而提高他们的意识,使他们摆脱不必要的社会压迫,从人类行动的自我挫折中解放出来,改变压迫条件从而使更好的社会世界成为可能。因此,批判理论为人类从社会压迫中解放出来提供了行动指南。在启蒙或解放的过程中,批判理论认识到需要将理论和实践结合起来。换言之,假设社会理论应将其知识与满足人类需求联系起来,批判理论则试图将社会理论转化为社会实践。对于批判理论家来说,社会理论的有效性在某种程度上取决于它是否根据社会行动者自身对理论的反应而被转化为社会实践。

批判理论的这三个特点与其功能有关。根据波克维茨(Thomas Popkewitz)的说法,"批判理论的功能是理解价值、利益和行动之间的关系,用马克思的话来说,是改变世界,而不是描述世界"。② 因此,似乎很清楚,批判理论并不只是提供社会秩序如何运作的知识。相反,它试图通过展示不可避免地挫败社会行为者的特定准因果关系来揭示社会秩序的压抑方式,然后启发行动者,使他们自己能够决定改变他们认为压抑的条件。

3. 批判理论在教育政策制定过程中的应用:批判政策分析

费伊(Brian Fay)和里奇·吉布森(Rich Gibson)论述了批判理论应用于教育领域的三项基本任务。根据吉布森的说法,当批判理论家进行分析时,他们首先关注了解教育的不平等和不公正,然后通过批评教育过程和教育结构来追踪这些不平等和不公正的根源,最后提出措施补救不平等和不公正。③ 同样,费伊也认为批判社会科学

---

① Fay B. *Social theory and political practice*[M]. New York: Holmes & Meier Publishers, 1976: 94.

② Popkewitz T. *Paradigm and Ideology in educational research: The social functions of the intellectual*[M]. London & New York: The Falmer Press, 1984.

③ Gibson R. *Critical theory and education*[M]. London: Hodder and Stoughton, 1986: 44.

具有三个主要特征：了解行为者的意图和愿望；揭示或批评特定社会环境中社会行为的准因果和功能规律；赋予社会行为者权力，以改变他们认为具有压制性的条件。[①]已有研究充分地将批判理论应用于研究教育政策制定过程，是为批判政策分析。

教育领域存在着许多阻碍理性和民主决策的问题，例如统治精英对教育的政治利用，教育政策研究人员的技术官僚主义和教派主义立场。尽管统治精英在政治上利用了教育，但很少有外行认识到迄今为止实施的这些改革背后的意图。即使是认识到的人也不会谴责教育的政治用途。相反，大多数公民似乎认为这是理所当然的。很少有人会认为他们有权参与决策过程。他们可能认为只有统治精英才能为人民制定教育政策。这一现象似乎主要是由于决策者和统治精英的自治主义长期将公民排除在政策制定之外的事实。在这种情况下，批判性政策分析对于民主化变得非常重要，不仅可以帮助人们实现自我反省，而且可以让决策者在决策过程中既理性又民主。批判性政策分析不仅要着眼于理解与决策相关的结构，而且在这种理解的基础上，批评矛盾和压制；正是矛盾和压制，不利于公民意识到改变扭曲理解和社会条件的可能性。它还必须通过对话教育赋予公民权力，使其成为社会历史进步的自觉推动者。简而言之，教育管理和政策的批判理论家通常试图理解教育组织，克服其中的支配地位，并授权组织成员改进他们的组织，使他们能够就变革方向达成理性共识。

第二节　教育政策制定研究的主题

政策研究的核心在于政策制定研究，包括研究政策制定的一般过程以及具体的政策问题和领域。那格尔概括了政策制定研究的两种类型：一种是政策研究，也可以称之为"对政策的研究（studies of policy）"，是对一项政策是如何制定出来的进行描述性研究，侧重于理论探讨；另一种是政策分析，或"为政策的研究（studies for policy）"，是对怎样才能制定出一项好政策进行因素、策略方法等的研讨，侧重于应用研究。[②]在教育政策制定研究的过程中，不同研究阶段探讨了主要关注的教育政策制定研究主题。需要注意的是，每个阶段的研究主题并非在下一阶段就不再研究，而是呈现出一种交叉、并存、共同发展的趋向。

一、教育政策制定过程研究

在政策制定研究领域，研究者们最先关注的是政策制定的过程，试图打开政策制定的黑箱，探讨政策制定究竟是怎样的过程，政策议程究竟是如何建立的。20 世纪 80 年代以来，西方公共政策领域涌现出了一些经典的政策制定过程研究。林德布洛姆在《政策制定过程》中总结了西方资本主义国家的政策制定经验，简明阐述了政治学

①　Fay B. *Social theory and political practice*[M]. New York：Holmes & Meier Publushers，1976：19.

②　袁振国. 教育政策学[M]. 南京：江苏教育出版社，1996：6 - 7.

的政策制定观，并在此基础上全面、系统地分析了美国的政策制定活动和过程。林德布洛姆将政策制定归结为政党、利益集团相互争斗、讨价还价以达成妥协的政治渐进过程。德洛尔在《逆境中的政策制定》中回顾了政策科学的发展历程，并提出逆境中的政策制定应该遵循改造性原则、临界点原则、有限激进原则、风险与避免万一原则、产出价值优先原则与能动强制性原则。作为公共政策领域的经典著作，托马斯·戴伊写的《自上而下的政策制定》具有很大的社会影响力，他将公共政策的制定界定为自上而下由精英阶层所操纵和控制的过程。戴伊试图通过大量的案例、图表和数据来告诉我们，即使是在美国这种民主的政体下，公共政策的制定也是自上而下的，而不是我们所想象的自下而上。自上而下的政策制定模式，描述了国家的精英集团如何将他们自己的价值观念和兴趣喜好转化为公共政策。《议程、备选方案与公共政策》是美国著名政策科学家和政治学家约翰·W.金登的代表作之一，也是公共政策领域的一本权威著作。金登通过广泛深入的调查访谈获取大量可信度高的一手资料，以多源流理论描述了公共政策过程，即问题的提出、备选方案的产生以及议程的建立，该理论将政策议程的建立描述为"问题源流""政治源流"和"政策源流"在政策之窗的交汇点上聚合而生的过程。

　　教育政策研究作为政策科学研究中的特殊领域，一直以来遵循着政策科学研究的一般路径，对于教育政策制定的探讨通常以一般的公共政策研究为基础。关于教育政策制定过程的研究是为了探明教育政策究竟是如何产生的，这一过程经历了哪些阶段，围绕这一问题的早期研究主要关注教育政策制定的程序。研究者们试图打破教育政策过程的黑箱状态，将其公开化、明晰化。一般来说，决策过程包含确定问题、议程设置、政策形成、政策合法化、政策执行和政策评估等环节。[1] 其中，确定问题、议程设置、政策形成和政策合法化属于政策制定过程阶段。研究者们对于教育政策制定过程的分类也大体与此类似。詹尼斯（Robert E. Jennings）将教育政策制定过程划分为6个阶段：第一阶段为教育政策过程的开始。这通常发生在对现状表示不满时。例如，当前的教育政策可能不足以满足需求；公众或政府内部人士的期望可能没有得到满足，从而引发不满情绪；第二阶段称为意见形成阶段。关于解决教育问题的意见被收集起来，并开始围绕特定点具体化；第三阶段是替代方案的出现。在这一阶段，提出了问题的可能解决办法或满足需求的方法，教育政策决策者需要考虑是否采纳已经形成的方案或探寻进一步的解决方案；第四阶段是针对已采纳的决定进行讨论和辩论，政府内部和外部都开始建立共识；第五阶段通过立法使所提出的政策决议合法化。是否采纳政策建议最终由决策者决定，得到采纳的政策由政策决策者批准或进行立法使其合法化；决策过程的最后阶段是执行。在这一阶段，政策由一个或多个政府部门制定并实施。这个过程不是静态的，而是周期性的，这一过程反映了权力博弈的政治结果。[2]

　　研究者们以教育政策制定的过程作为分析的基础，探寻特定国家在特定发展阶

①　托马斯·R.戴伊.理解公共政策：第10版[M].彭勃，等，译.北京：华夏出版社，2004：28.

②　Jennings R E. *Education and politics: policy-making in local education authorities*[M]. B. T. Batsford, 1977.

段的某一教育政策的产生过程。例如,加齐尔(Haim Gaziel)以法国综合学校的产生作为具体案例对于中央集权制下的教育决策过程的探讨,[①]皮亚萨(Peter Piazza)对美国马萨诸塞州限制公立 K-12 教师基于资历的工作保护法这一政策出台过程的分析。[②] 我国也有研究者结合具体的教育政策案例来描述其制定过程。如近些年来对于"代课教师清退政策""民办教育促进法""素质教育政策""国家中长期教育改革和发展规划纲要(2010—2020 年)"等教育政策制定过程的分析和描述。

资料卡 7-2

教育政策的制定过程研究
——以《国家中长期教育改革和发展规划纲要 (2010—2020 年)》为例[③]

1. 研究对象

《国家中长期教育改革和发展规划纲要(2010—2020 年)》的制定过程。

2. 研究内容

这一政策制定过程中的议程设置、政策形成和政策合法化三个阶段(图 7-4)。

3. 研究发现

(1) 教育政策的议程设置是一个自上而下的过程,在中国教育政策的制定过程中,国家领导人以及权力精英在政策议程创建中发挥着主导作用。

(2) 政策起草小组实际主导了政策制定过程,政策网络中其他主体的作用并不明显,且介入政策制定过程的主要方式是提出各种政策意见,意见是否被采纳,被何种程度地采纳,主动权主要掌握在政策起草小组手中。

(3) 广泛征求意见是中国教育政策形成的重要手段,但这本质上是国家领导人以及权力精英通过走群众路线综合民意的过程,政策网络中的其他主体缺乏利益表达和将政策议题纳入公共议程的权力。

(4) 重要教育政策的合法化过程一般会超越国家教育行政管理部门的权限,需要国务院常务会议、中共中央政治局常委会、中共中央政治局会议等的审定。"规划纲要"是一项涉及国家未来教育改革和发展的纲领性文件,没有通过全国人民代表大会常委会的审定,这对其合法化的权威性来讲会是一个不足,一定程度上来说不利于未来通过全国人大立法监督的方式推动"规划纲要"的执行。

① Gaziel H. The Emergence of the Comprehensive Middle School in France：educational policy-making in a centralised system[J]. *Comparative education*，1989，25(1)：29-40.

② Piazza P. Neo-democracy in educational policy-making：a critical case study of neoliberal reform in Massachusetts[J]. *Journal of Education Policy*，2016：1-23.

③ 刘虹. 教育政策的制定过程研究——以《国家中长期教育改革和发展规划纲要(2010—2020 年)》为例[J]. 高等教育评论,2017(01)：212-223.

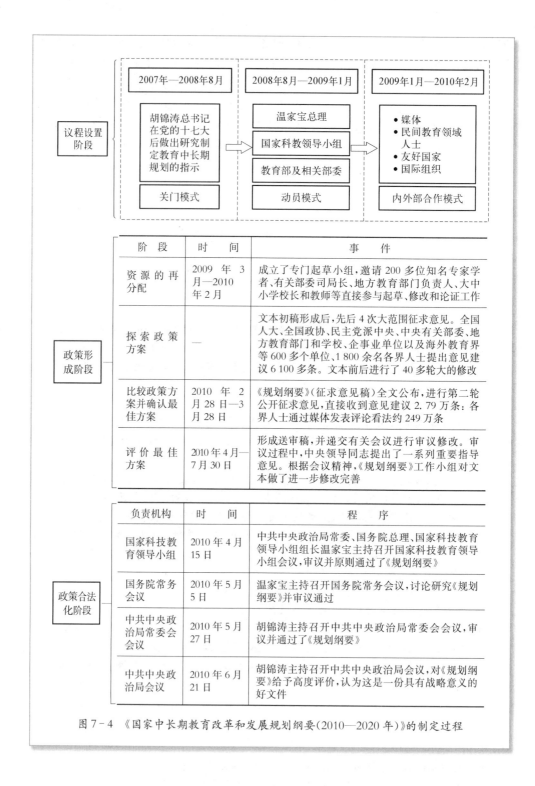

图 7-4　《国家中长期教育改革和发展规划纲要(2010—2020 年)》的制定过程

二、教育政策制定主体研究

教育政策制定主体是教育政策制定过程中的关键人物、团体或组织。教育政策制定主体对教育政策的制定具有决定和指导的作用,他们直接或间接参与教育政策的制定过程。按照是否拥有合法性权威,可以将教育政策制定主体分为官方与非官方的教育政策制定主体。官方的教育政策制定主体包括立法机关、行政机关、司法机关和政党;非官方的教育政策制定主体包括公民个人、智库、利益团体与大众传媒(图7-5)。这两种类型的

> 教育政策制定主体是教育政策制定过程中的关键人物、团体或组织。教育政策制定主体对教育政策的制定具有决定和指导的作用,他们直接或间接参与教育政策的制定过程。

教育政策制定主体对教育政策制定的作用方式是不同的,官方的教育政策制定主体直接对教育政策产生影响,而非官方的教育政策制定主体虽然也对教育政策的制定具有重要的影响,但通常而言是借助于官方的教育政策制定主体对教育政策间接发挥作用。官方的教育政策制定主体是指拥有合法权威的教育政策制定者,他们具有法定的权力参与教育政策制定的全过程,他们是进行教育决策的主体,通过法律赋予的权力对国家的教育资源进行分配,领导、组织、颁布并实行教育政策。一般而言,官方的教育政策制定主体是由一个国家的立法机关、行政机关、司法机关与政党所组成。无论影响教育政策制定的社会因素多么复杂、组织因素的关系多么重大,归根结底,教育政策还是得由人来制定。因此,政策制定者的个人因素对教育政策的制定起着非常直接的作用。教育政策制定者个人因素中的情感、能力及个人利益对教育政策制定均有着重大的影响。在对于非官方教育政策制定主体的研究中,研究者们关注智库、大众传媒、人民群众等因素对于教育政策制定过程的影响。

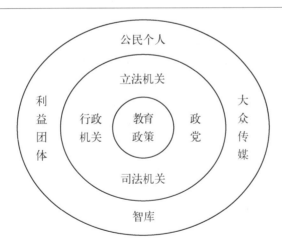

图 7-5

教育政策制定
主体关系

1. 智库

近年来,智库对于政策的影响相关研究成为一大热点,研究者们对于智库的研究也促进了智库作用于公共政策的影响力。2010年加拿大学者唐纳德·E.埃布尔森(Donald E. Abelson)的著作《智库能发挥作用吗?:公共政策研究机构影响力之评估》对比分析研究美国和加拿大智库的经历,以最新的数据和图表作为佐证,探讨评估智库以不同方式在不同阶段对政策制定和形成政策制定环境的影响力和作用。

2016 年美国学者、国际智库专家詹姆斯·麦根（James G. McGann）、安娜·威登（Anna Viden）与吉莉恩·拉弗蒂（Jillian Rafferty）出版了《智库的力量：公共政策研究机构如何促进社会发展》一书，选择世界范围内 20 个智库作为案例，通过比较研究，不仅勾勒出当今全球智库的发展图景，而且尝试为读者解答关于智库的种种疑惑。研究议题涉及教育政策、基础设施、环境与可持续发展、经济改革、扶贫、农业与土地开发，以及社会政策 7 个方面；在教育政策方面，介绍了环球教育案例以及"教育拨款法"监测项目。2018 年麦根出版了《美国智库与政策建议：学者、咨询顾问与倡导者》，这部著作聚焦于美国智库和公共政策研究机构的发展状况，探讨了智库对美国政治、公共政策制定和治理的影响，并分析了一系列影响智库提供政策建议的关键因素，涉及党派政治、自由与保守主张组织的成长、限制捐助者资助政策等。

智库研究者们指出，在教育政策制定过程的初始阶段（问题确认和议程设置阶段），智库通过其研究向政策制定者发出信号，以便他们确定哪些问题应该成为政策问题，在其后的政策形成和采纳阶段，智库能够提出可接受的行动与政策建议。有研究者把智库分为政府性质的智库、公司性质的智库、社团性质的智库和大学的智库，并考察了智库对政府和决策者的影响力，对社会和大众的舆论影响力等。[①] 有研究者以美国教育智库"教育政策中心"（Center on Education Policy，简称 CEP）为例，探讨智库影响美国教育政策制定的三种方式：第一，通过在国会听证会上作证，扩大在政策决策圈的影响；第二，借助媒体影响公众舆论与大众的认知，左右政策议程；第三，通过"旋转门"机制，实现智库研究与政府决策的对接。[②]

2. 大众传媒

我国传统教育政策的制定过程是一个自上而下的过程，政府占主导地位，在政策出台以后，公众可以通过报纸、电视、广播等传统媒体了解政策。随着新媒体时代的来临，这种自上而下的单向传达政策制定模式已经无法适应时代的发展，人们更加渴望通过新媒体参与到教育政策的制定过程中去。于是，拥有"第四种权力"之称的大众传媒在国家政治生活中的地位日益突出，对教育政策的影响也日益显著。现如今，任何一个教育问题只有在得到大多数人关注的情况下才能成为政策问题，被提上政策议程。甚至可以说，在当今这样一个时代，媒体既制造重要舆论，又提供并传递信息，无论如何都对教育政策的制定产生着一定的影响。在以往研究中，有不少学者注意到新媒体对于公共政策制定的影响。近年来，逐渐有学者开始关注大众传媒在教育政策制定中发挥的独特作用。如有研究发现大众传媒在政策议程的形成、政策的宣达方面确实起到了一定的作用，有利于促进政策议程的建立。然而，媒体在政策制定环节特别是政策方案的设计和辩论中的参与不足。[③]

---

① 黄忠敬. 美国的教育智库及其影响力[J]. 教育理论与实践，2009(5)：20 - 23.

② 谷贤林. 智库如何影响教育政策的制定——以美国"教育政策中心"为例[J]. 比较教育研究，2013，35(04)：38 - 42.

③ 刘水云. 大众传媒对教育政策制定与执行的影响——以我国高等教育质量保障政策为例[J]. 中国教育法制评论，2014(00)：182 - 194.

3. 公众

教育政策的制定和实施也需要公众参与,这有利于提高政策目标群体对政策的认同感和主动性。欧洲教育政策和政策社会学的著名学者曼努埃尔·苏托-奥特罗(Manuel Souto-Otero)于 2015 年出版的著作《评估欧洲教育政策制定:私有化、网络和欧盟委员会》(*Evaluating European education policy-making: privatization, networks and the European Commission*)分析了欧洲教育政策制定中越来越多的私人参与,作者认为指挥和控制政府执行决策的日子一去不复返了,一种公共和私人行动者形成共生关系的新做法已成为教育政策制定新的趋势。我国也有研究者指出,专家和群众在教育政策的制定和执行过程中的参与,使教育政策的制定更能反映当地教育的实际问题和利益需求,也改善了政策执行效果。所以,我国在教育政策制定的过程中需要将公民参与作为教育决策过程中不可或缺的步骤,并通过确立公众参与教育政策规划的制度、提高公众的参与意识和参与能力、拓宽公众的参与渠道,实现教育决策的科学化和民主化。

三、教育政策制定与教育研究成果的关系研究

教育研究到底对教育政策制定有何影响? 如何将教育研究与教育政策制定联系起来? 如何更好地将教育研究的结论应用于政策制定过程? 这些问题困扰着研究者们,需要深入研究学术与政策制定之间的关系,同时,对于这两者之间关系的研究也成为提高学者们促进教育政策学科发展的重要途径。在这方面已有不少研究与尝试:瑞典著名教育学家托尔斯顿·胡森曾于 1982 年召开国际学术会议,与众多著名教育家以及政策决策者们探讨教育研究对于教育政策的影响。考克斯(Cristián Cox)和梅克斯(Lorena Meckes)等人研究了国际大规模评估研究对于智利教育政策制定过程的影响。[①] 自 20 世纪 90 年代以来,智利参与了国际能源机构(International Energy Agency)和经合组织的所有主要国际大规模评估研究(International Large-scale Assessment Studies,ILSAs),以及联合国教科文组织在拉丁美洲开展的区域性评估研究。他们探讨了这些研究对智利教育政策影响的各种方式,如何将结果用于制定法律的杠杆作用,以及如何将特定国际法学院的概念和框架纳入关键的规范性政策工具,特别是课程标准,以及国家评估框架和工具。

关于教育研究对于教育政策制定过程的影响,国内较为经典的研究有闵维方、文东茅等的著作《学术的力量:教育研究与政策制定》、刘妍的著作《教育研究影响政策制定的路径和机制》。其中,闵维方和文东茅的研究以政策过程为线索,选择北京大学不同时期比较典型、具有一定政策影响的 11 项研究为具体案例,通过对相关文献的分析和对各项研究负责人的访谈,以探析教育研究与政策制定之间的关系。[②] 刘妍在其研究中通过描述、探索和分析"教育经费占国民收入的合理比例"(即财政性教育经费占 GDP 4% 的研究)、"高等学校内涵式发展"以及"退役军人教育资助"三个对我国教育政策制定有重大

① Cox C, Meckes L. International large-scale assessment studies and educational policy-making in Chile: contexts and dimensions of influence[J]. *Research Papers in Education*, 2016, 31(5): 502-515.

② 闵维方,文东茅,等. 学术的力量:教育研究与政策制定[M]. 北京:北京大学出版社,2010:10.

影响的研究案例,详细揭示了教育研究成果影响教育政策制定的真实过程和特征。①

资料卡 7-3

教育政策制定过程中教育研究的利用路径②

1991 年,耐维尔·珀斯特威尔(Neville Postlethwaite)通过总结自身的经历,从教育政策制定的模式来总结教育研究利用的几种路径(图 7-6)。

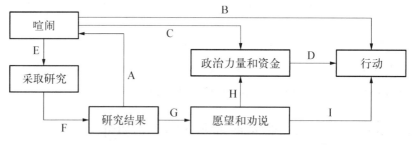

图 7-6　耐维尔·珀斯特威尔的研究利用模型③

第一条 A 到 B:研究结果引发了人们的关注,并直接推动了政策的行动。

第二条存在相关的研究结果,但是研究结果并没有引起任何的行动愿望,即 A 没有实现,G 也没有实现。

第三条是 A 没有发生,但 G 发生了,研究结果引发了人们的关注,但是并没有引发行动的愿望,H 与 I 没有实现,即研究成果没有引发正常的政治行动的参与。

第四条是研究结果引发了愿望,并促使政治力量投入行动,即 G—H—D 都发生了。

第五条是只有 A 发生了,即研究成果仅仅引发了人们的关注,而 G—H—D 没有发生。

第六条是人们只有愿望,但是 H,I 都没有完成,即人们没有采取实际的行动。

第七条是愿望非常弱,以至于没有发生任何联系。

第三节　教育政策制定研究方法

美国学者托马斯·库恩(Thomas S. Kuhn)在 1962 年出版的专著《科学革命的结

①　刘妍. 教育研究影响政策制定的路径和机制[M]. 新北:花木兰文化出版社,2016.

②　赵宁宁. 寻找教育政策制定的研究基础[D]. 北京师范大学,2007:13.

③　Postlethwaite N. Research and policy making in education:some possible links. in Don S. Anderson & Bruce J, Biddle. *Knowledge for Policy: Improving Education through Research*[M]. London:Falmer Press,1991:203-213.

构》一书中系统阐释了"范式"（paradigm）这一范畴，虽未明确定义何为范式，但文中在不同层面对范式有 21 种解释。玛格丽特·玛斯特曼（Margaret Masterman）对库恩的 21 种范式含义进行了划分，将其分为：形而上学范式，认为

> 研究范式是一种世界观、一种综合的视角、一种分解真实世界复杂性的方式，映射研究者所信奉的研究价值观的具体途径与信念表征。

范式是一种形而上学的观念或实体，而不是一个科学的观念或实体；社会学范式，包括普遍承认的科学成就以及社会制度；人工范式，是以更加具体的方式使用范式，将它比作一本教科书、经典著作、实际的仪器设备等。[①] 范式是人们对事物的基本概况或基本看法的一种体系，而研究范式则是研究各要素所组成的一种体系。研究范式是一种世界观、一种综合的视角、一种分解真实世界复杂性的方式，映射研究者所信奉的研究价值观的具体途径与信念表征。作为社会科学领域的一个分支，教育政策研究范式不可避免地受到社会科学研究方法的影响，在不同的时代呈现出不同的特点。从20 世纪 50 年代至今，教育政策制定研究范式经历了多重转变。国际上，在 20 世纪六七十年代以前，研究者们热衷于思辨研究范式，通过研究者本人已掌握的理论和经验进行个人观点和意见的抒发。自 20 世纪 60 年代起，定量研究范式开始成为教育政策制定研究的主流范式，研究者们热衷于运用统计学、数学、心理学等学科的分析工具和技术来解决教育政策领域的现实问题。近年来，随着人文社会科学领域研究方法和理论的发展，研究者们越发认识到教育政策制定是一个复杂的过程，凭借单一研究范式已无法满足实际研究的需要，因而，教育政策制定的研究方法逐渐走向多元化。但究其研究范式使用偏向而言，质性研究一直是教育政策制定研究倾向于采用的研究范式。

　　19 世纪末至 20 世纪初，教育事实中丰富的价值理念和教育本质如何探寻成为量化研究无法攻克的难题。实证主义导向下的定量研究范式也由此遭致一系列批评：社会学没有能够取得有效的发现或定律性的经验概括；由于社会行动是由基于人的主观性、反思性和创造性之上的情境诠释构成的，因此社会中不存在决定论的规律；我们处于一个话语（discourse）的世界，社会本身是一种文本，我们在不同时间以不同方式去读它；社会中只存在着有历史意义的特殊事件，而不可能找到适用于任何时间和地点的一般规律；人们对社会学所使用的各种方法和原理尤其是因果性的概念也提出了批评。[②] 20 世纪初，人文社会科学独特的质性研究范式为教育研究注入新活力。胡森认为教育研究的人文主义范式有三个来源：狄尔泰的精神科学；胡塞尔的现象哲学以及法兰克福学派的批判哲学。20 世纪 80 年代以来，公共政策领域在研究取向上发生了转向，从量化的"实证—经验"取向转为质性的"意义—阐释"取

---

① 玛格丽特·玛斯特曼. 范式的本质[M]//伊姆雷·拉卡托斯,艾兰·马斯格雷夫. 批判与知识的增长. 周寄中,译. 北京：华夏出版社,1987：83-84.

② Collins R. Sociology：Proscience or Antiscience? [J]. *American Sociological Review*，1989，54(1)：124-139.

向。① 克雷斯韦尔(Creswell)将质性研究定义为探索和理解个人或群体对社会或人类问题所赋予意义的一种手段。② 研究的过程涉及新出现的问题和程序。数据通常是在参与者所处的环境中收集的。数据分析从细节到一般主题进行归纳,研究人员对数据的意义进行解释。

　　这种类型的研究主要依赖于收集定性数据(即非数字或分类数据,如文字和图片等),按照研究人员是否参与研究对象的生活并对其产生影响,可以划分为互动式研究与非互动式研究。互动式质性研究涉及实地调查、观察与访谈,在与研究对象的互动中获取研究资料;非互动式质性研究主要涉及历史分析或内容分析。在历史分析中,研究者的目标是尽可能对所发生的事情进行解释和描述。在内容分析中,研究者分析书面文件或其他交流媒体(例如照片、电影、广告、报纸文章),以识别其中包含的信息和符号。在教育政策制定研究中,质性研究范式的应用较为广泛,这类研究成果运用精英访谈法、政策文本分析法、案例研究法、历史比较研究法等质性研究方法对教育政策制定过程进行生动的研究。

一、精英访谈法

　　一直以来,社会科学研究当中存在着向下研究的传统,即较多地关注权力小于研究者本身的人,例如儿童和教师群体,对于精英群体的研究可谓少之又少。③ 同样,在教育领域,研究人员长期与边缘和受压迫阶层有着密切联系。直到 20 世纪 70 年代,研究精英群体的呼声渐涨,这些呼吁引导着研究人员"向上研究",试图挖掘上层的权力运作。正如纳德(L. Nader)所说:"公民应该有机会接触决策者、政府机构等。这意味着公民需要了解一些影响他们生活的主要机构、政府或其他。大多数美国人对最影响他们生活的人、机构和组织了解得不够多,也不知道如何与之打交道。"④随着学者们对精英群体的观点和行为越来越感兴趣,关于精英的研究逐渐兴盛起来。在此之前,流行的资料收集方法包括文献和档案研究,以及其他间接来源,如自传材料。然而,在精英研究方法盛行之后,从代表政策精英的个人和团体的访谈与直接观察中直接收集原始数据成为 20 世纪 80 年代精英研究的流行趋势。⑤ 精英访谈法是 20 世纪八九十年代一系列具有里程碑意义的教育政策研究的基石。在政策制定研究领域,斯蒂芬·鲍尔的《政治与教育政策制定》当属精英访谈研究方法应用的典型案例。为了研究英国 1988 年《教育改革法》的制定过程,呈现英国在撒切尔夫人执政时期教育政策制定中各种意识

① 曾荣光. 理解教育政策的意义:质性取向在政策研究中的定位[J]. 北京大学教育评论,2011,9(01):152-180+192.

② Creswell J W, Creswell J D. *Research design: Qualitative, quantitative, and mixed methods approaches* [M]. Sage publications, 2017.

③ Geoffrey W. *A new focus on the powerful* [M]//In Walford G. ed. Researching the powerful in education. London: UCL Press, 1994: 96-115.

④ Nader L. *Up the anthropologist: Perspectives gained from studying up* [M]//In Hymes D. ed. *Reinventing anthropology*. New York, NY: Pantheon, 1972: 284-311.

⑤ Batteson C, Ball S J. Autobiographies and interviews as means of 'access' to elite policy making in education[J]. *British Journal of Educational Studies*, 1995, 43(2): 201-216.

形态力量的冲突与博弈,斯蒂芬·鲍尔在 15 年的时间里访谈了包括新右翼政府顾问、智囊团以及产业界的游说团和教科部相关人员在内的 49 名政治精英,详细调查了他们对于全国统一课程、全国统一考试等问题的看法。

资料卡 7-4

精英访谈法的应用:金登的《议程、备选方案与公共政策》①

在 1976—1979 年这 4 年的时间里,金登对在美国联邦卫生和运输两个政策领域起关键作用的联邦政府官员进行了共计 247 次访谈,其中在卫生领域访谈 133 次,在运输领域访谈 114 次。21% 的访谈对象是国会办事人员,他们要么是国会委员会的办事人员,要么就是诸如技术评估局和国会预算局这种办事机构中的人员。34% 的访谈对象是行政部门的人员,其中包括内阁各部委和局办的高级文官和政治任命官,总统手下的办事人员以及规制机构的人员。其余 45% 的访谈对象是政府外部的人员,其中包括院外活动集团的说客、就卫生和运输领域的问题撰写新闻报道的新闻工作者、咨询顾问人员、学者以及研究人员。

许多访谈对象从一年访谈到下一年,另一些访谈对象则随着时间的推移而被替换掉。结果证明,这些访谈在对金登所研究的这些过程的看法上,在有关卫生领域和运输领域的重大政策问题的信息上,以及在对结合有技术细节的政策制定过程进行的一般反思方面都提供了极为丰富的内容。这些访谈通常要持续差不多一个小时,很少有不足半小时的,有时还长达两个小时。

访谈对象是通过两种方法被挑选出来的。首先,确定某些关键职位,例如国会中具有管辖权限的一些重要委员会的办事人员,相关政府部门中能够接近高层政治任命官的职业文官以及一些明显很重要的利益集团代表。其次,采用一种滚雪球的方法来请访谈对象确定应当会见的其他人员,这样就可以扩大抽样调查的样本。金登的目的是要接触卫生和运输这两个领域的政策共同体中那些有影响的重要人物,或者与高层决策者关系密切并且有可能及时提供消息来源的那些人员,这些人不一定是访谈对象。换言之,这些人之所以对金登来说很重要,未必是因为他们本人就是决策者(尽管他们中有许多人确实是决策者),而是因为他们能够就那些关键地方的事件和内部人员的观点提供信息。因此,金登经常选择那些与关键决策者关系密切而本人并不是决策者的人员。

访谈问题列举:

1. 这些日子你和卫生(运输)领域里的其他人最关心什么重要问题?

(1)你大致按照重要性的顺序对这些问题有过编码吗?

(2)卫生(运输)领域的人们所关注的那些问题在过去的一年里是否已经发生了很大的变化?

---

① 约翰·W. 金登. 议程、备选方案与公共政策(第二版)[M]. 丁煌,方兴,译. 北京:中国人民大学出版社,2004:233-296.

2. 你认为为什么这些特定的问题会成为被关注的问题，它们是怎样成为热门问题的呢？

3. 让我现在变换一下，向你询问的不是问题而是项目。在新方法或者新项目方面，你和卫生(运输)领域的其他人目前正在忙什么，什么排在前面？

(1) 你大致按照优先的顺序对它们有过编码吗？

(2) 卫生(运输)领域的那些人正在进行的项目在过去的一年里是否已经发生了很大的变化？如果发生了变化的话，那么为什么会发生这种变化呢？

4. 你认为为什么这些特定的议程正在受到认真的考虑，它们是怎么成为热门政策建议的呢？

5. 你认为对于卫生(运输)领域的政府项目而言，哪些问题和政策建议将会变得重要，比如从现在起再过两年，或者从现在起再过五年？

6. 我想问你一些具体的问题。(注意：在访谈的这一点上，我让人准备了一个从一年到下一年有所不同的项目编码。该编码包括了我在前一年里从报纸上追踪并且想要更多了解的各种发展，还包括一些本应当引起注意但显然没有受到重视的项目。在时间容许的情况下，我还询问了每一个还没有讨论过以及我认为访谈对象会了解的项目。)

7. 还有你认为我可能会感兴趣的任何其他事情吗？

二、政策文本分析法

不同于对政策文本的定量分析，质性研究范式下的政策文本分析大多使用话语分析的方法。政策文本分析是指从不同的理论视角和学科背景来分析各种法律、法规、规章以及政府公文。政策文本分析不单是对于文本的描述、阐释与预测，其实质是透过文本来解释政策过程中的价值分析和斗争过程，是文本理论化的过程。[①] 研究者们研究政策文本的目的是为了分析文本背后的权力关系，即超越政策文本的权力分析。而这种研究方法超越了主观主义和客观主义，它受到了建构主义知识论的影响，认为语言、文本、论述和脉络的相互作用建构着意义和事实。[②] 例如濮岚澜与陈学飞于 2005 年发表的一篇论文《中国教育政策的议程设置过程研究——一个信息互动网络的视角》，便是运用话语分析方法的一个典型研究。该研究以行动者网络为方法论，界定出一个特定的政治传播互动网络作为分析框架。以流转公文及媒介报道等文本的内容分析、话语框架分析为主要策略，

> 政策文本分析是指从不同的理论视角和学科背景来分析各种法律、法规、规章以及政府公文。政策文本分析不单是对于文本的描述、阐释与预测，其实质是透过文本来解释政策过程中的价值分析和斗争过程，是文本理论化的过程。

---

① 涂端午.教育政策文本分析及其应用[J].复旦教育论坛,2009,7(05)：22-27.

② 瞿海源,毕恒达,刘长萱,等.社会及行为科学研究法(二)：质性研究法[M].北京：社会科学文献出版社,2013：119.

结合观察及相关人访谈,通过对政策议程、媒介议程及公众议程三者关系的考察,阐释信息在"精英-媒介-大众"行动者网络中的流动消长再生产的过程及其背后的作用机制,分析社会情境与行动者的相互约束及形构,论文主体部分由三个教育政策案例组成,案例折射出议程设置过程的三种特殊典型:自上而下的议程设置、自下而上的议程建构及议程隐蔽过程。

三、案例研究法

案例是对现实生活中某一具体事件或现象的客观描述,教育政策制定案例研究是对教育政策制定过程中典型的、能够反映其内在规律的具体事件的客观描述、评价和分析。在教育政策制定研究中,研究者使用个案研究方法

> 教育政策制定案例研究是对教育政策制定过程的典型的、能够反映其内在规律的具体事件的客观描述、评价和分析。

力图以具体政策制定过程案例来解释政策制定的一般过程,既有学者将一个国家作为分析对象,也有将国家内的一些地区作为分析对象。以国家为案例的个案研究如丹尼尔和卡洛斯(Daniel & Carlos)于 1990 年出版的著作《墨西哥的国家、社团主义政治和教育政策制定》。以墨西哥为案例,书中第一部分介绍了墨西哥的社会经济发展趋势和教育;墨西哥的社团主义国家、霸权政治和教育政策;教育体系的结构和内部冲突。第二部分重点是案例研究,包括墨西哥城 5 所小学的社会再生产教育、非正规教育和扫盲培训的政策和实践以及生产合作社背景下的成年工人教育组织等,为读者呈现了墨西哥的政治背景与教育政策制定的图景。以地区为案例的研究例如皮亚萨对 2012 年通过的马萨诸塞州限制公立 K－12 教师基于资历的工作保护法的案例分析,探讨了教育政策制定领域的变化。利用与政策利益相关者的访谈、公众会议的观察结果和政策产物中的数据,探讨在高度不民主的政策制定过程中民主参与的斗争。运用政策周期框架,探讨了政治压力和政治话语通过政治斗争的不同语境对政策发展过程的影响。①

在我国也有不少研究通过政策案例来呈现教育政策制定的过程,并试图对这些政策过程进行分析性的解读。吴遵民主编的《基础教育决策论:中国基础教育政策制定与决策机制的改革研究》一书包含三个部分的内容:我国基础教育政策制定与决策机制的理论研究、我国部分教育政策制定案例的实证研究以及美国、英国与日本三国基础教育政策与决策机制的比较研究。其中实证研究部分介绍了三个教育政策制定过程的案例,分别为:我国素质教育政策制定过程、安徽省义务教育经费政策制定过程、上海市某区教师分配制度改革的政策制定过程。就具体教育政策的制定过程而言,该研究系统而深入。程化琴的《〈民办教育促进法〉制定过程研究》采用理论导向的经验研究路径,通过对我国《民办教育促进法》制定过程的研究,深入到法律制定过程内部,分析和研究了法律制定过程内部的运作情况,发现法律制定过程既有理性决策的成分,同

---

① Piazza P. Neo-democracy in educational policy-making: a critical case study of neoliberal reform in Massachusetts[J]. *Journal of Education Policy*, 2016: 1-23.

时又有精英决策的印记,还有来自制度的制约。在法律制定过程中,利益集团的活动也初见端倪。最终出台的法律是拥有不同政策偏好的参与者互动和博弈的结果。在工具理性基础上起草的法律草案,受到来自不同制度和惯例的约束,加之决策部门权力的相互制约和意见分歧,导致在权力精英协调的基础上进行妥协和折中。

四、比较研究法

教育政策制定研究中的比较研究法是指对教育政策制定这一过程在不同时期、不同地域的表现进行比较,并结合其他方法,认识教育政策制定的不同模式与过程的研究模式。它既包括教育政策制定过程本身的比较,也包含在研究中对于理论框架的借鉴与比较。前者如郁琴芳在《从研究报告到政策形成的教育政策制定模式之研究——以 20 世纪 80 年代美国关注教育质量政策的形成为例》中运用了

> 教育政策制定研究中的比较研究法是指对教育政策制定这一过程在不同时期、不同地域的表现进行比较,并结合其他方法,认识教育政策制定的不同模式与过程的研究模式。它既包括教育政策制定过程本身的比较,也包含在研究中对于理论框架的借鉴与比较。

两种类型的比较,通过"横向-纵向"的比较将中美两国在政策制定中的演变过程进行推演,通过"异类-同类"的比较寻找中美两国后续政策中的异同点。后者如屠莉娅在《课程改革政策过程:概念化、审议、实施与评价——国际经验与本土案例》中把国际经验整合在具体的理论分析框架内部,通过一般流程和运作形态的分析体现出来,并通过将理论框架运用到我国课程改革政策过程的分析中这一形式,实现方法论层面上的借鉴与比较。除此以外,在对我国课程改革政策运作过程的分析中,也有就工作流程、组织结构、工作方式、权力形态等方面的具体比较,以寻求我国课程改革政策过程同其他国家在以上方面存在的共性和差异,以此探讨我国课程改革政策过程的特征和存在的不足。

资料卡 7-5

《教育的文化》(*The culture of education*)

一、研究简介

这项研究通过分析政策过程中不同阶段的政策制定者和实践者的语言与行为来研究教育政策的文化。这部著作有关研究方法部分的介绍十分翔实,可视为教育政策研究中的典型案例。

二、研究方法

1. 国会话语的内容分析。
2. 基于学校实践的多定性政策分析。

三、国会话语的内容分析

1. 数据来源:作者收集了《中小学教育法》第一章授权(1965 年)和重新

授权(1966 年、1967 年、1970 年、1974 年、1978 年、1981 年、1988 年、1994 年)的国会辩论记录,分析了辩论中涉及重新授权法案整体或具体标题的一部分的内容。

2. 分析步骤:宣读每一场国会辩论记录,以了解和分析该特定重新授权年的主题,重点是如何描述政策受益者及其与政策有关的需要。接下来,使用 QSR NUD＊IST® 软件程序进行定性数据分析,扫描每一项政策受益者(包括儿童、学生、青少年等),然后根据政策福利的特点将其分类并进行编码。

资料来源:Bruner J. *The Culture of Education*[M]. Harvard University Press, 1996.

教育政策制定研究案例分析

案例 7 - 1:《政治与教育政策制定——政策社会学探索》[①]

斯蒂芬·鲍尔是伦敦大学国王学院教育研究中心的教育学教授,他用了 15 年时间参与不同教育领域内部的政治斗争研究。他的著作《政治与教育政策制定——政策社会学探索》是一项难得的教育政策分析的典型研究,显示了幕后对政策变化起着举足轻重作用的政治家、公务员及政府顾问所拥有的优先权;呈现出政策中不同意识形态、经济和政治参数的变化,并且将意识形态、政治、经济与政策争论和政策动力学及政策表达式联系起来。鲍尔试图通过个人和团体在其能左右的活动领域中实际的做法来解释政策的制定,要求人们对其所参与的政策制定过程进

行解释和评论。通过这个研究,我们可以了解英国《教育改革法》的全貌,洞悉英国政府在 20 世纪 80 年代后期,也就是后工业社会特征日益深化、知识经济特征渐露端倪的背景下,对教育的作用和功能的理解,以及政府、市场和意识形态与教育改革的关系。

一、研究问题

(1) 英格兰自 20 世纪 70 年代(即战后时期),到 20 世纪 80 年代后期(即撒切尔主义时期)教育政策制定过程发生了哪些变化?

---

① 斯蒂芬·鲍尔. 政治与教育政策制定——政策社会学探索[M]. 王玉秋,孙益,译. 上海:华东师范大学出版社,2003.

（2）1988 年《教育改革法》的起源、制定和执行情况是怎样的？特别是与中学和学校课程有关的方面。

二、研究方法：访谈法

斯蒂芬·鲍尔在研究中访谈了新右翼政府顾问、智囊团以及产业界的游说团和教科部相关人员，详细调查了他们对于全国统一课程、全国统一考试等问题的看法，反映了现实中各种政策力量的冲突，使整个政策制定过程在读者面前变得清晰。

三、研究结论

教育政策中充满了紧张与冲突，这些是撒切尔主义和保守党意识形态中更广泛的紧张和冲突的分化。撒切尔主义试图既代表现代化和进步又代表传统和稳定。新自由主义势力强调面向未来，不断适应新的环境并取消政府控制；新保守主义势力强调面向过去，重视传统价值观和对集体的忠诚。教育的作用因此受到来自保留权威和对资本主义发展的当代逻辑作出反应双方面的挑战。教育政策的制定就体现了对这些斗争的妥协，这些妥协在不同的历史时期是不同的。

《教育改革法》不只是对学校知识定义的控制，它也是对教师和教师工作的控制。它根源于对教师根深蒂固的不信任感并试图封闭许多他们以前能够自行决定的领域。同时，这项教育政策也可以被看成是国家政府教育制度瓦解的标志，政府和私人之间的界限变得不明显，新的投资者（城市技术学院和地方赞助者）在政府政策中得到了正式确认。

在教育政策制定的过程中，新右翼的文化复兴主义、学校/工业运动工业训练游说团以及贸易工业部，教育知识分子中的新进步主义这三者之间相互对立冲突。在这个冲突领域，各部门的代表试图对课程达成新的妥协，在各种完全不同的规则和利益之间寻求平衡。教育内部关于学校知识的斗争如图 7-7 所示。

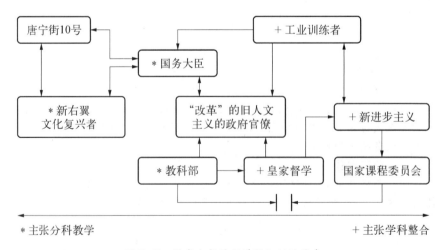

图 7-7　教育内部关于学校知识的斗争

案例 7 - 2：《智库能发挥作用吗？：
公共政策研究机构影响力之评估》[①]

智库对政策制定和形成政策制定环境的影响和作用有多大？这个问题一直困扰着众多学者。近年来，这一问题越发受到学者们的关注。加拿大学者唐纳德·埃布尔森（Donald E. Abelson）通过对比分析研究美国和加拿大智库的经历，以最新的数据和图表作为佐证，探讨评估智库以不同方式在不同阶段对政策制定和形成政策制定环境的影响力与作用。

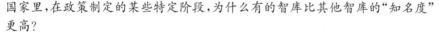
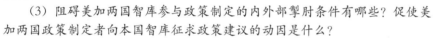

一、研究问题

（1）智库如何影响政策制定环境和政策制定过程？

（2）为什么一些智库在进入政策周期的某些阶段方面要比其他智库高效得多？在同一个国家里，在政策制定的某些特定阶段，为什么有的智库比其他智库的"知名度"更高？

（3）阻碍美加两国智库参与政策制定的内外部掣肘条件有哪些？促使美加两国政策制定者向本国智库征求政策建议的动因是什么？

二、研究方法

本研究主要采用案例研究法，通过搜集报纸的报道、政府文件以及各种总统选举和智库档案，对美国和加拿大两国的一些知名智库进行对比分析。

通过比较研究分析美加两国智库的总体情况，追踪两国智库的演化，讨论导致它们之间差异越来越大的一些因素。重点介绍追踪智库演化的过程中两国的一些知名智库。通过比较不同的政治制度，解释美国对智库需求量更大的原因，探究智库能在政策周期的哪个环节发挥重要作用。重点评估阻碍美加两国智库参与政策制定的内外部掣肘条件，以及促使两国政策制定者向本国智库征求政策建议的动因。

三、研究结论

虽然美加两国的政治体制存在相当大的差别，但是两国智库往往在公众对话中起着非常重要的作用。智库通过期刊杂志出版、接受媒体采访、向立法委员会陈述观点、参加会议和研讨会来发挥其作用与影响。同时，两国智库还运用知名度较低的渠道向政策制定者传递它们的观点。

出于政治结构的差异，美加两国智库影响政策的时间和政策周期的阶段存在差异。美国智库之所以非常重视与国会成员分享交流观点是出于美国权力高度地方化和分散的政治体制以及松散的政党制度。因为国会成员可以不

① 唐纳德·E.埃布尔森.智库能发挥作用吗？：公共政策研究机构影响力之评估[M].扈喜林，译.上海：上海社会科学院出版社，2010.

用严格遵循所在政党的政治路线,所以智库尽可能向众多的民主党成员和共和党成员建立联系,向他们推销自己的观点。相比较而言,加拿大政党内部意见高度一致的原则和总理向总理办公室、枢密院办公室以及高级官员征询意见的长期传统,决定了加拿大的智库接近政策制定者的渠道与美国存在差异。与美国的精英智库不同,加拿大的绝大多数政策机构无法用声誉显赫的专家队伍或数百万美元的预算来打动政策制定者。

📖 推荐阅读

1. ［英］斯蒂芬·鲍尔. 政治与教育政策制定——政策社会学探索［M］. 王玉秋,孙益,译. 上海:华东师范大学出版社,2003.

2. ［美］约翰·W. 金登. 议程、备选方案与公共政策:第2版［M］. 丁煌,等译. 北京:中国人民大学出版社,2004.

3. ［美］拉雷·N. 格斯顿. 公共政策的制定程序和原理［M］. 朱子文,译. 重庆:重庆出版社,2001.

4. ［美］格雷厄姆·艾利森,菲利普·泽利科. 决策的本质:还原古巴导弹危机的真相［M］. 王伟光,王云萍,译. 北京:商务印书馆,2015.

5. ［美］托马斯·R. 戴伊. 自上而下的政策制定［M］. 鞠方安,吴忧,译. 北京:中国人民大学出版社,2002.

6. ［德］尤斯图斯·伦次,彼得·魏因加特. 政策制定中的科学咨询:国际比较［M］. 王海芸,等译. 上海:上海交通大学出版社,2015.

7. ［美］查尔斯·E. 林布隆. 政策制定过程［M］. 朱国斌,译. 北京:华夏出版社,1988.

8. ［加］唐纳德·E. 埃布尔森. 智库能发挥作用吗——公共政策研究机构影响力之评估(第3版)［M］. 黄昊,等译. 上海:上海社会科学院出版社,2020.

第八章
教育政策执行研究

本章导语

　　教育政策执行过程是政策过程的关键环节。本章主要介绍了教育政策执行研究的发展脉络，归纳了教育政策执行研究的主题和路径选择，总结了教育政策执行研究的理论视角，展现了教育政策执行研究的重要研究结论。

学习目标

1. 了解并掌握教育政策执行研究的发展脉络；
2. 了解教育政策执行研究的主要研究主题；
3. 掌握教育政策执行研究的理论视角与研究方法，并尝试应用这些方法去研究教育政策问题；
4. 了解并学会分析教育政策执行研究的经典案例；
5. 充分阅读本章推荐文献，形成自己对于教育政策执行研究的理解。

知识导图

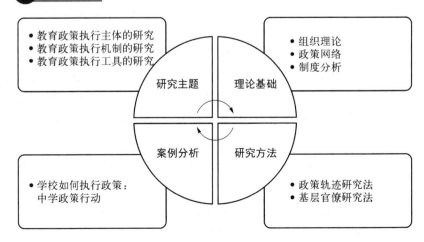

在教育领域,"执行"是一个复杂的术语。实际上,教育政策的执行是不同的人所面对的不同的现实:教育者和学生可能认为政策的实施是他们对学校管理、教学和学习的日常实践所带来的变化;对于国家决策者来说,实施可能是指需要执行哪些内容才能将新政策推广到地区和学校;对于区域或地方决策者来说,这可能意味着对改变优先事项和资源使用作出选择。[1] 然而,在很长一段时间里,决策者并不把执行放在优先地位。对于决策者而言,制定教育政策以解决现实问题才是最关键的,执行似乎是水到渠成的事情。教育学者弗雷德里克·赫斯(Hess, F.)强调决策者往往把他们的努力集中在制定政策上,而很少或没有跟进如何使政策在教育中生效。"在教育领域,政策和实践之间往往存在着巨大的差距",[2]教育政策的制定似乎很少考虑到其执行所必需的实际机制。因此,对学校实施政策能力的期望往往超过现实。20 世纪 70 年代以来,人们逐渐意识到,忽视教育政策执行产生了一系列严重的影响:投资于某一政策的公共资源本可以用于另一个项目,却被浪费了;在一些政策未能实施后,公民可能会开始对政策制定者和教育系统中的其他参与者失去信心和耐心,这导致通过一项未能实施的政策对于教育政策制定者来说是一种风险。教育政策的执行是一个复杂的、不断演变的过程,涉及诸多利益攸关方,如果政策目标不明确,可能会导致政策执行出现偏差。因此,理解教育政策执行的过程、澄清其决定因素并探索使其更透明和更有效的方法是至关重要的。

长期以来,受到"起点—终点"这一思维定式的深深影响,教育政策的研究者着眼于政策的制定及其结果,却缺失了对政策执行这一环节的关注。美国政策学家艾利森曾说过:"在实现政策目标的过程中,方案确定的功能只占 10%,而其余的 90% 取决于有效的执行。"[3]由此可见,政策执行对实现既定政策目标发挥了关键作用,它决定了政策方案能否实现以及得以实现的程度和效度,可以理解为一个从政策理想到政策现实的复杂过程。但是当前,教育政策作为公共政策的一个特殊领域,在执行过程中却出现了失真及偏差,缺乏理论的指导则是重要原因之一,而理论模型的建构又必须以清晰的概念界定为基础。

什么是教育政策执行? 众多学者从不同的视角,基于不同的理论提出了不同的界定。张芳全在 2009 年出版发行的《教育政策导论》一书中提出:"教育政策执行,就广义而言,从教育问题认定、教育问题建构、教育政策分析、教育政策评估、教育政策执行、教育政策终结与教育政策检讨等都是教育政策执行范围。狭义言之,教育政策执行专指

① Viennet R, Pont B. *Education Policy Implementation: A Literature Review and Proposed Framework* (OECD Education Working Papers, No. 162)[R]. Paris: OECD Publishing, 2017.

② Hess F. *The Missing Half of School Reform*[EB/OL]. (2017 - 08 - 24)[2021 - 8 - 29]. http://www.nationalaffairs.com/publications/detail/the-missing-half-of-school-reform.

③ 刁田丁,等. 政策学[M]. 北京:中国统计出版社,2000:20.

教育主管机关制定完成之教育政策、教育方案、教育预算及教育计划,在教育组织、教育人力及教育资源限定下,某段时间所进行的教育政策。"[①]若采用广义的定义法,容易混淆教育政策过程与教育政策执行,误将二者的包含关系理解为并列关系。因此,学界关于教育政策执行的研究主要采用其狭义的理解,但目前国内外在教育政策执行的定义上仍未达成一致的界定。

第一节　教育政策执行研究的发展脉络

20 世纪 60 年代以前,政策执行一直未受到学术界的广泛关注,对政策过程的研究重心聚焦于政策的制定,而非执行过程。研究者们普遍认为,一旦制定了完美的政策,就一定能实现既定的政策目标,教育问题就会迎刃而解。20 世纪 70 年代早期,美国联邦政府大力推行了诸多教育政策,如消除种族隔离、补偿教育和为创造就业机会而推行的项目——"奥克兰计划",但这些教育改革均以失败告终。于是在 20 世纪七八十年代,西方尤其是美国公共政策领域就出现了一场研究政策执行的热潮,形成了声势浩大的"执行运动",推动教育政策执行研究不断向前迈进。在此期间,研究者们从不同的视角建构了政策执行研究范式,并写下了大量的论著,如保罗·萨巴蒂尔(Paul A. Sabatier)和丹尼尔·马兹曼尼安(Daniel A. Mazmanian)的《有效的政策执行》(*Effective Policy Implementation*)。杰弗里·普雷斯曼和亚伦·维尔达夫斯基在 1973 年出版发行的《执行:华盛顿的伟大期望是如何在奥克兰破灭的》(*Implementation: How Great Expectations in Washington are Dashed in Oakland*)一书,也使政策执行问题成为公共政策研究领域中的焦点。总的来说,政策执行研究经历了三个发展阶段。前两个阶段主要解决宏观执行问题,即由更高级别政府发起的政策是否以及如何在较低级别的系统中得到执行。第三阶段关注教育政策执行的效果,如何让教育政策更好地在教育实践中发挥作用。

> 政策执行研究经历了三个发展阶段。前两个阶段主要解决宏观执行问题,即由更高级别政府发起的政策是否以及如何在较低级别的系统中得到执行。第三阶段关注教育政策执行的效果,如何让教育政策更好地在教育实践中发挥作用。

一、第一阶段研究:对哪些政策得以执行的关注

第一阶段的实施研究主要基于美国 20 世纪 60 年代末和 70 年代初对一些教育政策执行情况的研究。这一阶段研究发现,地方的取向、价值观和优先事项与国家或联邦发起的项目之间存在不可避免的冲突。新的政府项目可能会在地方上遭遇执行困难。大多数研究表明,地方政府既没有能力也没有意愿去实施上级政府设计的倡议。普雷斯曼和维尔达夫斯基在《执行:华盛顿的伟大期望是如何在奥克兰破灭的》一书中表明,州和

---

① 张芳全.教育政策导论[M].台北:台湾五南图书出版公司,2009:12.

联邦项目设计者的期望在地方的抵制和无能中破灭。① 在最好的情况下,较高层次的政府项目创造了与地方政府就新项目的价值、重点和实质内容不断讨价还价的机会。② 但根据这个阶段的预期,冲突将继续下去,讨价还价将永远不会减少,项目也很少得到实施。

早期的教育政策执行研究表明,执行中的问题不仅来自错误的计划设计,而且更重要的是来自政策与地方机构设置的关系。事实上,许多早期的政策执行研究表明,地方政府经常将新项目的财政资源用于项目设计以外的目的。因此,高层政府制定了一些规章制度来约束不遵守规定的地方行为,并强迫正确使用资金。然而,传统观点认为,持续不断的冲突是不可避免的,高层政府的计划根本不起作用,而地方政府也不会忠实地执行这些计划。事实上,对于这些对政策执行的理解是对 20 世纪 80 年代国家教育改革的许多批评的基础。

二、第二阶段研究：对政策持续性执行的关注

在这一阶段研究中,对政府教育政策执行工作的理解开始发生变化。在美国,20 世纪 80 年代的一些教育政策执行研究调查了包括补偿教育、特殊教育、双语教育、职业教育和其他民权规则和条例在内的教育政策执行情况。这些研究发现,在州和地方层面上,随着时间的推移,大多数政府项目最终都会得到实施,最初的冲突会随着时间的推移而得到解决,而讨价还价的机会最终会产生一个对双方都可行的计划。第二代政策执行研究在弥补第一代研究缺乏理论提炼和研究模型的背景下,涌现了大量能够预测政策执行结果的研究理论及模型。这一阶段侧重于分析影响政策执行的变量因素,形成了多元视角,但缺乏一致性,尚未存在获得一致认可的政策执行研究理论,也未在众多变量因素中确定关键变量。

三、第三阶段研究：对政策效果的关注

研究者们逐渐发现,尽管教育政策确实得到了实施,但这并不等同于教育政策执行的过程是有效的。在第二阶段的实施研究过程中,人们开始意识到许多教育政策项目并没有产生预期的效果,而且往往随着时间的推移,政策执行的效果会被削弱。事实上,从 20 世纪 80 年代开始,一些政策分析家认为,政府将重心放在通过制定规则和条例以保障教育政策的执行上,却忽略了教育政策执行的实质、质量和影响问题。③

因此,教育政策执行研究在第三阶段的重点是,不仅要确定如何使教育政策得到执行,而且要确定如何使教育政策真正"发挥作用"。对于这个双重目标,人们提出了几种方法。麦克唐纳和埃尔莫尔(McDonnell & Elmore)建议,新的研究应该减少对具体政策项目的关注,而更多地关注政策工具,如授权、法规、激励、资金等。他们认为,在任何新政策执行中使用的基本政策工具可能是政策执行影响的最重要因素,需要更多地了

① Pressman J L, Wildavsky A. *Implementation: how great expectations in Washington are dashed in Oakland*[M]. Champaign: University of Illinois Press, 1973.

② Ingram H. Policy Implementation Through Bargaining: The Case of Federal Grants-in-Aid [J]. *Public Policy*, 1977, 25(4): 499 - 526.

③ Elmore R F, McLaughlin M W. The Federal Role in Education: Learning from Experience[J]. Education and Urban Society, 1983, 15(3): 309 - 330.

解不同的政策工具如何在不同类型的政策项目中发挥作用。麦考林（M. McLaughlin）采取了不同的观点，她认为应当关注地方性的、微观的政策执行问题，以及微观和宏观政策执行问题之间的联系。在麦考林看来，教育政策执行是一个微观问题，教育政策执行能否获得成功取决于教师。

与西方国家，特别是与美国相比，我国对教育政策执行的研究起步较晚，且目前绝大多数的研究都是针对西方已有的研究假设，再结合我国实际加以完善。总体而言，仍缺少具有普遍适用性的理论模型，且不能满足教育政策执行实践的需要，不能适应教育政策研究事业的发展。

有研究者通过对教育政策执行专著、学位论文和学术论文三种类型文献的梳理，阐释了我国教育政策执行研究的发展趋势，提出了五个"第一"[①]：我国大陆地区第一本题名为"政策执行"的专著出现于 1999 年；我国大陆地区第一篇以"政策执行"为题的学位论文是丁煌的《政策执行阻滞及其防治对策探析》（2001）；第一篇教育政策执行的博士学位论文是周佳的《进城务工就业农民子女义务教育政策执行研究》（2005）；中国大陆第一篇"公共政策执行"的学术论文出现在 1989 年；2001 年，王世忠发表的题为《关于教育政策执行的含义、特征及其功能的探讨》的论文是大陆第一篇以教育政策执行为对象的研究性文献，比公共政策研究论文的出现晚了 12 年。

公共政策研究有两个重要的分支，即为政策的分析（analysis for policy）和对政策的分析（analysis of policy）。前者指的是通过检验政策或建议的实质，来看它的目标、可能的影响以及需要什么样的资源来贯彻落实这个政策或建议等。而后者的目标不仅是帮助政策制定者决策，更多的是为了推动学术研究。落实到对教育政策执行的研究，"为了教育政策执行的研究"以问题为导向，通常是对某个具体的政策执行过程进行梳理分析，并提出政策建议。这些具体的问题聚焦于义务教育、素质教育、农民工子女义务教育、民族教育等领域。

进城务工人员子女义务教育

案例分析 8-1

　　周佳借鉴 K. G. 班廷的逻辑结构图，依次从政策执行问题察觉、政策执行问题界定、政策执行问题陈述的逻辑顺序和分析框架，对农民工子女义务教育政策的执行情况进行了研究。[②]

　　（1）有效执行以"公办学校为主"的教育政策 or 未有效解决（农民工子女公办学校入学率低，简易学校的普遍存在）——研究者们对各地政府部门执行"两为主"政策情况的描述，对公办学校接纳农民工子女状况的描述，简易学校从漂泊走向安定状况的描述，都属于政策执行问题察觉。

①　邓旭. 教育政策执行研究：趋势、内容与视角——基于对我国教育政策执行研究文献的分析[J]. 当代教育科学，2010（05）：19－23.
②　周佳. 进城务工就业农民子女义务教育政策执行研究[J]. 清华大学教育研究，2006（04）：57－62.

（2）《关于进一步做好进城务工就业农民子女义务教育工作的意见》中的"两为主"政策为中央政策,地方政府在执行时要根据实际情况制定执行计划。首先,不同经济发展水平的城市面临问题的严峻程度不同;其次,该"意见"对流入地政府各相关部门工作提出了具体的要求,体现了国家对农民工子女义务教育问题的重视,也体现了解决的复杂性。

（3）"流入地政府负责进城务工就业农民子女义务教育"政策与《中华人民共和国义务教育法》中"户籍所在地政府负责义务教育"的规定相悖,以至于在政策执行中出现了以"户籍"问题为核心的"借读费""赞助费"等问题。

（4）地方政府必然要考虑大规模的外来人口对本地区经济和社会生活造成的压力以及自身所能承受的限度。城市政府要解决的不仅仅是使更多的农民工子女进入公办中小学学习的问题,还要涉及他们家庭的住房问题、社会保障问题等。

（5）如:住在城乡接合部的学生上学路上的时间消耗。

（6）不同个体在形式上付出相同代价,在实质上是不同的。

（7）以"公办学校入学率"作为衡量流入地政府执行效果的唯一标准是不科学的。

政策执行研究,对执行过程及其结果的描述远多于对策建议,大多数执行研究也都运用了案例研究法,在将研究结果转化为有用的政策建议时,这些案例确实揭示了一些特殊的问题。但在依据研究数据得出结论时,研究者们均表现出谨慎。因此,当我们去剖析那些最具影响力的执行案例以获得如何对执行中出现的问题进行预期的方法时,不难发现,那些政策建议大多是缺乏条理且不具体的。这些模糊的政策建议源于面对犯错时的恐惧,在解释文献、确定问题之间的逻辑关系或是在选择问题时都有可能犯错。因此,相比分析框架是"正确"的或是"错误"的,更重要的是它是否足够清晰从而引发争议。

第二节　教育政策执行研究的主题

根据研究主题的不同,目前我国教育政策执行研究可划分为以下三种类型：教育政策执行主体的研究、教育政策执行机制的研究和教育政策执行工具的研究。

一、教育政策执行主体的研究

教育政策执行主体是教育政策执行系统中的重要角色,在教育政策的执行过程中发挥着重要的能动作用。"主体"从哲学意义上讲,是指一个社会中具有自我意识机能与自觉能动性等特征并从事认识和实践活动的人。[①] 主

> 教育政策执行主体是指在教育政策执行过程中负责组织落实教育政策目标,并将教育政策付诸实践以解决实际教育问题的相关组织和个人。

---

① 张国庆. 公共政策分析[M]. 上海：复旦大学出版社,2004：113.

体既包括个体，也包括相应的组织或团体。教育政策执行主体是指在教育政策执行过程中负责组织落实教育政策目标，并将教育政策付诸实践以解决实际教育问题的相关组织和个人。教育政策主体主要包括教育政策执行者和执行组织。任何教育政策执行活动最终都要依靠各级教育政策执行机关和政策执行人员来进行，政策执行机关掌握着实施政策的方法、技术和资源。与此同时，教育政策执行人员自身的素质、政策水平以及管理水平都在一定程度上影响教育政策的执行。他们可以创造性地执行教育政策，也可能由于其"选择性执行""曲解式执行""象征性执行""附加式执行"等行动逻辑而发生教育政策执行偏差现象。

1. 教育政策执行者

教育政策的执行者是影响教育政策执行效果以及政策目标实现的重要因素。教育政策执行的首要环节是教育政策执行者对教育政策内容的正确认知和理解。教育政策是为解决特定教育问题，实现一定的教育目标而制定的。教育政策执行主体只有对教育政策的内容和价值有正确的认知和理解，才能掌握政策的内容、类型、目标指向与精神实质，才能准确地理解教育政策制定者的政策意图，才能根据政策目标采取恰当的执行策略，实现教育政策的预期执行效果。

政策的形成过程，实际上是各种利益群体把自己的利益要求投入到政策制定系统中，由政策主体依据自身利益的需求，对复杂的利益关系进行调整的过程。[①] 教育政策直接关系到不同受教育群体的利益，是促进教育公平以及建设和谐社会的重要基石。因此，教育政策能否执行到位，除了教育政策制定过程中涉及的各种因素外，关键在于教育政策执行者的思想素质、工作态度、知识能力、管理水平和责任意识。此外，在具体的教育政策执行过程中会面临各种不确定因素，因此要求教育政策执行者不断学习政策方面的知识，提高政策执行中分析问题与解决问题的能力。

2. 教育政策执行组织

美国学者托马斯·史密斯（Thomas B. Smith）认为政策执行过程包括理想化的政策、执行组织、目标群体和环境因素。具体来说，包括政策的形式、类型、计划以及形象，目标群体的组织或制度化程度、领导力以及先前的经验，执行组织的人员和结构、领导方式以及实施计划和能力、社会经济环境等因素。[②] 教育政策执行组织掌握着教育政策执行的方法、技术和资源，是联系教育政策制定者与教育政策对象的桥梁。合理的执行组织结构包括布局合理的纵横结构和明确的权责关系，从而保障教育政策执行过程能够顺利有序地进行。此外，教育政策执行组织内部或者执行组织之间的融合程度也影响教育政策的执行，部分地区或学校往往出于本地区或本学校的个人利益或局部利益考虑，置整体利益于不顾，并不执行上级的政策，而是采取了新的政策，从而影响教育政策的权威性和统一性，导致教育政策执行的"失真"。

二、教育政策执行机制的研究

什么是执行机制？执行机制是机制众多外延概念中的一种，主要是指事物发展所

---

① 陈庆云. 公共政策分析[M]. 北京：中国经济出版社，1996：5.

② Smith T B. The policy implementation process[J]. *Policy sciences*, 1973, 4(2): 197 - 209.

> 教育政策执行机制是指在一定的教育政策环境下,以适当的教育政策执行理论为基础,运用多种教育政策执行方法,使各组织之间以一定的规则相互影响,将政策目标转化为显性结果。

依赖的机制,即事物从起点到终点结束运行时的机制。所谓教育政策执行机制是指在一定的教育政策环境下,以适当的教育政策执行理论为基础,运用多种教育政策执行方法,使各组织之间以一定的规则相互影响,将政策目标转化为显性结果。教育政策执行机制包括执行组织、执行人员、执行方法与执行结果。教育政策执行机制是一个动态的实践过程,并且不同的政策执行机制具有不同的结构与特征,体现了教育政策执行过程研究的动态性与多维性。

教育政策执行机制不健全是导致教育政策执行梗阻的外部制度原因。一方面,公众缺乏对教育政策制定与执行的参与,政策透明度低,导致政策接受者对政策内容和目标缺乏认知与理解,加大了教育政策执行的难度。另一方面,教育政策执行缺乏相应的反馈与监督机制,难以对教育政策执行效果进行评估。学界已经开始对相对落后的教育政策执行机制制约教育政策执行有效性问题进行关注,尝试把教育政策执行机制作为教育政策执行研究的视角和分析框架,但是依然缺乏对教育政策执行机制的系统分析与研究。未来,还需要加强对教育政策执行效果反馈、激励等机制进行系统研究。

三、教育政策执行工具的研究

政策工具,也称为政府工具或治理工具,是当代政策学研究的一个重要领域。所谓政策工具,是指"一个行动者能够使用或潜在地加以使用,以便达到一个或更多目的的任何事物"。[①] 政策工具是人们为解决某一社会问题、完成一定的政府目标而采取的具体手段和方式。[②] 政府尽力用各种治理工具来塑造完美的生活,迎合各种目的。[③] 教育政策执行工具是政府及相关职能部门在教育政策执行的过程中为了达到教育政策目标而采用的具体手段和方式。根据教育政策执行工具的适用情况,将教育政策执行工具分为行政性工具、经济性工具和法律性工具。

> 教育政策执行工具是政府及相关职能部门在教育政策执行的过程中为了达到教育政策目标而采用的具体手段和方式。根据教育政策执行工具的适用情况,将教育政策执行工具分为行政性工具、经济性工具和法律性工具。

1. 教育政策执行的行政性工具

教育政策执行的行政性工具是指在教育政策的执行过程中依靠行政组织的权威,采取行政命令和规定等方式,对组织和个体施加影

> 教育政策执行的行政性工具是指在教育政策的执行过程中依靠行政组织的权威,采取行政命令和规定等方式,对组织和个体施加影响,以实现教育政策的预期目标。

① 陈振明. 政策工具导论[M]. 北京:中国人民大学出版社,2003:6.

② 陈振明. 政策科学——公共政策分析导论[M]. 北京:中国人民大学出版社,2004:170.

③ Christopher H. *The tools of government*[M]. London:Macmillan Publishers, 1983:2.

响,以实现教育政策的预期目标。行政性工具包括行政立法、行政奖罚和行政指导。行政立法是指获得法定立法权的行政机关,依据授权法创建行政法规和规则的行为。例如,1986年第六届全国人民代表大会第四次会议通过《中华人民共和国义务教育法》后,为了有效推动义务教育政策的执行,国务院于1992年出台了《中华人民共和国义务教育法实施细则》,进一步明确了义务教育的实施措施。行政奖罚包括行政奖励和行政处罚,指在教育政策执行过程中依据法定程度对相关执行主体和个人进行奖励或惩罚。行政奖罚的方式包括奖金、标准、行为处罚等。行政指导是指行政机关在其职责范围内,对教育政策执行过程中出现的问题采取指导、劝告等非强制性方式,有效实现教育政策目标的行为。

2. 教育政策执行的经济性工具

教育政策执行的经济性工具是指在教育政策的执行过程中,政府利用经济手段和方式作为政策执行的调节手段,以实现教育政策目标的行为方式。教育政策执行的经济性工具本质上是以国家为主体,为实现国家教育发展目标,在政策执行过程中形成的一种特殊的分配

> 教育政策执行的经济性工具是指在教育政策的执行过程中,政府利用经济手段和方式作为政策执行的调节手段,以实现教育政策目标的行为方式。

关系。20世纪90年代以来,高等教育收费制度是我国高等教育改革的重点。改革之前,政府拨款是高校经费的主要来源。然而,随着高等教育规模的迅速发展,当前高等教育的经费需求满足不了日益庞大的高校成本需求,仅仅依靠财政拨款是不够的,政府的负担越来越重。为了解决这一难题,国家实行了多元化的高等教育成本分担机制,逐步缓解高等教育经费不足的状况,减轻了政府的财政压力,促进了高等教育的健康发展。

3. 教育政策执行的法律性工具

教育政策执行的法律性工具是指在教育政策的执行过程中,运用各种法律、法令和规章等,确保教育政策的顺利执行。法律性工具具有强制性、权威性等特点。法律性工具为教育政策的执行提供法律支持和保证,赋予教育政策执行者和执行活动合法性。基础教育一直是

> 教育政策执行的法律性工具是指在教育政策的执行过程中,运用各种法律、法令和规章等,确保教育政策的顺利执行。法律性工具具有强制性、权威性等特点。

我国教育发展的重点,普及义务教育,提高国民的文化素质是基础教育政策的基本出发点。1986年颁布的《中华人民共和国义务教育法》明确规定了国家实行九年制义务教育;1992年出台《中华人民共和国义务教育法实施细则》;1993年出台的《中国教育改革和发展纲要》进一步提出继续发展基础教育;1995年颁布的《中华人民共和国教育法》规定实行九年制义务教育制度;2001年颁布的《国务院关于基础教育改革与发展的决定》强调了基础教育在现代化建设中"全局性、基础性和先导性"的地位;2005年《教育部关于进一步推进义务教育均衡发展的若干意见》提出把义务教育的均衡发展摆上重要位置;2007年《国家教育事业发展"十一五"规划纲要》指出要继续贯彻实施义务教育法,确保义务教育的普及和巩固,促进义务教育的均衡发展。可见,为了确保基础教育

的发展,国家根据形势的发展,通过制定并出台一系列教育政策、法规和法律,为基础教育发展奠定了坚实的基础。

除了以上的分类方式之外,也有学者把教育政策工具分为命令性工具、激励性工具、能力建设工具、系统变革工具和劝告或劝诱工具五种类型;并指出,"在实践中,政策工具常常是交织综合在一起运用的。也就是说,一项政策目标可以使用多种政策工具,而一种政策工具也可以用于完成多种政策目标"。在选择政策工具时要综合考虑以下几种因素,即政策目标、政策工具本身的特点、手段与目标的适切程度以及具体的情境。①

第三节　教育政策执行研究的理论视角

本节将着重介绍关于政策执行的组织理论、网络分析和制度分析视角,虽然这三种研究视角在具体的研究方法、分析单元和政策建议等方面存在着较显著的差异,但在研究的价值取向上具有较高的相似度,即遵循实证主义,试图解释政策执行成功或失败的原因,揭示影响政策执行的内在因素,并有针对性地提出相应的政策建议。

也正是出于实证主义价值取向的引导,政策执行分析将政策执行和制定过程截然分开,认为政策执行者能够避免自身价值观和外在因素的干扰,形成对政策目标客观和一致性的理解,忽视了政策制定前和起草过程中所发生的事情对政策执行的影响。同时,政策执行分析仅仅将政策执行结果与政策目标进行比较,进而获得政策执行是否成功。② 德沃拉·杨诺在反思实证主义观点的基础上,提出超实证主义的研究范式,进一步提出了政策执行的阐释(interpretation)理论。③

一、组织理论

"政策过程,尤其是政策执行过程,一般是在复杂的组织形式中进行的。"④也就是说,政策的执行需要依赖于组织这一载体及其提供的物质基础,政策通过组织机构并遵守一定的组织规范从而得以实施,在有规范的组织中,政策执行才能获得其合法性,政策目标才能得以最大程度地实现。因此,掌握组织的结构、组织运作过程以及组织文化等与组织相关的知识,有助于对政策执行过程及其结果形成更明确且清晰的认识。⑤ 组织理论是政策执行研究的理论基础,提供了大量概念和分析框架来理解政策执行组织的内部活动对执行过程产生的影响。此外,不同的组织理论学派出于不同的概念体系和分析角度形成了不同的政策执行观,构建了不同的政策执行模式。

① 黄忠敬. 教育政策工具的分类与选择策略[J]. 国家教育行政学院学报,2008(8):47 - 51.
② 丁煌,定明捷. 国外政策执行理论前沿评述[J]. 公共行政评论,2010,3(01):119 - 148.
③ Yanow D. Toward a policy culture approach to implementation[J]. *Review of Policy Research*,1987,7 (1):103 - 115.
④ 米切尔·黑尧. 现代国家的政策过程[M]. 赵成根,译. 北京:中国青年出版社,2004:132.
⑤ 定明捷. 西方政策执行研究的理论演进[J]. 上海行政学院学报,2008(04):66 - 74.

资料卡 8-1

什么是"组织"？

　　《现代汉语词典》中将"组织"一词解释为按一定宗旨和系统建立起来的集体①，从中可以看出组织具有某种特定的目标和传统的官僚制结构。最早研究组织理论的切斯特·巴纳德（Chester I. Barnard）认为，组织是相互有协作关系的人的集合体，是有意识地协调两个或两个以上人的行为的系统，该定义更强调了组织内部的协调活动。理查德·L. 达夫特（Richard L. Daft）提出了分析组织的四个层次，从宏观的外部环境分析，再到微观层面的个体分析。

　　外部环境分析强调组织与环境二者间的互动关系。组织分析以组织这一整体为对象，关注组织是如何分工和整合的，重点强调领导者是如何通过对组织结构所做的重组或改造以提升组织绩效的。集团分析研究群体成员之间的互动方式等问题。在微观的个人分析层次上，个体作为组织中的最小单元，组织成员的行为、价值观、认知等因素均会对组织的运作过程及其结果产生影响。②

资料卡 8-2

什么是组织理论？

　　罗伯特·B. 登哈特（Robert B. Denhardt）指出，组织理论主要有科层组织理论和人本主义组织理论两大类。③ 科层组织理论以马克斯·韦伯为代表，主张组织是一个依赖于权力关系将信息自上而下进行传递的层级体系，组织结构呈现金字塔状，组织活动是"由一些固定不变的抽象规则体系来控制的，这个体系包括了在各种特定情形中对规则的应用"④。人本主义组织理论则认为，组织是一个为完成任务而组成的合作性、协作性的系统，强调组织成员的积极性，代表人物是克里斯·阿吉里斯（Chris Argyris）。

　　马克斯·韦伯被誉为现代组织理论之父，他提出了理想形态⑤⑥的行政组织体系。他认为，任何官僚制的统治或权威都必须以某种形式的合法性权威为基础，并提出了合法性权威的三种类型：超凡魅力型、传统型和法理型。法理型权威建立在对特定的法律形式和规范的认同基础上，承认处于法定权威地位的人的统治权力，它通过官僚行政

---

①　现代汉语词典（全新版）[M]. 成都：四川辞书出版社，2014：1040.

②　理查德·L. 达夫特. 组织理论与设计[M]. 王凤彬，张秀萍，刘松博，等译. 北京：清华大学出版社，2011：38.

③　罗伯特·登哈特. 公共组织理论[M]. 扶松茂，丁力，译. 北京：中国人民大学出版社，2003：29-34，100-115.

④　韦伯. 韦伯作品集——支配社会学[M]. 康乐，简惠美，译. 南宁：广西师范大学出版社，2004：22.

⑤　袁锐锷. 20世纪西方教育管理思想发展的回顾[J]. 教育研究，1995（10）：28-33.

⑥　王春娟. 科层制的涵义及结构特征分析——兼评韦伯的科层制理论[J]. 学术交流，2006（05）：56-60.

人员执行,依赖于在群体内部树立法律规范和理性的规则体系,也依赖于群体内部成员同意受到规则的约束。韦伯认为,官僚制的组织形式规定了严格的权威结构,并能够利用一种具有最高效率的方式来控制群体成员为了既定的目标而共同工作,它强调了一种上下级之间的服从与被服从的相互关系。教育政策执行一般是在严密的科层组织机构中进行的,执行机构在大多数国家仍然以官僚制为基本形式,因此,在某种意义上,官僚组织是建构教育政策执行模式的理论基础。

案例分析 8-2

"嵌入性"教育政策执行的类型

有效的政策执行依赖于恰当的政策工具,庄西真运用社会学的嵌入性理论,分析了政策工具是如何嵌入政策共同体结构的。他认为,当教育政策目标确定之后,政策工具的选择是否与社会结构脉络相匹配对政策执行结果发挥着决定性作用。在此基础上,他把教育政策工具分为强制性和非强制性,在强制性的政策工具下,政策执行依赖于科层制的治理结构,执行主体借助权威,强制性推动政策落实;借助于后者的行动者具有自主行动的权利,政策在分权式的结构中执行。此外,实际的社会结构脉络中的政策共同体成员构成了两种不同的结构形式,一种是等级制的关系结构,共同体成员之间的关系是不对等的,权力向上集中,存在强制性的指挥链条结构;另一种是多元自主性的关系结构,权力分散,各个利益相关者的地位是平等的,各方具有一定程度的自主性,能够自主选择和决策。[①] 政策工具和嵌入性结构之间通过两两交叉,形成了四种不同类型的教育政策执行模式,如表8-1所示。

表8-1　教育政策执行类型

		教育政策工具	
		强　制	非强制
嵌入的社会关系结构	单一等级制关系结构	命令-服从型(同构)	放任-剥夺型(非同构)
	多元自主性关系结构	政策-对策型(非同构)	自主-合作型(同构)

当教育政策采取的治理结构与其共同体嵌入的社会关系结构之间存在同构的关系时,教育政策的执行易于成功;反之,若两者之间不同构,教育政策的执行就会出现偏差。

---

① 庄西真. 教育政策执行的社会学分析——嵌入性的视角[J]. 教育研究,2009,30(12):19-24.

二、政策网络

20 世纪 70 年代,全球化带来的各种经济、社会、环境问题层出不穷,西方部分国家出现分权化、碎片化、去中心化的发展趋势,整个社会也出现"中心缺失(centerless)"的现象,[①]表现出对中心化、组织化、专业化和制度化的现代性文明发展基本原则的悖逆。在公共政策领域,随着全球化、知识化、信息化的发展,人类社会所面临的各种公共问题也日益复杂。要解决这些问题,相关政策的决策、执行可能需要涉及不同层级的政府部门、社会团体、私营部门、国际组织等。在此背景下,政策网络理论进入政策分析家的视野,逐渐成为公共政策学的研究范式,成为一种新的国家治理模式。[②]

所谓政策网络理论,是指在政策过程中,政策过程参与者的多个组织或个人之间相互依存形成的一种网络状结构。[③] 最早提出"政策网络"一词的是彼得·卡岑斯坦(Peter J. Katzenstein),他认为政策网络是包含不同形式

> 政策网络理论,是指在政策过程中,政策过程参与者的多个组织或个人之间相互依存形成的一种网络状结构。

的利益调和与治理、在政策制定过程中形成国家与社会之间系统生物关系的政治的整合性结构。[④] 有学者认为政策网络是因资源依赖而相互连接的组织集群,并在资源依赖结构的尽头与其他组织集群区别开来。[⑤] 政策网络理论的核心观点是:政策网络中各行为主体相互依赖与相互影响,从而形成不同的网络结构,追求网络共同目标。处于政策网络中心的行为主体具有更多的利益表达和利用博弈资源的机会,对政策执行的影响也较大。相反,处于网络边陲位置的行动者,拥有最小的表达利益与汲取资源的机会,仅对政策执行和结果产生微弱影响。[⑥]

在政策网络的分类模型研究方面,戴维·马什(David Marsh)和 R. A. W. 罗茨(R. A. W. Rhodes)将政策网络分为五种类型,分别是:政策共同体(policy community)、专业网络(professional network)、政府间网络(intergovernmental network)、生产者网络(producer network)、议题网络(issue network),具体如表 8-2 所示。[⑦]

---

① Marin B, Mayntz R. *Policy networks: Empirical evidence and theoretical considerations*[M]. Frankfurt a. M.: Campus Verlag, 1991: 17.

② Börzel T A. Organizing Babylon – On the different conceptions of policy networks [J]. *Public administration*, 1998, 76(2): 253-273.

③ 范国睿. 教育政策的理论与实践[M]. 上海:上海教育出版社,2011:133.

④ Katzenstein P J. *Between power and plenty: Foreign economic policies of advanced industrial states* [M]. Madison: University of Wisconsin Press, 1978: 9.

⑤ Benson K. Networks and policy sector: A framework for extending interorganizational analysis[M]// Rogers D, Whettm D(eds.). *Interorganizational coordination*. Iowa: Iowa State University, 1982: 137-176.

⑥ 丁煌,杨代福. 政策网络、博弈与政策执行:以我国房价宏观调控政策为例[J]. 学海,2008(06): 79-85.

⑦ Marsh D, Rhodes R A W. *Policy networks in British government* [M]. Oxford: Clarendon Press, 1992: 14.

表8-2	网 络 类 型	网 络 特 征
政策网络模型	政策共同体 (policy community)	稳定性,高度限制的成员资格,纵向相互依赖关系,有限的横向联系
	专业网络 (professional network)	稳定性,高度限制的成员资格,纵向相互依赖关系,有限的横向联系,服务于专业人士利益
	政府间网络 (intergovernmental network)	有限的成员资格,有限的纵向相互依赖关系,广泛的横向联系
	生产者网络 (producer network)	变动的成员资格,有限的纵向相互依赖关系,服务于生产者利益
	议题网络 (issue network)	成员众多且不稳定,有限的纵向相互依赖关系

政策网络理论反映了当今世界日益多样化的发展趋势,有助于我们在全球化背景下对政策发展变化的理解。政策网络是对实际政策过程的现实描述,借助于政策网络概念,可以厘清政策过程复杂的现象,解释政策过程的制度外变量。[①] 政策网络理论为中国教育政策的研究提供了新的视角和新的空间,有助于进一步推动中国教育政策科学的发展。

三、制度分析

21世纪以来,以制度的视角来研究政策及教育政策的执行问题越来越引起研究者的重视,这种趋势源自丁煌在2002年出版的《政策执行阻滞机制及其防治对策:一项基于行为和制度的分析》[②]一书,他在书中构建了一种政策、执行主体、制度环境三位一体的模型。从最初的政治话语,成为进入研究者视野的学术话语,再变成一种民众话语,"制度"二字渗透在社会生活中。作为一种研究教育政策执行的新视角,制度分析源于20世纪60年代兴起的以制度为研究对象的新制度经济学,它既是一种跨学科的研究方法,又是一种研究范式。[③] 当它被运用于某学科领域一些具体的研究课题的时候,它是一种研究方法;而当它运用于某学科基本问题研究并使某学科研究在基本问题、范畴方面等产生深刻变化的时候,它应该是一种研究范式。制度分析将制度本身作为一个变量进行研究,将制度视为一种存在,而不再把制度当作一个抽象的文本,或者可以由人们随意操作、设计的物件。按照制度分析的理论,对教育政策执行的研究可以从正式制度和非正式制度两个维度展开,前者是一种外在制度的约束和控制,以应该和不应该的刚性特征为主要手段,包括教育法律制度、教育组织制度及教育运行机制。而后者则以个体的反思和所秉持的价值理念为基础,游离于正式制度的规约之外,包含价值观

① 蒋硕亮.政策网络路径:西方公共政策分析的新范式[J].政治学研究,2010(06):100-107.
② 丁煌.政策执行阻滞机制及其防治对策:一项基于行为和制度的分析[M].北京:人民出版社,2002.
③ 胡春梅.制度分析方法与教育政策执行研究[J].教育理论与实践,2007(09):26-29.

念、伦理规范、道德观念、风俗习惯和意识形态等。具体框架如图 8－1 所示。

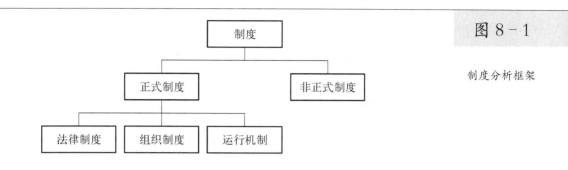

图 8－1

制度分析框架

第四节 教育政策执行研究的路径与方法

一、政策轨迹研究法

政策轨迹研究法(trajectory analysis)是一种富有教育政策社会学特色的研究方法,它为联系和追踪政策各种无序的源头、可能性及政策意图、回应及效力,提供了一种机制。[①] 不同于传统的公共政策学理论分析框架,教育政策活动并不是一个阶段分明、清晰完整的线性过程,其演进、发展和消逝深受地方条件、政策资源、历史状况和主体意愿的影响,政策在学校层面的实施亦面临"再脉络化"。[②] 政策轨迹研究法采用界面而不是单一水平的分析方法,研究者追溯政策的形成过程,有关的斗争以及来自政策内部及不同政策接纳者的回应。斯蒂芬·鲍尔以三种决策情景为政策轨迹研究法提供了一种概念性框架,即"影响力的情景""政策文本制作的情景"和"政策实施情景",每一种情景都包含众多个人和公众的行为领域,每一种情景都涉及斗争、妥协和临时性。[③] 常见的研究路径包括自上而下研究、政策民族志研究等。

1. 自上而下研究

自上而下研究路径的代表人物是杰弗里·普雷斯曼和亚伦·维尔达夫斯基,他们以既定的政策目标作为研究问题的出发点,关注其实现程度以及如何使其得到更好的贯彻落实,并以教育政策制定为核心,突出了中央政府及其最高决策在政策执行中的地位和作用。此外,自上而下研究取向还体现了行政与政治二分原则、政策制定与政策执行的分离,中央政府负责教育政策的制定,而教育行政人员则负责政策的执行,而在这两大主体的关系上,则认为教育政策执行者从属于教育政策制定者。此外,以韦伯的科

---

① 斯蒂芬·J.鲍尔.教育改革:批判和后结构主义的视角[M].侯定凯,译.上海:华东师范大学出版社,2002:42.

② Bowe R, Ball S J, Gold A. *Reforming education and changing schools: Case studies in policy sociology*[M]. London: Routledge, 1992: 19.

③ 斯蒂芬·J.鲍尔.教育改革:批判和后结构主义的视角[M].侯定凯,译.上海:华东师范大学出版社,2002:42.

层理论为基础,自上而下研究路径强调了在政府组织内部的一种自上而下的层级控制。自上而下的政策制定观意味着:决策的重要性完全取决于决策者所处的科层等级,因此,最重要的决策是由政府机构的最高决策者所作出,而处于科层等级的人们,只是政策的执行者。

杰弗里·普雷斯曼和阿伦·维尔达夫斯基二人在《执行:华盛顿的伟大期望是如何在奥克兰破灭的》一书中记载了一个试图通过一系列公共建设和联邦商业贷款,旨在雇用奥克兰市的"核心"失业非裔美国人政策的执行情况。在案例研究中,作者讨论了诸多对公共政策的滞后或成功起到关键作用的概念。多元决策路径、决策点和政策执行中的参与者均对公共政策的滞后或废止产生了重要影响。

案例分析8-3

《执行:华盛顿的伟大期望是如何在奥克兰破灭的》[①]

案例背景:1966年4月,美国联邦、州、市政府官员和当地的社区领导人共同宣布了一个旨在雇用加利福尼亚奥克兰市失业非裔美国人的计划。由经济发展署(Economic Development Agency, EDA)领头,一系列公共建设和商业贷款的项目将会加快创造超过3000份工作甚至更多的衍生物。

与奥克兰市和奥克兰港达成一致,EDA投入2 400万美元用来建设一个大型的机场机库、一个有通路的海上货运站、一个占地30英亩的工业园和一条通往奥克兰体育馆的通道。其余的160万美元被用来作为商业贷款使用。对于每一个期望获得EDA商业贷款或是租赁由EDA资助的设施的雇主都要遵循一个事先声明,即他们都必须制订一份就业计划,详细说明这些企业将会如何雇用奥克兰长期失业的非裔美国居民。除此之外,EDA将会和其他当地、州和联邦机构一起创造一个训练计划以建立一个合格的劳动力库。

多元决策路径:普雷斯曼和维尔达夫斯基在书中指出,在该政策执行的早期阶段,一切看上去正在朝着积极的方向发展,似乎执行仅仅是技术细节上的问题。然而,直到1970年,多数项目仍未完成,训练计划从未真正落地,所创造的适量工作岗位往往有利于工人而非目标群体即非裔美国居民。此外,商业贷款项目也彻底失败了。为了探索失败的原因,普雷斯曼和维尔达夫斯基二人揭示了执行过程中应用于多个公共政策的概念。他们指出,尽管目标是唯一的,即降低失业率,然而解决策略实际上包含了执行过程中两个互相分离的决策路径:(1)资助公共建设项目;(2)发展一个雇用计划以确保企业将雇用到目标群体。然而,增加决策路径则意味着决策者的增加,而遵循某一种决策路径的决策者可能不一定会关心另一种路径的产出情况。

决策点:从决策者的数量和政策范围到实际制定政策的数量和决策点,普雷斯曼和维尔达夫斯基的关注焦点发生了转移。此外,他们还发展出了一种方法以确定项目成功的可能性。这种方法设定了70个决策点,每一个决策

---

① Pressman J L, Wildavsky A. *Implementation: How Great Expectations in Washington Are Dashed in Oakland*[M]. Berkeley: University of California Press, 1973.

点彼此独立、互不干扰。普雷斯曼和维尔达夫斯基假设每一个决策点都存在较高的概率被批准和认可。然而,随着决策数量(为了项目的实施而需获得批准)的增加,项目整体成功的可能性显著降低。与此同时,在政策过程中,预期之外的决策点的数量持续上升,这些决策并未直接与项目的目标有所联系,但又不可或缺。随着时间的流逝,执行过程中的非预期决策远多于预期决策。

　　参与者:普雷斯曼和维尔达夫斯基也承认,许多参与者并不总是倾向于批准一项政策继续向前推进,政策的执行也不仅仅依赖于决策点的数量,在任何决策点甚至是至关重要的决策点上,“不”并不意味着项目的失败。此后,二人开始建立一个更加复杂的执行决策模型。政策执行中的参与者可以被描述为三种类型:(1)偏好方向(积极或消极);(2)偏好强度(高或低);(3)参与者可以承担的资源数量以实现他们的偏好(多或少)。普雷斯曼和维尔达夫斯基进一步制定了一个简化的假设,即资源利用是偏好强度的一个直接函数(direct function),强度高的参与者会扩充资源以实现他们期望的结果,而低强度的参与者则不会。一旦参与者具有高强度的积极偏好,决策点将会以所有可能的速度向前推进。反之,若一个或更多的参与者具有低强度的消极偏好,决策点最终将走向滞后,项目目标也需要有所调整和变化。此外,偏好强度在项目执行过程中会发生变化。

　　自上而下研究路径提出了许多为政府所用的政策建议以及理论模型,但也因其自身具有的缺陷而受到不少学者的批评,主要表现在以下两个方面:其一,过分强调中央政府在政策执行过程中的作用,过于控制基层官员的自由裁量权,从而忽视了政策执行主体、目标群体和相关利益集团对政策执行结果的影响,同时也忽视了政府行动的意外结果;其二,将教育政策制定与执行分离,孤立地看待教育政策执行过程,忽视了政治因素对政策执行的影响。政策制定与政策执行应呈现出一种动态互动的关系,政策执行从既有的政策出发,而在执行过程中又根据不断生成的情况适当修正政策方案。

　　2. 政策民族志研究

　　政策民族志(ethnography)研究倡导在自然情境下进行长期的体验性研究,使用无结构的方式收集资料,探究研究对象(自身)的意义建构。[①] 斯蒂芬·鲍尔将民族志方法引入教育政策执行研究,运用话语理论和民族志的方法,对英国1988年《教育改革法》的制定和实施进行了一系列的研究。他分析了经济、政治和意识形态等“话语”在政策制定过程中所起的作用,也关注微观领域,探索了政策对课程、学校管理及教师日常工作的影响。他将政策实施效果及影响与社会文化背景相结合,形成了政策民族志的研究路径。民族志关注政策执行中的实然状态,它提供了一种对政策影响深入的理解,对于更深入理解政策执行的过程作出了巨大贡献。

> 政策民族志研究倡导在自然情境下进行长期的体验性研究,使用无结构的方式收集资料,探究研究对象(自身)的意义建构。

---

① 陈向明. 质的研究方法与社会科学研究[M]. 北京:教育科学出版社,2000:53.

二、基层官僚研究法

与教育政策执行的其他官僚不同,基层官僚的决策往往是直接的、针对个人的;同时与大多数组织中的低层职员不同,基层官僚在决定其机构对服务者或政策对象供给的利益和惩罚的性质、数量以及质量时拥有相当大的自由裁量权,[①]即基层官僚能够直接决定对公民是否实施惩罚或奖励以及相应的程度,如警察直接决定着对公民的惩罚,福利机构接受福利申请的决策将决定公民得到的服务或奖励等。

> 基层官僚在教育政策的执行过程中拥有相当大的自由裁量权,基层官僚的政策执行过程实际上是一种政策的再制定过程。

在行为特征上,迈克尔·李普斯基(Michael Lipsky)指出基层官僚具有两个重要特征:一是自由裁量行为是其在政策执行过程中的重要面向;二是基层官僚的政策执行行动很难按照上层制定者的制定意图执行,因而也难以达到政策制定的标准化要求。一方面,基层官僚位于官僚式"金字塔"结构的底端,来自高层政策法律特征和政策目标的模糊性、政策执行中的信息不对称,使得基层官僚在政策执行过程中产生了一定的自主性;另一方面,基层官僚对于工作场景具有一定的熟悉度和掌控力,[②]其政策执行对象往往是非自愿性的,因而很难对基层官僚的行为进行监督和约束。因此,基层官僚在教育政策的执行过程中拥有相当大的自由裁量权,[③]基层官僚的政策执行过程实际上是一种政策的再制定过程。[④] 这也成为有关基层官僚理论的核心观点。

基层官僚研究法中最典型的研究视角是自下而上研究。20 世纪 70 年代末至 80 年代初,在对自上而下研究路径的批评声中催生了自下而上的研究路径。与自上而下不同,凭借拥有的自由裁量权,自下而上研究路径专注于基层政策执行主体具体的政策执行过程,并以组织中的政策行动者个人作为研究的出发点。正如理查德·埃尔莫尔所说:"我们不应该假定政策制定者能够完全控制执行组织与执行过程;加上上层控制的传统做法无助于政策执行过程中相关问题的解决,要解决科层控制的内在缺陷,提高政策执行的效率与质量,其出路不是别的,而是改变基本立场和看法,充分利用基层官员的自由裁量权。"[⑤]克服自上而下认为的政策制定与执行分立的缺陷,自下而上研究路径认为二者并不是截然分开的过程,相反,而是平行互动的合作关系。在主要内容上,自下而上研究路径将由各种行动者构成的执行网络分析作为关注焦点,着重强调行动者在执行网络中所具有的互动关系及其解决政策问题的策略描述,区别于自上而下旨

---

① Lipsky M. *Street-level bureaucracy: Dilemmas of the individual in public service* [M]. New York: Russell Sage Foundation, 2010: 10.

② Lipsky M. *Street-level bureaucracy: Dilemmas of the individual in public service* [M]. New York: Russell Sage Foundation, 2010: 15 - 16.

③ Lipsky M. *Street-level bureaucracy: Dilemmas of the individual in public service* [M]. New York: Russell Sage Foundation, 2010: 56.

④ Lipsky M. *Street-level bureaucracy: Dilemmas of the individual in public service* [M]. New York: Russell Sage Foundation, 2010: 83 - 84.

⑤ 陈庆云. 公共政策分析[M]. 北京: 北京大学出版社,2006: 158,155,161.

在提出有效的政策建议。

1971 年,迈克尔·李普斯基在一篇论文中首次提出"自下而上"的方法,其对政策执行机构中一线官员群体所做的行为分析对执行研究具有重要的影响。李普斯基指出,基层政府官员在工作过程中存在着自相矛盾:一方面,基层官员处于官僚机构的压力和等级森严的体制机制之中;另一方面,他们又被认为拥有大量的自由裁量权和自主权。他认为,在压力之下,基层官僚会主动地对稀缺资源作出选择以应对工作中的不确定性。

迈克·希尔(Michael Hill)和彼特·休普(Peter L. Hupe)二人把李普斯基视为"自下而上"方法的创始者,不仅仅是因为他主张的基层官员在政策执行过程中所起到的决定性作用的理念,即将关注的焦点从政策的制定转向执行工作本身,还在于他理解政策执行这一术语的新角度。李普斯基认为,政策执行是关于具有高度服务理念的基层官员在无法忍受的重压之下,发挥他们的决断能力和主动精神所做的工作。任何试图通过等级制度对他们进行控制的尝试,只能导致他们沿袭陈言老套且无视顾客的需要。这就意味着,需要用各种方法来确保政策执行者的责任性,确保地方公众的期望能够得到满足。[①]

自下而上研究路径在一定程度上弥补了自上而下研究路径所存在的缺陷,但其自身也暴露出一些问题:其一,过分强调基层主体拥有的自由裁量权,忽视或低估了中央政府的重要性。基层的教育政策执行者在执行政策时需要受到决策者制定的政策方案的约束,在政策框架内行动;其二,自下而上的模式将教育政策过程视作一个处在变化中的无缝之网,忽视了决策点的存在,并排除了政策评估的可能性,因此,对教育政策变迁的分析也就无从入手。

资料卡 8-3

自上而下与自下而上研究路径的比较

综合已有文献对自上而下和自下而上这两种研究路径特征的描述,特别是张金马[②]从 9 个维度对其进行了较为详细的比较,在此基础上,加入了"适用范围"这一维度(表 8-3)。

表 8-3　自上而下与自下而上研究路径比较

	自　上　而　下	自　下　而　上
研究的出发点	中央政府的政策	政策执行过程中基层行动者的活动
关注的重心	中央政策的执行	具体的执行机构或基层官员的自由裁量权

---

① 迈克·希尔,彼特·休普.执行公共政策:理论与实践中的治理[M].黄健荣,等,译.北京:商务印书馆,2011:75.

② 张金马.公共政策分析:概念·过程·方法[M].北京:人民出版社,2004:388-401.

续表

	自 上 而 下	自 下 而 上
执行过程的性质	行政技术管理过程,将政策付诸行动	执行是一个政治过程,不同的行动者在这一过程中相互作用
政策的界定	中央政府的法律,目标通常是含糊不清的	政策是在执行过程中形成的,中央政府的政策目标是明确的
对政策执行过程的研究	强调官僚机构内部的层级控制信息管理、资金配置、人员的素质等	强调执行过程的利益互动,这种互动远远超出了行政组织的范围
研究的目的	提供政策改进的知识,具有浓厚的规范性质	以经验描述为起点,分析政策是如何被执行的,其价值色彩较为隐蔽
政策制定和执行的关系	两分法	这种划分是人为的、误导的,不能把执行从制定过程中孤立出来,制定政策是执行过程中的内在组成部分;主张用政策/行动关系取代政策制定;执行的两分法
政策评价	关注正式目标的实现程度,依次判断政策的成功与失败	将政策过程视为无缝之网,故很难评价
出发点的非对称性	价值优先,即首先确定目标,然后寻找手段	基于经验事实,考察实际的政策过程
适用范围	管制性政策与再分配政策,诸多涉及财务资源、空间资源和安全问题的政策;宏观的政策	涉及人的政策及和人高度相关的政策;微观和部分中观的政策

　　自上而下和自下而上这两种研究路径均显示出了各自的优缺点,于是,一些学者试图走一条"中间路径",指明自上而下和自下而上研究路径各自适用的范围,抑或是将两者的相关要素有机整合在一个新的模型里,以试图运用一种混合的方法。戈金(Goggin)、理查德·埃尔莫尔等人都是整合模式的推崇者,保罗·萨巴蒂尔原先是自上而下研究路径的支持者,到了20世纪80年代,他开始反思自己以往的研究,试图将这两种传统的研究路径整合在一起,并对以往的理论进行了修正。整合模式与前两种路径相比,研究方法更具科学性和系统性,它将教育政策的制定与执行联系在一起,不仅肯定了决策者对政策执行结果的影响,还强调了基层主体的自由裁量权及其在政策执行中发挥的作用。此外,整合模式还探讨了影响教育政策执行的相关变量的复杂性,而这些变量在之前的两种研究路径中均未引起学者的重视。

　　基于埃尔莫尔对混合型方法的倡导,他可以被称为是第一位"综合者",他一直强调研究执行的方法,这也使他从政策执行的早期研究者中脱颖而出。在《社会项目执行的组织模型》一书中,埃尔莫尔通过研究经典的古巴导弹危机决策案例,认为对于复杂事件的研究,应用不同的理论模型来进行间接求证,以获得令人满意的解释,可能是一种具有价值的方式。在他后期进行的一项针对美国地方青年就业项目的研究中,他采用了"回测勘察法(backward mapping)",该方法不仅作为一种有效的分析方法,在具体的政策过程中更是一种政策工具,有助于在政策执行过程中摆脱既定的假设。"回测勘察法"采用倒序,依次由后向前倒推,如图8-2所示。

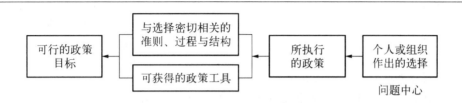

图 8-2

回测勘察法

　　"回测勘察法"在肯定政策制定者对影响执行过程及其结果具有强烈兴趣的基础之上,对"前向探索(forward mapping)"方法中蕴含的假设提出了质疑,该假设认为政策制定者对政策执行过程起到决定性的影响。"回测勘察法"的逻辑与"前向探索"恰恰相反,它始于对具体行为(处于执行过程中最低层级)的描述,只有行为被描述了,对执行的分析才会深入,进而陈述政策目标。在系统的最低层级建立起了一个相对精准的目标之后,通过执行机构的结构,分析向前倒推,并且在每一个层级都要考虑两个问题:(1) 能够影响行为的能力是什么? (2) 需要什么资源以获得这种效应? 在分析的最后一个阶段,分析者和政策制定者描述了一个政策将资源引导到可能产生最大效应的组织单元。[①] 在衡量政策的成功或失败时,"回测勘察法"并不以对政策意图的顺从为依据,对成功的定义基于在执行过程中对某个层级的行动者去影响其他层级行动者行为的有限能力,以及对公共组织影响个体行为的有限能力的预估。

　　1985年,埃尔莫尔对勘察法的看法发生了变化。他指出,在一些可能存在的情形之下,政策最好保持灵活性,以便通过基层官员的执行活动进行更加准确的设计。由此可见,埃尔莫尔后期的观点将政策的制定和执行过程二者视为双向互动的关系,政策的制定在一定程度上决定政策执行的方向;反之,政策执行主体的共识度和具体的执行过程所具有的生成性又会进一步完善既定的政策目标以及政策内容本身。

案例分析 8-4

将回测勘察法应用于办学基本条件

　　发展中国家的教育政策执行尚未得到研究者充分的关注,许多方面也未被较好地理解。如果人们普遍认为聚焦于政策执行过程有诸多可取之处,那么就

① Elmore R F. Backward mapping: Implementation research and policy decisions[J]. *Political science quarterly*, 1979, 94(4): 601-616.

需要发展一个方法论,该方法论允许在一个或多个国家的背景下将可以用来比较和对比的相关信息进行累积。卡罗琳·戴尔(Caroline Dyer)曾将"回测勘察法"的模型应用于印度办学基本条件(Operation Blackboard)的政策创新,以揭示在大型且异质的印度联邦政体中政策的执行过程,并在这个国家三种不同的社会经济背景之下绘制出结果的差异。①

Operation Blackboard 被视为是对第四次(1978)和第五次(1986)全印度教育调查(All India Education Surveys, AIES)中呈现出来的统计数据的回应。这些数据显示,在 1978 年,40%的小学没有黑板,53%没有操场,59%没有饮用水。1986 年,在将近 2/3 的上述小学中,有 4 或 5 个课堂在一间教室或两间教室里同时进行,2/3 的学校只有一名教师(28%)或只有两名教师(32%)。Operation Blackboard 是一个由中央赞助的计划,即中央和各个邦通过共同投入财政资金(中央最初承担了较大的一部分)以共同承担政策执行的责任。同时,Operation Blackboard 也是一个规范和补救方案,目的在于保证所有学校都能达到"最低标准"(minimum essential)的设施水平。Operation Blackboard 包含了三个相互依赖的组成部分:两间教室、两名教师和一套教学辅助工具,这三个部分的标准由中央制定,在各邦提交项目计划后就可以获得计划执行的预算;对教室的资助比例为 60:40(中央:邦);前五年的教师工资由中央支付,此后归属于各邦的预算;教学辅助工具的资金由中央一次性投入,但对设备替换所需的资金则由各邦提供。

萨巴蒂尔在研究工作的早期,他严格贯彻一种"自上而下"的研究方法,但从 1986 年他发表的著作中不难发现,他的这种方法论有所改变。在著作中,萨巴蒂尔明确提出如下问题:政策如何在其实践过程中依据经验重新规划? 这个问题表明了对政策执行反馈过程的确认,表明了萨巴蒂尔试图综合各种理论的尝试和倾向。在 1986 年发表的论文中,萨巴蒂尔不仅承认了"自下而上"研究路径在方法论上所具有的一系列优点,还认为原先那种"把注意力过多集中于项目倡导者的观点因而忽视其他参与者的策略和知识"模糊了自己对事实的判断。②

萨巴蒂尔在 20 世纪 90 年代试图构建一个"支持者联合架构",该方法包含了来自不同层面的参与者。这样的方法引入了自下而上论者的分析系统——包含对所有不同范畴的公共部门和私营部门的参与者卷入一个政策问题的认识,以及他们对所有主要类型的参与者(不仅是计划倡导者)的观念和策略的理解。由此,把这样的起点与自上而下论者对社会经济条件及法律工具制约行为的方式的关注相结合。并且,把这样的综合理念应用于对十年或更长时期内政策变化的分析。③

①　Dyer C. Researching the implementation of educational policy: A backward mapping approach[J]. *Comparative education*, 1999, 35(1): 45 - 61.

②　Sabatier P A. Top-down and Bottom-up Approaches to Implementation Research: A Critical Analysis and Suggested Synthesis[J]. *Journal of Public Policy*, 1986, 6(1): 21 - 48.

③　Sabatier P A. Top-down and Bottom-up Approaches to Implementation Research: A Critical Analysis and Suggested Synthesis[J]. *Journal of Public Policy*, 1986, 6(1): 21 - 48.

教育政策执行研究案例分析

《学校如何执行政策：中学政策行动》①

斯蒂芬·鲍尔等的著作《学校如何执行政策：中学政策行动》是一项典型的教育政策执行研究,教育政策公布之后,学校是忠实地执行还是基于某些因素做了调整? 鲍尔花费了两年半的时间对四所英国中学做了大量的研究,收集了包括学生信息、学校背景、学校预算、学校设施等资料。通过对个性化学习政策、成绩标准政策以及行为管理政策的研究,发现学校并不是单纯地执行教育政策,而是会进行相应的调整并创生性地执行政策,而且教育政策、实践及学校定位三者间会相互关联。

一、研究问题

1. 学校当中的不同行动者如何依据现实资源条件来解释和执行具体情境中的政策以满足多元的政策需求?

2. 社会文化、历史和背景因素如何以及在多大程度上影响学校执行政策?

3. 如何解释不同学校在政策行动方面的差距?

二、研究方法

(一) 案例研究

为了实现其研究目的,鲍尔选择了英国伦敦市四所公立中学开展了为期两年半的实证调研,探讨了这些学校是如何执行政策的。学校的选择基于以下三重标准:

第一,这些学校必须是在全国平均水平附近的中等层次学校,不选"明星学校"或是表现不佳的"垫底"学校。

第二,这些学校的领导者必须要有丰富的领导经验和才干。

第三,从地点来看,这些学校必须分布在不同区域,分属不同地方政府管辖。

依据这三重标准,最终选择的研究样本包括伦敦市中心的综合性学校阿特伍德学校;郊区的乔治艾略特学校和韦斯利学校,还有一所位于伦敦市附近一个小县城的坎皮恩学校。

这四所学校在研究开展期间共收到来自上级的 170 多个政策,政策内容涵盖了保护和监控、健康与安全、社区凝聚力、校服、学校旅行计划等。其中大多数从未出现在以往的教育政策研究中,但这些政策确实以不同的方式约束并规范着教师与学生的教学、学习、秩序、组织、社会关系等方面。于是,鲍尔

---

① Ball S J, Maguire M, Braun A. *How schools do policy: Policy enactments in secondary schools*[M]. London: Routledge, 2012.

在这些政策中着重选择了三类政策进行探讨：个性化学习政策、成绩要求或标准政策、行为管理政策。其中，个性化学习政策是鲍尔重点进行考察的政策，包括五个部分：（1）评估；（2）教学和学习；（3）课程的权利和选择；（4）学校组织；（5）课堂之外的合作伙伴关系。在这三类政策中，地方政府人员、班主任和学校中层管理人员以及各科任教教师、助教、财务、技术和办公室工作人员以及学校的其他人员都在学校政策的解释和行动过程中发挥重要作用。

（二）文本与实物分析法

在调研期间，鲍尔收集了广泛的背景资料：学生入学统计数据；学校背景；学校预算；学校建筑物和物质资源统计；学校人员统计与人员流动等；英国教育标准管理局的报告；学校引发的各类小册子；收集和分析感兴趣的与具体政策有关的文件；每所学校的培训以及评估课程；学校员工简报；学校管理者的日记；拍照记录每所学校的建筑、墙壁展示和海报。

（三）访谈法

斯蒂芬·鲍尔在调查研究中总共进行了95次半结构式访谈，其中86次访谈在校内进行，9次访谈在校外进行。访谈对象包括校长、教师、高级管理人员、班主任、工会、学校支持人员、家长等。

三、研究结论

1. 政策创造环境，环境先于政策存在。鲍尔发现，学校自身的环境因素对于政策行动起到十分重要的中介作用。学校的地理背景（所处位置、学校历史、学生来源）、专业文化背景（价值、教师责任与经验、管理）、物质资源背景（师资力量、预算、建筑、技术和设备）都影响了教育政策行动的方式，这些因素是动态的、可变的、灵活的。然而，在教育政策制定者眼中，教育政策执行的学校环境总是理想化的、固定的、单一的。学校的政策行动会随着不同的学校的语境和空间而发生改变。

2. 在斯蒂芬·鲍尔看来，所谓"政策执行"并非按部就班的线性过程，地方在将政策文本转化为行动、将抽象的政策理念转变为鲜活的学校实践过程中，充斥着大量创造性的"阐释""转换"以及"再脉络化"的复杂活动。

首先，阐释是一个初始的阅读、理解政策的过程，在这一过程中，学校要对政策文本进行初步解读，需要思考这个文本对学校来说意味着什么，学校需要做些什么。这是一个兼具回溯性的和前瞻性的解码过程。

其次，转换是政策内容和学校实践之间的第三个空间，制定政策文本并付诸行动，政策语言转化为实践语言，言语转化为行动，抽象转化为互动过程。转换是一个通过各种话语和实践对于政策内容进行重新表达、重新排序的过程。

最后，再脉络化是指将教育政策内容置于各个学校实际情况的语境中，并在过程中以特定的方式进行呈现。

3. 斯蒂芬·鲍尔还发现，政策执行者和政策之间并非执行者执行政策的单向关系。在实践中，教育政策的执行并非从文本到实践的直线型贯彻与执行，还涉及许多权宜之计，例如政策借鉴、修改命令、政策更替与创新等。鲍尔认为政策可以被理解为行动者根据自己的历史（经验、技术、资源、背景）给政策赋予新意义的过程。

四　推荐阅读

1. Pressman J L，Wildavsky A. Implementation：how great expectations in Washington are dashed in Oakland[M]. Champaign：University of Illinois Press，1973.

2. Lipsky M. Street-level bureaucracy：Dilemmas of the individual in public service [M]. New York：Russell Sage Foundation，2010.

3. Ball S J，Maguire M，Braun A. How schools do policy：Policy enactments in secondary schools[M]. London：Routledge，2011.

4. ［英］迈克·希尔，［荷］彼特·休普. 执行公共政策：理论与实践中的治理[M]. 黄健荣，等译. 北京：商务印书馆，2011.

5. 丁煌. 政策执行阻滞机制及其防治对策：一项基于行为和制度的分析[M]. 北京：人民出版社，2002.

6. ［美］保罗·A. 萨巴蒂尔. 政策过程理论[M]. 彭宗超，钟开斌，等译. 北京：生活·读书·新知三联书店，2004.

第九章
教育政策评估研究

本章导语

　　教育政策评估是教育政策过程分析重要的组成部分。对教育政策评估进行研究是制定新的教育政策的必要前提,是合理配置教育政策资源的基础,为教育政策的持续、修正或终结提供依据。本章分析了教育政策评估研究的四个发展阶段,归纳了教育政策评估研究的主题,介绍了教育政策评估研究中主要的研究范式和研究方法,最后对教育政策评估研究的现状做出评价和展望。本章的末尾呈现了教育政策评估研究的经典案例,帮助读者结合前面各节的内容进行分析与理解,实现融会贯通。

学习目标

1. 了解教育政策评估研究的发展阶段;
2. 明确教育政策评估研究的主要研究问题;
3. 掌握教育政策评估研究的研究范式和研究方法;
4. 能够运用教育政策评估研究的理论和方法对经典案例进行分析;
5. 充分阅读本章推荐文献,形成自己对教育政策评估研究的理解。

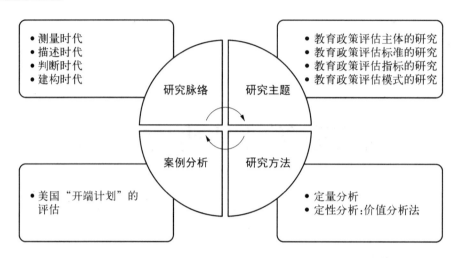

政策评估是政策动态运行不可缺少的环节,只有通过政策评估,才能对政策目标是否完成,政策是否应该继续执行、修改或终结作出正确判断。教育政策评估能够使教育政策根据社会政治、经济、文化发展的新情况及时进行调整,保证教育政策自身的合理性,从而有效引领和指导教育改革。教育政策出台和教育实践推进的复杂背景对政策效力提出了更高的要求,如何通过教育政策评估为教育政策的发展提供充足有效的证据,成为当下教育政策研究亟待解决的问题。

第一节　教育政策评估研究的研究脉络

教育政策评估的研究发展历程分为四个时代,即测量时代、描述时代、判断时代和建构时代。

1951 年拉斯韦尔开政策研究之先河,提出"政策科学"的概念,但当时学者的注意力还集中在政策的制定方面,忽视了对政策评估的研究,至 20 世纪 60 年代,美国政府发起的"伟大的社会"改革政策项目并未达到预期成效,促使人们开始对公共政策的执行及其效果的评估转化产生兴趣。随着 1973 年加州大学的普雷斯曼和维尔达夫斯基的《执行:华盛顿的伟大期望是如何在奥克兰破产的》一书的出版,政策评估研究的浪潮到来,政策评估理论不断产生。面对汗牛充栋的政策评估理论论著,要对其进行逐一评析显然是困难的。教育政策评估作为公共政策评估的分支领域,较多借用公共政策评估的研究成果,鲜有自己独到的概念体系与致思思路。因而本章借鉴埃贡·古贝(Egon G. Guba)和伊冯娜·林肯(Yvonna S. Lincoln)在《第四代评估》以范式为分界线对评估理论进行的四代划分,帮助读者勾勒出教育政策评估理论虽然短暂但愈加丰富、世代承续的发展图谱。总体而言,教育政策评估的研究发展历程分为四个时代,即测量时代、描述时代、判断时代和建构时代。

一、测量时代：关注效率的政策评估研究

从 1910 年到第二次世界大战期间是第一代评估，这个阶段的标志是"测量（measurement）"。其强调政策实施的效率和行政目标的实现程度（效用），认为"政策评估即实验室实验"，认为政策是价值无涉的客观存在。这深受社会现象研究兴起的指引，又承袭了科学管理运动的影响。

这一时期，政府从"守夜人"的角色逐渐转型为广泛参与社会问题解决的角色。政府职责的扩大和管理事务的增加使得政府的评估焦点放在了效率上，并且认为效率越高，结果的实现程度和公民的满意度越高，因此这一阶段的教育政策评估研究集中于工具导向下的测量评估。研究普遍认为教育政策可以如同工业产品一样被测量并被科学管理，评估对象由学生学业成绩转向教育政策影响，评估方法随之确立为"控制实验情境下"的实验，政策评估者在其中扮演技术人员的角色。因此，测量时代教育政策评估研究的重点放在技术性测量工具的提供上，以实验室内的实验为主，比如对智商、学习成效进行测量。

美国学者彼得·罗西（Peter H. Rossi）等人合著的《项目评估：方法与技术》作为关注政策效率的代表性研究成果，从社会科学研究的角度介绍了评估的发展历史和评估内容及方法，具体包括需求评估、项目理论评估、过程评估、结果评估、效率评估。随后，托马斯·R. 戴伊认识到了这一阶段政策评估取向存在的不足。他认为，政策评估是探寻法律通过后会发生什么。他以美国的政治体制为分析基础来研究政策评估，最终提出了"政策效用"概念。"政策效用"关注政策对现实世界产生的所有效果，包括对目标群体或现状的作用、对目标群体或状况以外的溢出效应、对未来情况的作用、直接和间接成本（含机会成本）。

第一代评估的不足在于该时期的教育政策评估研究将政策评估等同于测量，忽视了政策结果及政策有效性等问题，使其难以反映社会的复杂性，以至于外在效度欠佳。

二、描述时代：关注使用取向的政策评估研究

从第二次世界大战到 20 世纪 60 年代中期是第二代评估，该阶段的标志是"描述（description）"，主张"政策评估即实地实验"，关注的是评估结果的价值和实用性，强调评估的终极目的在于利用，从而唤醒了人们对评估结果利用重要性的认识。[1] 除仍保留技术测量的特性外，重点强调描述的功能，政策评估者逐渐变成了描述者。

20 世纪 60 年代以来，美国在"伟大的社会"口号下出现了许多政府项目，使政策评估出现了发展的高潮期。虽然这一时期的政策评估投入了许多人力和费用，但其研究结果在政策过程中利用率并不高，这就是所谓政策评价的"整体性危机（identity crisis）"。因此人们逐渐把政策评估的焦点转向了政策功能的发挥与评估结果的利用，在此基础上开展对教育政策的描述评估。这一时期的教育政策评估研究强调评估者身

---

[1]　吴锡泓，金荣枰. 政策学的主要理论[M]. 金东日，译. 上海：复旦大学出版社，2005.

临其境的重要性,教育政策评估者按照预定的目标规范,对已付诸实施的教育政策结果的优劣进行描述。

描述阶段的政策评估理论主要有 D. 帕隆博(D. Palumbo)和 D. 纳茨米亚斯 (D. Nachmias)的"理想的政策评价理论",探讨政策评估取得预期效果的理想范式[①]; M. 帕顿 (M. Patton) 的 "以利用为中心的评价理论",对 "为了获得实际可用的评估结果应该怎么做?"的问题进行研究,整理出了影响评估利用的因素并提出了以利用为中心的评估过程、评估核心和评估前提。帕顿在他的著作中强调评估的终极目的在于利用(utilization),从而唤醒了人们对评估结果利用的重要性的认识。[②] E. 戈登堡 (E. Goldenberg) 则从政策评估的目的入手提出了"政策评估目的理论",他认为政策评估首先要充分理解政策评估活动的本质,因为政策评估的目的因政策活动的不同会呈现出不同,政策评估是通过关于政策效果的评价来改进政策。[③]

但面对诸多难以控制的变量,描述评估无法准确界定教育政策对政策客体和政策环境的影响,因此该时代教育政策评估研究对评估结果利用程度的关注是以内在效度的牺牲为代价的。

资料卡 9-1

什么是"政策评估目的论"?

政策评估目的主要包括以下三个方面:一是对政策执行和效果的学习,以推导出关于项目整体性效果的信息并根据需要为行政管理者提供改善政府管理体制的工具,从而使他们能够提高政策运作的效率;二是组织控制,即通过政策评估实现领导人对组织活动和动态的把握与控制;三是影响环境,通过政策评估,提升工作人员应对多变的政治环境的能力。该理论认为,正是由于政策评估具有以上三个方面的目的,使其具有一些显著的特征:一是政治领导人受时间的限制,他们对需要长时间的政策评价研究不怎么感兴趣;二是以组织控制为目的最为有用的评估方法,在影响外部环境方面并不一定是最有用的方法;三是评估过程有时包含着劝告组织把未知内容应用于实际的可能。在现实中,大部分政府机构没能充分地利用政策评价的三种基本功能。[④]

该理论对政策评估理论的发展体现在,它是以政策评估的目的和必要性以及功能为基础而展开的,这有助于理解政策评估活动的本质。不仅有助于理解为什么在公共领域中投资巨额预算进行政策评估,而且能够理解为什么政策承担者更重视其中某一种评估。

---

①　Palumbo D, Nachmias D. The preconditions for successful evaluation: Is there an ideal paradigm? [J]. *Policy Sciences*, 1983(6): 67-79.

②　Patton M Q. Utilization-focused evaluation[M]. Sage publications, 2008.

③　吴锡泓,金荣枰. 政策学的主要理论[M]. 金东日,译. 上海:复旦大学出版社,2005.

④　Mohr L B. *Impact Analysis for Program Evaluation* [M]. Dorsey Press, 1995.

三、判断时代：关注价值取向的政策评估研究

从 20 世纪 60 年代中期到 70 年代中期，是第三代评估，其标志是"判断（judgement）"，认为"政策评估即社会实验"，强调决策导向下的判断评估，将重点放在社会公平性议题上；强调政策评估者不仅要把科学的实验研究方法与实地调查方法相结合，而且还要体现出个人对政策目标价值结构的判断，认为评估者是判断者。

过去的政策评估由于过分关注政策效率而忽视了社会民众真正的需求，造成政策在解决公共问题的同时使得公民受益不均，出现了分配不公、贫富差距拉大的现象。教育政策能否有效解决教育问题，进而反映特定社会经济背景下的教育需求，社会对其评估的价值诉求呼之欲出。描述性评估的合理性遭到民众的普遍质疑，人们开始反思教育政策评估不应囿于测量和描述，而应凸显评估者本身的判断。以罗尔斯（John Rawls）的《正义论》为标志，研究者开始对传统的政策评估合理性提出质疑，进而对政策目标的合理性、正当性进行了深入的讨论。① 这一阶段的代表学者认为政策评估的首要任务是评判公共政策的公正性，在公正的前提下再去衡量效率和效能。

豪斯（E. R. House）就指出："政策评估的本质，基本上是一种政治活动。其在为决策者提供服务的同时，主要目的是推动资源与利益的再分配。评估不但是真实的，更应该是正义的。正义应该成为政策评估的一项重要标准。"② 此时期对于教育政策评估的反思与超越，打破了以往强调价值中立的实证主义评估范式的宰制，具有革命性的突破。

四、建构时代：关注协商取向的政策评估研究

20 世纪 70 年代中后期是第四代评估，这个阶段是"回应的建构性评估（the responsive constructive evaluation）"，其核心是"协商"，认为"政策评估即政策制定"；强调的是价值导向下的建构主义评估，关注的是政策评估过程中的多方需求、多元互动，综合了对政策效率和政策公平性的共同关注，强调多种评估技术和方法的综合运用。

以古贝和林肯的"第四代评估"理论为代表，他们认为以前的评估理论都缺乏对政策的价值、目标、内容、过程、方法的深刻思考。建构主义取向的政策评估，关注的是政策评估过程中的多方需求、多元互动，综合了对政策效率、政策公正性的共同关注，以及多种评估技术和方法运用的综合性评估。在方法论上采用注释型方法，强调复述、分析、批判、再复述、再分析等。这一时期的教育政策评估研究认为，应在融通政治、经济、文化、社会等相关因素的前提下，特别重视回应教育政策利益相关者的观点表达。这一阶段教育政策评估者的角色调整为建构者、协调者，通过与利益相关者的反复论证、批判及分析过程，实现多元认识向共同认识的转变，建构出对问题的共识而完成政策评估（图 9 - 1）。③

---

① Rawls J. *A Theory of Justice*[M]. Harvard University Press，1973.
② House E R. *Evaluating with validity*[M]. Information Age Publishing，2010.
③ 埃贡・G. 古贝，伊冯娜・S. 林肯. 第四代评估[M]. 秦霖，蒋燕玲，等译. 北京：中国人民大学出版社，2008.

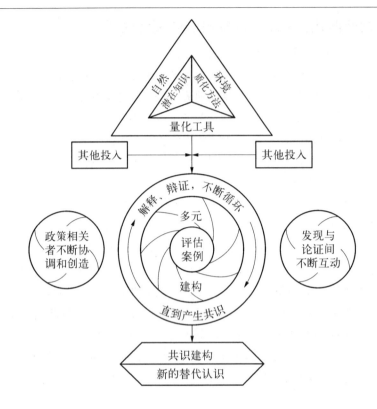

图 9-1

回应性建构主义政策评估方法论

纵观政策评估研究半个多世纪的发展,经历了从实证本位向规范本位的研究范式的渐进,并发展为强调两者的统一与综合,统一形成了四个具有不同特色的发展阶段。教育政策评估研究以这四代评估理论为基础,进行了一系列的发展与演进。在这个过程中,教育政策评估研究的理论基础愈加坚实,逐渐跳脱出纯粹的技术取向,"工具理性"与"价值理性"逐步契合,对利益相关者、沟通与学习等议题更加关注,整体朝开放化、民主化的方向发展。

第二节　教育政策评估研究的主题

目前,我国的教育政策研究主要集中在教育政策的决策研究和执行研究两个领域,针对教育政策评估的研究起步较晚,研究的广度和深度难以实现对政策评估的全覆盖,尚未形成系统的理论和实践支撑,理论研究已落后于教育政策评估实践的需要。梳理目前教育政策评估研究的主题能够帮助我们了解中国教育政策评估研究的现状,展望下一阶段研究的重点和方向。根据研究主题的不同教育政策评估研究可分为以下几个方面。

一、教育政策评估主体的研究

教育政策评估主体是指从事教育政策评估活动的个人、团体或组织,他们在教育政策评估活动中主导着评估活动的实施,对评估结果产生极为重要的影响。开展对教育政策评估主体的研究能够明确不同类型评估主体的素质和职能,针对不同的教育政策选择合适的评估主体,确保教育政策评估活动的科学性和有效性。

> 教育政策评估主体是指从事教育政策评估活动的个人、团体或组织,他们在教育政策评估活动中主导着评估活动的实施,对评估结果产生极为重要的影响。

在实际教育政策评估活动中,国内外教育政策评估主体的构成有着明显的不同。国外教育政策评估的研究机构可分为政府和民间组织。

以美国为例,联邦政府并不具有对教育的直接管辖权,州政府对教育事业负有主体责任,受体制的影响,在美国较少有自上而下的全国性的标准化政策评估,而更多是自下而上的内部评估和大量权威组织机构开展的项目化外部评估。其中,政府所属的研究机构有美国的"联邦国家教育研究中心"和"联邦国家教育评估及地区协作中心"。民间组织包括公司性质的研究机构如著名的兰德公司和社团性质的研究机构如卡内基基金会(Carnegie Endowment for International Peace)。国外的高校也积极参与到教育政策评估研究中,如美国教育政策的研究机构集中于哈佛大学、斯坦福大学等知名的研究型大学。国外的教育政策评估主体较为多元化,政府所属的教育政策评估主体有着较强的专业能力,独立于政府机构的第三方评估主体有效保证了评估活动的客观性,高校对教育政策评估研究的积极参与也有效提升了实际评估活动的有效性。三重主体在共同开展教育政策评估研究的同时相互制约,保证了教育政策评估活动的科学性、民主性。

国内的教育政策评估主体主要以官方研究机构为主,如国家教育发展研究中心下设的教育政策评估研究室。每个省(直辖市)也都设有类似机构,隶属于各省教育厅,如上海教育评估院、北京市教育评估院、江苏省教育评估院等。有学者将国内的教育政策评估主体概括为两大类:一是政府主导型的评估,其主体包括政策制定者与执行者、政府内部的评估机构、人大与政协组织;二是第三方评估,其主体包括外部专业评估机构及舆论界和社会公众。[①] 虽然评估主体的构成比较丰富,但与国外相比,我国教育政策评估机构建立较晚,发展程度有限,专业能力还有待提升;且目前我国教育政策评估机构多依附于政府部门,教育政策评估往往具有自上而下的行政主导特征,缺少第三方独立自主的评估;高校对教育政策评估问题虽有关注,但参与程度和辐射能力有限,评估的客观性和科学性没有得到很好的保证。

教育政策作为一种重要的公共政策,其评估过程必须体现社会公众的利益和意志,因此需要独立性、多元性、专业性更强的评估主体参与到教育政策评估过程中。为了改变国内不同层级的教育政策执行者"既是运动员,又是裁判员"的情况,有学者提出,应当建立专业评估机构和教育政策执行者两类主体合作的机制,辅以社会监测(包括公众和大众媒体),站在客观立场上运用专业评估技能,结合政策实施情况作出科学的评价。

---

① 胡伶,范国睿.教育政策监测与评估主体的现状与发展建议:基于权力来源与向度的分析框架[J].教育发展研究,2012(13):8-13.

在分析我国现有各种政策评估主体优劣势的基础上,提出了建构以第三方评估为主的多元评估主体的主张。① 总而言之,在教育政策评估主体领域应当增强政府主导型评估的专业性,减少教育政策执行者对教育政策评估活动的影响和干预,提升专业评估机构对实际评估活动的参与程度;扩大教育政策评估主体的范围,增强评估主体的独立性,积极发展第三方机构评估;动员高校师生的研究力量,为教育政策评估研究提供新视角和新思路。这是提高教育政策评估科学性的必然选择。

资料卡9-2

怎么鉴别政策利益相关者?②

政策评估中通常使用"边界分析法(boundary analysis)"来鉴别政策利益相关者(stakeholders)。一般来说,边界分析包括三个步骤。

(1)饱和抽样。也称"滚雪球抽样",即通过多重阶段的抽样尽可能广泛地获得政策相关者的饱和样本。这一过程最初可从一组或一群人开始,详细了解他们对有关政策问题的观点及其差异,要求他们每个人列出另外两位对所讨论问题最支持和最不支持的人士的姓名。如此连续进行很多组人群的抽样调查,直到不再有更新的意见为止,以尽可能实现饱和抽样,包含尽可能多的利益相关人。

(2)诱导性提问。这一步骤的目的是要引出对问题的各种不同陈述。以多种形式,比如当面交谈、电话交谈等,诱导性地提出各种可供人们思索、探讨的问题,启发被调查者从多方面、多层面为政策问题提供更有意义、更具有实质性的数据资料。在这一过程中,也可以利用饱和抽样中取得的资料。

(3)边界分析与估计。政策评估者可绘制一个累积的频率分布图。在这个图中,将政策利益相关者绘制在X轴,将新的问题要素,包括想法、概念、变量、假设、目标、政策等绘制在Y轴上,从而形成了元问题边界图,如图9-2所示。随着被调查者所提出新问题数量的变化,曲线就会呈现不同的走势,起初会直线上升,到了一定的阶段则呈现水平态势。曲线的坡度变化反映不同的意见,曲线变平,则元问题的边界就基本确定了。

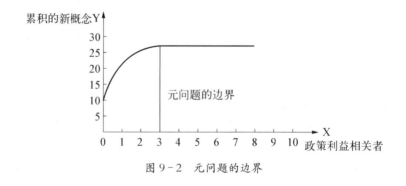

图9-2 元问题的边界

---

① 范国睿,孙翠香. 教育政策执行监测与评估体系的构建[J]. 教育发展研究,2012(5):54-60.
② 威廉·N. 邓恩. 公共政策分析导论(第2版)[M]. 谢明,等,译. 北京:中国人民大学出版社,2002:180-181.

二、教育政策评估标准的研究

教育政策评估标准的建构是教育政策评估问题的核心，系统且科学的教育政策评估标准是进行政策评估的基础。现代公共政策评估从一开始就存在着技术评估范式（实证论或效果论）与政治评估范式（价值论或批判论）之争，评估范式上的分歧也突出反映在政策评估标准的设定。美国学者格朗兰德（N. E. Gronland）曾给评价下了一个极其简洁的定义：评价＝量（或质）的记述＋价值判断[①]，政策评估关注的是对政策和项目有用性或价值的判断，而非简单的结果信息收集。"价值焦点（value focus）"作为政策评估的核心特征，要求评估研究自始至终不能回避价值的问题，教育政策的评估作为公共政策评估的下位概念，也遵从这样的评估逻辑。

20世纪60年代末，萨茨曼（E. A. Suchman）较早地在其著作《评价研究：公共事务与执行程序的理论与实践》中概括了政策评估的5项标准，即投入（effort）、绩效（performance）、绩效的充分性（adequacy of performance）、效率（efficiency）、执行过程（process）。[②]

20世纪70年代，当众多学者致力于发展和完善政策评估的技术标准时，学者白瑞（B. Bary）和雷伊（D. W. Rae）却从政治学的角度提出了"政治评估（political evaluation）"的观点，以区别于早期的技术性"政策评估（policy evaluation）"。在他们看来，如果仅仅使用单一的技术标准评估公共政策，而忽视政策评估的规范分析与价值判断，那么政策评估必然深陷入技术操作的泥潭中无法自拔；如果忽视了政治原则，必然使政策评估在讲求效率的同时迷失了政治方向，而迷失方向的政策评估所导致的后果很可能是灾难性的。[③]

威廉·邓恩在《公共政策分析导论》中针对结果的有效性提出了6项标准（表9-1）。[④]在这6项评估标准中，效果、效率、充足性属于政策评估的事实标准，而公平性、回应性、适宜性属于政策评估的价值标准。斯图亚特·那格尔也从政策过程评估的角度，提出了"3Ps"标准：公众参与度（participation）、可预见性（predictive）、程序公正性（procedural fairness）。[⑤]

标准类型	问　　题	说明性指标	表9-1
效果	结果是否有价值？	服务的单位数	威廉·邓恩的6项评估标准
效率	为得到这个有价值的结果付出了多大代价？	单位成本、净收益、成本收益比	

① 孙绵涛. 教育政策学[M]. 北京：中国人民大学出版社，2010.
② Suchman E A. *Evaluative Research: Principles and Practice in Public Service and Social Action Programs*[M]. N Y：Ressell Sage Foudation，1967：61.
③ Bary B，Rae D W. Political Evaluation[A]. Greenstein F I，Polisy N W. *Handbook of Political Science*[C]. Melon Park，California：Aanderson Wesley，1975：105.
④ 威廉·N. 邓恩. 公共政策分析导论（第2版）[M]. 谢明，等，译. 北京：中国人民大学出版社，2002：437.
⑤ 斯图亚特·S. 那格尔. 政策研究：整合与评估[M]. 长春：吉林人民出版社，1994：3.

标准类型	问　　题	说明性指标
充足性	这个有价值的结果的完成在多大程度上解决了目标问题?	固定成本、固定效果
公平性	成本和收益在不同集团之间是否等量分配?	帕累托准则、罗尔斯准则
回应性	政策运行结果是否符合特定集团的需要、偏好或价值观念?	与民意测验的一致性
适宜性	所需结果(目标)是否真正有价值或者值得去做?	公共计划应该效率与公平兼顾

续表

这一系列标准的内涵与政府绩效评估的"4E"(经济性、效率性、效果性、公平性)结构导向一致。这些标准既体现了对政策执行过程评估的关注,理念上也转向了更为广泛的政治、价值的分析与评估。[①]

西方教育政策评估标准受到公共政策评估标准的深刻影响,米其尔(D. E. Mitchell)在公共政策评估标准的基础上从6个方面提出了教育政策评估的标准:是否反映了各利益团体的利益;是否与学校工作开展相一致;是否有现实意义与操作意义;是否与基本政策或其他政策相矛盾;实施该政策的效应与效率如何;政治上、技术上是否可行。[②] 其中,学校工作开展相一致、现实意义和操作意义、政策效应和效率、技术可行性等都可归属于政策评估的事实标准,而反映团体的利益、与基本政策或其他政策的关系、政治可行性等显然属于政策评估的价值标准层面。

国内有公共政策学者认为,政策评估标准包括事实标准和价值标准。事实标准又包括政策投入与产出的比例、目标实现程度与范围、对社会的影响程度等;价值标准包括是否满足大多数人利益、是否有利于社会生产力发展、是否坚持社会公正等。[③] 有学者认为,一般而言政策评估有如下五大标准,即生产力标准、效益标准、效率标准、公正标准和政策回应度。[④]《现代公共政策导论》一书提出了"首要标准"和"次要标准"的概念,把用于整体评估的标准称为首要标准,把用于单元评估的标准称为次要标准。[⑤] 在这个意义上,整体评估和首要标准是自变量,而单元评估和次要标准就成了因变量,从而构建了一个完整的评估标准框架。

从划分方法来看,国内研究将教育政策评估标准主要划分为形式标准、事实标准和价值标准三类。有学者对每类教育政策评估标准都进行了界定和分析。其中,形式标准主要关注教育政策文本是否具有确定性、教育政策体系是否具有一致性以及教育政策程

① 埃贡·G. 古贝,伊冯娜·S. 林肯. 第四代评估[M]. 秦霖,蒋燕玲,等,译. 北京:中国人民大学出版社,2008.

② Mitchell D E. Six Criteria for Evaluating State-Level Education Policies[J]. *Educational Leadership*,1986(01):14-16.

③ 谢明. 政策分析概论[M]. 北京:中国人民大学出版社,2004.

④ 陈振明. 公共政策分析[M]. 北京:中国人民大学出版社,2003:271.

⑤ 张国庆. 现代公共政策导论[M]. 北京:北京大学出版社,1997:186.

序是否具有法定性。事实标准包括效率标准、效益标准和效能标准三方面,通过数量值、比率关系等客观指标来反映教育政策实施效果。价值标准主要关注社会政治经济情况在教育政策实施后发生了怎样的变化,体现为公平性标准和促进人全面、和谐发展的标准。[①]

《教育政策的理论与实践》[②]一书将教育政策评估的标准概括为"3E+3F+3C"。其中,"3E"指的是效率(efficiency)、效果(effect)和公平性(equality);"3F"指的是可行性(feasibility)、可预测性(foresee ability)和程序公正性(procedural fairness);"3C"指兼容性(compatibility)、简明性(conciseness)和满意度(contentment)。还有学者则立足于教育政策的价值层面提出以质、量、尺度作为评估的标准(表9-2)。[③]

质的标准	是教育政策价值存在的好或坏的规定,是教育政策合规律性程度的检验标准。
量的标准	对教育政策价值进行规定,是教育政策合目的性程度的检验标准(政策是否综合表达所有主体的需要或利益;是否由所有主体共同制定;是否对所有主体具有普遍有效性)。
尺　　度	是教育政策价值的质和量的统一的比例,通过三个最基本的价值要素的相互关系来度量:善=好/坏,即取决于好与坏的数量大小的比例。

表9-2

价值层面的评估标准

《教育政策与教育法规》一书根据政策执行阶段的划分,将教育政策评价的标准划分为政策执行情况评价和政策执行后的结果评价。政策执行情况的评价标准主要包括:是否按照原定的教育政策方案实施,执行机构是否健全,所需教育资源是否充足,是否照顾了大多数人的利益,是否因地制宜、适应了本地的教育情况。教育政策执行后的结果评价标准包括:政策结果、政策效率、政策效益、公平性和社会反应度的评价。[④]

三、教育政策评估指标的研究

选择和确立评估标准是政策评估的必备条件,将抽象的评估标准(criteria)转化为具体的、半定量乃至定量化的指标(index)则是政策评估的依据和逻辑起点。政策指标的概念是20世纪80年代由美国公共政策学家麦克瑞(Duncan McRae)提出的,他将政策指标定义为将公共统计数据用于公共政策议题的衡量工具。政策指标除了关注政策实施过程中耗费的成本和创造的纯经济效益,还关注公共政策在资源调配过程中的公平性以及为民众创造的主观性福祉。教育政策评估指标属于政策指标的范畴,因此教育政策评估指标体系的建立既要遵循一般政策指标体系设计的方法,充分利用现有的教育统计数据,根据教育政策目标和评估标准,选择具有特定教育政策意义的统计指标,又要考虑到教育政策评估的特殊性,考虑教育政策本身的公平性以及教育政策利益相关者的主观感受,并设计相应的评估指标。

---

① 白贝迩,司晓宏. 教育政策评估标准的建构[J]. 教育理论与实践,2015(13):20-24.
② 范国睿. 教育政策的理论与实践[M]. 上海:上海教育出版社,2011:183-184.
③ 孙绵涛. 教育政策学[M]. 北京:中国人民大学出版社,2010:211.
④ 吴志宏. 教育政策与教育法规[M]. 上海:华东师范大学出版社,2003:133-138.

拓展阅读9-1

OECD"强势开端Ⅳ"的早期教育发展关键指标

经济合作与发展组织(OECD)于2015年10月发布了《强势开端Ⅳ：早期教育与保育质量的监测》(*Starting Strong Ⅳ : Monitoring Quality in Early Childhood Education and Care*)，从机构服务质量、员工与教师质量和儿童发展质量三个方面对OECD各成员国学前教育质量监控体系进行评估，旨在帮助各成员国建立有效的学前教育质量监控体系，完善各成员国学前教育相关政策的制定与实施(表9-3)。

表9-3   OECD"强势开端Ⅳ"的儿童早教发展关键指标

维　度	指　　　标
服务质量	安全管理(最重要)、教师最低资格条件、卫生和营养管理、师幼比、室内外空间、学习和游戏材料的应用、工作计划或教师工作计划、课程实施、资金管理和人力资源管理
教师队伍质量	保教资格、过程质量、材料使用、时间管理、学科知识、课程设计和实施、团队合作与沟通、与家长沟通、管理与领导、工作条件、专业发展机会和儿童成果
儿童发展与成果	语言与识字技能、计算技能、社会情感技能、运动技能、自治能力、创造性技能、实践技能、健康发展、福利、科学技能和信息计算机技能

目前我国对教育政策评估指标的研究思路可归类为以下三种。第一种是过程思路，按照预评价、执行评价、后果评价的政策周期设计指标体系。这种思路主要来源于袁振国的《教育政策学》[1]，对教育政策评估的其他研究者产生了很大的影响。袁振国从政策运行过程入手，从预评价、执行评价和后果评价这三个维度提出准则，具体包括认定问题是否正确、政策目标是否恰当、政策方案是否可行、政策执行是否得力、政策效益是否最佳这五个指标。黄忠敬的《OECD教育指标引领教育发展研究》一书系统地介绍了OECD的教育指标体系，从产时指标、投入指标、机会指标和过程指标四个维度，分析了教育指标的发展演变以及对教育发展的引领作用。[2]

第二种是要素思路。依据教育政策评估对象，将一级指标分为教育政策主体、教育政策客体和教育政策环境，然后根据评估标准设计具体指标。

第三种是价值思路，以教育政策的价值观为导向，重点评估教育政策的公平、效益、民主、现代性、国际化等方面。

我国未来在教育政策评估理论领域的研究，需要构建具有通用性的评估模型和框架；在评估标准的制定中要考虑教育政策的特殊性质，注意调节教育政策评估标准中价

---

① 袁振国. 教育政策学[M]. 南京：江苏教育出版社,2001.

② 黄忠敬. OECD教育指标引领教育发展研究[M]. 上海：华东师范大学出版社,2019.

值标准与事实标准的比重;在具体教育政策评估过程中结合政策层次和内容特点进行相应的指标选取与设计,一方面要保证评估标准和指标体系的开放性,另一方面要提升评估指标的普适性和针对性,从而为教育政策评估领域的研究奠定扎实的理论基础。

四、教育政策评估模式的研究

托马斯·R. 戴伊认为:模式是对真实世界某些方面的简单化表述,它既可以是实物模型,也可以是抽象事物的图表或流程图,而用来研究政策的模式是一些概念模型,其作用是用来界定政策问题中的重要方面,以引导我们更好地理解公共政策。[①] 政策评估模式,也称政策评估的概念模式或理论模式,它是政策评估前的指导理念,通过它,政策评估的理论、方法与实践有机结合起来,以此缩小评估主体的主观随意性,限制评估主体对评估方法的随意使用,保证评估结论的科学性。[②] 在国外的政策评估研究中,已形成了一些较为常见和典型的评估逻辑框架,基于不同的关注点和视角,对政策制定(设计)、执行结果等主要过程和环节,以及政策的效益、效率和价值等方面进行了诠释和分析。

教育政策评估方法最初起源于公共政策评估,目前国内外针对教育政策评估模型的专门研究很少,大多参照已有的公共政策评估模型来构建新模型,其中弗兰克·费希尔建立的政策评估框架最为著名。他在《公共政策评估》[③]一书中将政策评估的规范性与经验主义进行结合,建立了一个将事实与价值结合起来进行评估的批判性的复合评估框架。

资料卡 9-3

弗兰克·费希尔的政策评估逻辑框架

美国政策学者弗兰克·费希尔在《公共政策评估》[④]一书中,提出了将事实和价值结合起来的政策评估逻辑模型(表9-4)。这一模型分析了评估公共政策方法论框架的四种形式:项目验证、情景确认、社会论证和社会选择。这四种具体的方法被分为两个层次,第一层次由项目验证和情景确认构成,着重于研究政策发起者的特定行动背景,探究特定项目的结果和这些结果出现的情景。"第一顺序评估"包含两个逻辑推论的"论点":以项目验证为中心的技术分析论点和以情景确认为中心的相关论点。项目验证针对经验主义政策分析最注重的基本技术,即分析性的或者方法论的问题。验证的三个基本问题包括:(1) 从经验主义的角度来说,项目达到既定的目标了吗? (2) 经验主义的分析揭示了对项目目标进行补充的次要或者未曾预料的效果了吗? (3) 项目比其他可行的办法更有效率地达到目的了吗? 情景确认也包括三个基本问题:(1) 项目目标与问题情景相关吗? (2) 情景中是否出现例外情况? (3) 有没有两个或两个以上与问题情景相关的标准?

---

① 托马斯·R. 戴伊. 理解公共政策(第10版)[M]. 彭勃,等,译. 北京:华夏出版社,2004.
② 牟杰,杨诚虎. 公共政策评估:理论与方法[M]. 北京:中国社会科学出版社,2006:261.
③ 弗兰克·费希尔. 公共政策评估[M]. 吴爱明,等,译. 北京:中国人民大学出版社,2003.
④ 弗兰克·费希尔. 公共政策评估[M]. 吴爱明,等,译. 北京:中国人民大学出版社,2003.

表9-4 弗兰克·费希尔的政策评估逻辑框架

政策评估逻辑简介：层面、论点及问题

层面：第一顺序评估

技术分析论点：项目验证（结果）

组织问题：按照经验该项目达到既定的目标了吗？

相关论点：情景确认（目的）组织问题：项目目标与问题情景有关吗？

层面：第二顺序评估

系统论点：社会论证（目标）

组织问题：政策目标对社会整体有方法性的价值或者贡献吗？

意识形态论点：社会选择（价值）

组织问题：（构成社会顺序的）组织的基本理念（或者意识形态）为冲突的解决提供了
合理的基础吗？

　　第二层次由社会论证和社会选择构成，评估转换到了更大的社会系统之中，项目自身的论证仅仅是其中的一个部分。它着重于研究政策目标对社会系统的影响，强调项目的社会价值。"第二顺序评估"包含两个"论点"。以社会论证为中心的系统论点需要回答的问题是：（1）政策目标对社会整体有方法性的价值或者贡献吗？（2）政策目标会导致意想不到的、具有重要社会后果的问题吗？（3）完成政策目标会导致被评判为公平分配的后果吗（例如，效率和成本）？最后，在以社会选择为中心的意识形态论点的推论阶段中，有三个问题需要解答：（1）（构成社会顺序的）组织的基本理念（或者意识形态）为冲突的解决提供了合理基础吗？（2）如果社会制度无法解决基本的价值矛盾，有无其他社会制度（同样公平地赋予相关利益和需要）可以为冲突提供解决办法？（3）规范思考和经验主义证据支持其所认为可行的另一种意识形态和社会制度的求证和选择吗？

　　这种将事实和价值结合起来进行评估的多重方法论框架，能够帮助我们理解如何在全球化背景下更好地进行文化沟通，在政策评估中如何更好地将定性与定量方法结合起来，如何将手段和目的更好地区别开来，如何从更深入、更广泛、更综合的层面对公共政策进行反思和辩论。

　　美国学者斯塔夫比姆（D. Stufflebeam）归纳了政策评估产生近50年以来所运用的评估模型，并将其分为四类，包括伪评估、问题取向的评估、决策取向的评估和社会回应取向的评估。其中决策取向的评估模式在1966年提出，由四项评估动词的首字母组成：背景评估（Context evaluation），输入评估（Input evaluation），过程评估（Process evaluation），成果评估（Product evaluation），简称CIPP评估模型。

　　邓恩则根据评估的假设标准，区分了三种政策评估模式：伪评估、正式评估、决策理论评估（表9-5）。

模　式	目　　标	假　设	方　法	技　术
伪评估	采用描述性方法获得绩效的运行结果方面的有效信息	价值尺度是不证自明的或不容置疑的	社会系统核算、标杆比较法	图像显示、表格显示、指数法、间断时间序列分析、可控时间序列分析
正式评估	采用描述性方法获得绩效的运行结果方面的有效信息。这些运行结果已经被正式宣布为计划目标	被宣布的目标是对价值的恰当衡量	发展评价、实验评价、回顾性过程评价、回顾性结果评价	目标图形化法、价值澄清、价值评论、交互影响分析、折扣法
决策理论评估	采用描述性方法获得绩效的运行结果方面的有效信息。这些运行结果已经被多个"利益相关者"明确评估过	利益相关者潜在的也是正式宣布的目标是对价值的恰当衡量	评价力估计、多重效用分析	头脑风暴法、辩论分析法、德尔菲法、用户调查分析

表 9 - 5

邓恩的政策评估模式分类

　　古贝和林肯提出以"组织者"为焦点来进行分类,瑞典学者韦唐(Evert Vedung)在《公共政策和项目评估》(*Public Policy and Program Evaluation*)一书中以古贝和林肯的观点为基础,赋予"组织者"更抽象的含义,从而归纳出 3 类共 10 种公共政策评估模式,包括专业模式、经济模式和效果模式(图 9 - 3)[①]。20 世纪 60 年代,受到传统公共行政学的影响,西方教育政策评估主要关注的是教育政策执行过程中参与者对政策目标实现的影响,目标达成模式和附带效果模式的评估研究最为活跃。20 世纪六七十年代,随着政策环境的变化,教育政策评估的重点转向对执行过程和执行结果的评估,引入经济学方法的综合模式和经济模式研究成为政策科学的重要研究方法。20 世纪 80 年代后,新公共管理运动兴起,教育政策对公共利益和公众满意度的导向要求政策评估不再局限于对成本与效益的衡量,相应的顾客导向模式和利益相关者模式兴起。

图 9 - 3

韦唐的政策评估分类体系

评估模式：
- 效果模式：
  - 目标：目标达成模式、附带效果模式
  - 结果—无目标评估模式
  - 系统单元—综合评估模式
  - 顾客的关心等—顾客导向模式
  - 利益相关者的关心等：利益相关者模式(北美)、政策委员会(瑞典)
- 经济模式：
  - 生产率模式—生产率模式
  - 效率模式：成本-利益分析、成本-效益分析
- 专业模式—同行评议

①　Vedung E. *Public policy and program evaluation*［M］. New Brunswick（U. S. A）and London（U. K）：Transaction Publishers，1997.

第三节　教育政策评估研究的视角与方法

　　教育政策评估是教育政策动态运行过程中不可缺少的环节,对教育政策评估理论视角与方法的研究为这一环节的有效开展提供了实施路径和工具。选择合适的教育政策评估方法能够提高评估主体对教育政策评估数据的利用率,从而提升教育政策评估活动的效果。只有运用合适的方法进行教育政策评估,才能对教育政策目标是否实现,是否应该继续执行、修改或终结教育政策作出正确判断,从而对正在实施的政策是否可以推广到更大的目标群体提供科学的参考。

一、教育政策评估研究的理论视角

1. 利益相关者理论

　　"利益相关者(stakeholder)"一词的本义是指在一个企业或一项商业活动中拥有投资份额、股份或者其他相关利益的个人和组织。它作为公司治理方面的一个概念,1963 年由斯坦福研究所提出。最早将"利益相关者"概念引入公共政策评估领域的是瑞典学者韦唐,他在其专著《公共政策和项目评估》中提出了政策评估的利益相关者模式。政策评估的利益相关者模式是一种基于主体需求的政策评估模式,它从政策相关利益人的关注点和需求点出发评价政策的有效性,是一种能充分表达各方意见,权衡各方利益的评估模式。利益相关者是指所有对某项改革公共政策的目标和执行感兴趣,并对其利益具有某种影响的团体和个人,在某种层面上来说,这些团体和个人就是指公共政策影响(直接或间接)的目标群体。

　　利益相关者,有时也称利益主体(interest body),既是公共政策的接受者,反过来也以多种方式影响着公共政策。

把利益相关者理论引入政策评估领域,为我们提供了一个政策制定和政策评估的新视角与框架。利益相关者,有时也称利益主体(interest body),既是公共政策的接受者,反过来也以多种方式影响着公共政策。有些学者更是指出他们是可能受特定政策变革影响的"政策参与者(players)",其权力、地位、对政策的认可度和接受度,在政策中起重要作用。[1] 从利益相关者角度出发评价公共政策的影响和合理性,倾听被公共政策影响和潜在影响政策的社会成员的不同意见,政策制定者可通过权衡多方利益提出各方都满意的政策,最大限度地回应公民利益诉求,使得公共政策更加科学、民主,顺应行政民主的政府管理新趋势,适应回应性政府、责任政府构建的需要。

　　一般认为,以利益相关者理论为视角的政策评估研究可以分为规范性研究、描述性研究和工具性研究三种。[2] 规范性研究主要关注"政策应当关注利益相关者的哪些权益""为什么政策制定者要将这些权益纳入考虑";描述性研究主要关注"政策利益相关者如何回应政

---

①　Buse K, Mays N, Walt G. *Making Health Policy*[M]. McGraw-Hill Education, 2012: 199 - 202.

②　Donaldson T, Preston L E. The Stakeholder Theory of the Corporation: Concepts, Evidence, and Implications[J]. *Academy of Management Review*, 1995.

策";而工具性研究则解决要不要考虑政策利益相关者的诉求,以实现对政策目标的实际影响。因此,有学者从可操作性出发,提出了从利益相关者进行政策评估的步骤(图9-4)。

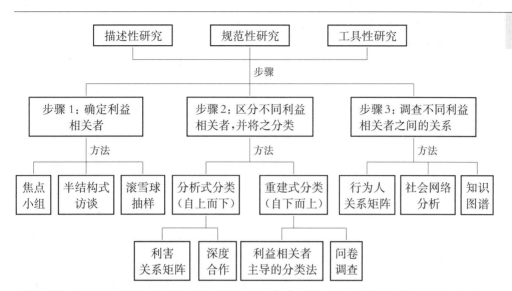

图9-4

从利益相关者进行政策评估的步骤

资料来源:李虔.民办高校分类管理政策的可接受性研究[M].广州:广东高等教育出版社,2019:33-34.

随着对政策过程中利益相关者的关注,越来越多的研究通过"回应式"评估(responsive evaluation),了解政策利益相关者的态度、倾向、行为、兴趣等,以了解政策背景、评估未来政策实施的可行性、诊断政策推广的重难点。[①]

与其他公共政策一样,教育政策也涉及利益的分配。在教育政策的各个阶段,不同利益相关者都从自身利益需求出发,选择与政策博弈的路径,这也要求我们对于教育政策的评估必须将这些主体都纳入考量范围。但教育政策评估与其他政策领域存在着根本性区别,即务必要保证政策核心取向的公平性。[②]

2. 公共选择理论

公共选择理论产生于20世纪40年代末期,其基本原理和理论框架形成于20世纪五六十年代。公共选择理论的代表人物是美国人詹姆斯·布坎南,他认为"公共选择是政治上的观点,它以经济学家的工具和方法应用于集体或非市场决策而产生"。

公共选择的主题与政治科学的主题是一样的:国家理论,投票规则,投票者行为,政党政治学,官员政治,等等。在公共选择理论中,市场经济中的理性"经济人"被认为会采取各种手段以实现自身的利益最大化,这些手段其中就包括联合起来组成利益集团,通过集团这种

> 在公共选择理论中,市场经济中的理性"经济人"被认为会采取各种手段以实现自身的利益最大化,这些手段其中就包括联合起来组成利益集团,通过集团这种"扩音器"形式发出自己的利益诉求。

① Brugha R, Varvasovszky Z. Stakeholder analysis: a review[J]. *Health Policy and Planning*, 2000, 15(3):239-246.

② 王满船.公共政策制定:择优过程与机制[M].北京:中国经济出版社,2004.

"扩音器"形式发出自己的利益诉求。在公共政策过程中,利益集团涉入政治,形成"政治利益集团",这些政治利益集团具有更加强烈的利益意识,因此,影响政府决策的目的也就更加明确;而另一方面,不管是利益集团还是政府部门及其他组织,都是由个人组成的,作为普通的理性"经济人",他们都会关心新的政策到底能在多大程度上给自己带来利益,同时他们也会思考因此要付出的代价。

这种个人的所谓的理性"经济人"的行为在一定程度上影响了政府的决策行为。与此同时,当政府的利益与其他群体的利益不一致甚至发生冲突的时候,政府显然也会基于理性"经济人"的假设去维护自身的利益。政策评估的主体公众与政府都会基于自身利益的角度对公共政策作出评价,而评估的依据往往是依据自身利益的得失,以"经济人"角度去评估公共政策。

二、教育政策评估研究的方法

西方政策科学的两次革命分别从技术性层面与社会性层面发展完善了政策分析理论。政策评估理论的发展也由实证研究转向价值研究,继而发展为如今的实证与价值相结合的研究范式。如果说实证主义既推动了该学科的发展,又一定程度上导致了学科方法论上的狭隘与价值上的偏差,那么,后实证主义的兴起则有利于该学科在知识结构和价值导向上回到平衡。后实证主义"倡导'辩论转向'也并非要否认实证主义分析的重要性,而是为了通过构建政策辩论的框架来厘清对实证研究与规范研究关系的认识"。[①] 在方法论之争的背景下,建立一个实证研究与规范研究相结合、科学与民主并重的政策分析框架成为重要课题。回顾现有研究,西方学者分别从三个方面进行了探索与尝试:(1)研究公共协商讨论过程中专家、公民、政策分析者之间的关系与互动,通过明晰不同政策参与者的角色职责使政策分析的过程更加明晰化;[②](2)研究阐释性分析方法,并探索如何将其嵌入到政策分析中;[③](3)从方法论的角度分析定量研究与定性研究的优缺点,探讨两种方法的整合问题。[④]

目前教育政策评估的方法研究日益丰富,学者们对于教育政策评估方法的划分及命名虽然不尽相同,但类型趋于一致,大致可将教育政策评估方法划分为定量分析和定性分析两大类。在两类教育政策评估方法中,定量分析主要是利用统计学的有关知识和技术对教育政策评估中所涉及变量的量化信息进行处理和分析,主要沿用传统的定量分析方法,如成本-收益法、实验研究法等。定性分析则是运用思辨的方法对教育政策评估所获得的信息进行分析、归纳、综合和推断,用文字阐述的形式表述评估的结果,如公共政策中常用的头脑风暴法、德尔菲法、系统分析法等。

---

① Frank F, Herbert G. *The Argumentative Turn Revisited: Public Policy as Communicative Practice*[M]. Durham: Duke University Press, 2012: 2.

② Wagle U. The policy science of democracy: The issues of methodology and citizen participation[J]. *Policy Sciences*, 2000, 33(2): 207 – 223.

③ Durning D. The transition from traditional to post-positivist policy analysis: A role for Q-methodology[J]. *Journal of Policy Analysis and Management*, 1999, 18(3): 389 – 410.

④ Leon P D. Policy analysis: Empiricist versus post-positivist positions[J]. *Policy Studies Journal*, 1998, 26(1): 109 – 113.

1. 定量分析

改革开放之后,受到西方评估理论与方法的影响,加之教育政策数量增多,以量化方法开展教育政策评估研究的重要性日益凸显。因此国内学者开始将注意力转向实证主义政策评估方法论的学习,以事实和数据来支撑教育政策评估研究结论的权威性和可靠性。受国际学生评估项目、国际数学与科学趋势研究项目、国际阅读素养进步研究等国际大规模学生评估的影响,越来越多的学者倾向于借助量化研究的技术手段,从事实层面评估教育政策过程各环节的有效性,更加注重教育政策的实际效果和效率。量化研究主要对教育政策评估中所涉及变量的量化信息进行处理和分析,运用数学、统计学、经济学等建立与之相适应的数学模型,以数字衡量政策评估结果。

> 量化研究主要对教育政策评估中所涉及变量的量化信息进行处理和分析,运用数学、统计学、经济学等建立与之相适应的数学模型,以数字衡量政策评估结果。

（1）前—后对比法

前—后对比法是指通过将政策实施前和政策实施后,政策目标呈现的状态进行比较,从而得到政策效果的一种定量研究方法。前—后对比法具体可分为四类:"前—后"对比分析,"投射—实施后"对比分析、"有—无政策"对比分析和实际与规划比较。

> 前—后对比法是指通过将政策实施前和政策实施后,政策目标呈现的状态进行比较,从而得到政策效果的一种定量研究方法。

简单"前—后"对比分析主要是对政策或计划实施之前的条件与政策或计划实施之后的条件进行比较,两次测量的结果或影响就是对政策的评价,这种方法假定政策实施前后数据之间的任何差别都是政策或项目带来的结果。例如,我们在评估一项义务教育政策的效果时,就可以将政策执行前后的适龄儿童变化数量来说明政策效果。这种方法简便明了,但由于社会系统的复杂性,无法确定政策前后测量结果究竟是由政策本身引起的,还是其他因素造成的(图9-5)。

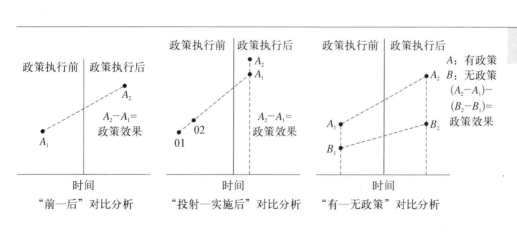

图9-5

前—后对比法图示

"投射—实施后"对比分析主要是首先按照政策实施前的条件对政策实施对象发展情况进行预测,得到政策实施对象在无政策情况下的预测值 A_1,再对政策实施对象进行政策执行后的结果进行测量得到 A_2,A_2-A_1 即可得到政策影响效果。

简单"前—后"对比分析和"投射—实施后"对比分析测量的主要是同一政策目标对象。"有—无政策"对比分析同时考察实施政策对象与不实施政策对象,进行政策前后的比较。将实施政策对象的前后变化结果减去未实施政策对象前后变化结果,就是政策的实际效果。

实际与规划比较就是将实际执行计划后数据与先期确定的目标进行比较。分析家设定特定的目标作为一段时期内的评估指标,并搜集计划实施执行后的数据,最后将实际数据与目标数据进行比较分析,并对差异作出解释。

（2）实验研究法

在众多教育政策评估方法中,实验研究法目前是教育政策评估过程中日趋广泛使用的评估方法。这一方法起源于 19 世纪 80 年代的心理学领域,到 20 世纪 20 年代开始被学者用于关注社会领域的变革及公共政策的评估。实验研究法中所采用的实验设计可以分为随机实验设计和准实验设计。随机实验设计将实验参与对象及实验处理随机分配给实验组和控制组,准实验设计则没有随机分配实验参与者。每一种设计又可细分为前—后测实验组设计、单组后测实验组控制组设计以及前—后测实验组控制组设计等。

> 实验研究法中所采用的实验设计可以分为随机实验设计和准实验设计。随机实验设计将实验参与对象及实验处理随机分配给实验组和控制组,准实验设计则没有随机分配实验参与者。

20 世纪 90 年代中期以来,采用实验研究方法作为教育政策或教育变革评估方法的研究逐步增多,主要是由于政府部门对"基于科学证据的研究"的关注和对实验研究方法应用的鼓励。实验研究法能够实现对实验参与主体以及实验干预的随机分配,确保了教育政策评估者能够有效地预测实验处理与实验结果之间的因果关系,使得政策分析者或政策制定者能够评估环境变化及未曾实施过的政策变量对政策效果产生的影响及效应,因此得到了学者们的广泛使用。

美国国会于 2001 年通过了《不让一个孩子掉队》法案,强调实验研究是提供关于学校改革和教育政策评估的强有力工具。在国内,也有很多学者运用这一方法开展教育政策评估研究。如中国科学院农业政策研究中心与斯坦福大学合作开展的农村教育行动计划（Rural Education Action Project，REAP）就采用随机实验设计的方法,考察营养状况对学生教育发展及学业成绩的影响。北京师范大学教授杜育红主持的"西部地区基础教育发展"影响力评价采用了前—后测非对等控制组的准实验设计方法,对世界银行贷款/英国政府赠款"西部地区基础教育发展"项目进行了评估。

（3）模糊综合评价法

教育政策评估过程中经常遇到评价指标过多、指标不能精确描述等问题,因此模糊综合评价法进入到政策研究学者的眼中。作为一种基于模糊数学的综合评价方法,该综合评价法根据模糊数学的隶属度理论进行定量评价,即用模糊数学对受到多种因素制约的事物或对象做一个总体的评价。它具有结果清晰,系统性强的特点,能较好地解决模糊、难以量化的问题,适合各种非确定性问题的解决。

> 模糊综合评价法,即用模糊数学对受到多种因素制约的事物或对象做一个总体的评价。

建立在模糊集合基础上的模糊综合评判方法,从多个指标对被评价政策隶属等级状况进行综合性评判,对被评估政策的变化区间作出划分,一方面可以顾及对象的层次性,使得评价标准、影响因素的模糊性得以体现;另一方面在评价中又可以充分发挥人的经验,使评价结果更客观,更符合实际情况。

随着量化研究方法在教育政策评估领域的广泛推行,一些问题也逐渐显现。量化研究方法在某种程度上忽略了教育政策的价值、文化、现实环境等要素,以工具理性和技术理性主导的评估方法将教育政策内在的规范性问题和社会问题转换成为技术性问题,这种技术化发展阻碍了教育政策评估研究中对于民主的追求。为了改善这种状况,越来越多的学者倾向于使用质性和量化相结合的研究方法,为纯技术化的教育政策评估注入价值分析的内涵。对教育政策评估的研究不应该简单地以各类政策评估指标为价值取向,而应综合考虑新阶段国家和社会发展的多重需要,从政治、经济、社会、历史文化、心理诉求、可持续发展和国际环境等多个维度进行考量,着重探寻政策现象背后的观念、机制及其错综复杂的关系,逐步超越传统的以单一经济理性为主导的教育政策评估阶段。

2. 定性分析:价值分析法

教育政策评估的价值分析法是指教育政策分析者对教育政策本身所蕴含的价值取向、价值观念以及价值问题进行系统剖析与确认的一种教育政策研究方法,其研究的中心内容是教育政策活动过程中的"价值选择"及其"合法性""有效性"等问题。[①] 实质价值与形式价值是构成教育政策价值内容的两个最基本方面。实质价值又可称为教育政策的目的性价值,或称为教育政策的"价值理性",主要是指教育政策所选择、所追求,并在政策活动中时时处处体现出来的价值内容。形式价值又可称为教育政策的手段性价值,或称为教育政策的"工具理性",主要是指教育政策活动过程的每一个环节都必须遵循的一系列确定的程序或原则,是规范教育政策价值主体在控制教育资源和获得自身利益的过程中的活动顺序、范围和方式等一系列不随意以人的意志为转移的程序性价值要求。

> 教育政策评估的价值分析法是指教育政策分析者对教育政策本身所蕴含的价值取向、价值观念以及价值问题进行系统剖析与确认的一种教育政策研究方法,其研究的中心内容是教育政策活动过程中的"价值选择"及其"合法性""有效性"等问题。

教育政策价值分析的具体方法有三种,包括经验性研究方法、规范性研究方法和超伦理研究方法。经验性研究方法又称为描述性方法,主要是对价值现象的价值观进行描述、分类和概括,对政策价值选择和具有价值倾向的行为方式进行描述和分析。规范性研究的主要目的是确定对政策行为进行评价的规范标准,它要回答的是:我们依照什么样的标准确定政策行为的对与错;什么样的政策行为才是好的、是公正的、是最有效的,或有效的政策行为应遵循什么规范标准。超伦理研究方法即以教育政策价值选择的某种价值规范或伦理规范作为研究对象,进行评价、分析和研究。[②]

国内众多学者运用价值分析法开展教育政策评估研究,针对近十多年来的教育政

---

① 刘复兴. 教育政策的价值分析[M]. 北京:教育科学出版社,2003:80.

② 刘复兴. 教育政策价值分析的三维模式[J]. 教育研究,2002(04):16-20+74.

策热点问题,如高等教育、成人教育、义务教育、学前教育、教师教育、民办教育、农民工子女教育政策、教师绩效工资政策、就近入学政策、国家助学贷款政策等展开分析与讨论。例如,吴遵民和傅蕾在对我国 30 年来的教师教育政策价值取向的历史变迁进行梳理后,提出从工具本位向教育本位的移行,从阶段性向整体性的转换,从一元化向多样性走向的特点,但近年来也出现师范教育特色弱化与泛化、教师教育主体性缺失、教师教育公平性诉求等问题。滕珺以联合国教科文组织的"大会决议"为研究对象分析其中的价值取向,通过还原价值理性和工具理性在教育活动中的一体性,从而真正把握国际教育理念。

第四节　教育政策评估研究的不足与展望

一、教育政策评估研究的不足

1. 研究范式单一

目前,中国教育政策评估研究主要吸取公共政策评估的研究范式,已有研究对教育政策评估理论内涵、价值取向、评价标准以及评价模型的择取也大多局限在公共政策研究的范畴之内,而对教育政策所面临的评估环境、评估过程、评估标准等要素的特殊性观照不足。逻辑范畴的模糊以及理论基础的不牢固,都不利于教育政策评估自身理论的建设和具体的实践应用。[①] 现有的研究范式缺乏对教育政策评估的整体考量,对政策的质量以及尺度的研究较多,对其价值规范和效果的多视角解读则较少,需要重视对教育政策评估从理念到行动的整合研究。

2. 量化研究薄弱

我国的教育政策评估研究虽然已经开始注重量化技术在实际中的应用,但现有研究仍主要以思辨类的反思性文章为主,侧重定性评估,注重价值分析,这种方法直观易懂但研究结论缺乏严格的检验。我国的教育政策评估研究既需要进一步提高规范研究的水平和质量,也亟待加强实证研究,从而解决当前部分教育政策评估研究结果模糊、实践导向性差的问题。针对教育政策评估,自上而下评估与自下而上评估并重、定量评估与定性评估相结合、既重事实又重价值的综合评估方法已在世界范围内成为趋势。基于证据的教育政策研究已广泛应用于教育政策评估领域,有效提升了政策评估的客观性和实效性。

3. 实践导向不足

教育政策评估具有较强的应用属性,实践是教育政策评估研究的最终指向,但从目前中国教育政策评估的研究内容来看,学者们对教育政策评估的实然研究关注深度还不够。大多数研究注重从应然状态去探讨教育政策评估的内涵、评估标准等,却在一定程度上忽视了实然研究对现实问题的观照,现象背后的问题原因与问题解决

---

① 祁型雨. 论教育政策的价值及其评价标准[J]. 教育科学,2003(2): 7-10.

模式仍需进一步深度挖掘。对于评估环境的营造、评估标准的选取等细节分析仍停留在原则性框架探讨层面,存在理论与实践脱离的问题,很难将现有研究移植到具体实践领域。

4. 政策因素研究匮乏

已有教育政策评估研究及其实践领域都过于关注对微观领域教育活动及其结果的研究,忽略了对导致这些行动和结果的政策因素本身的研究,缺乏对影响政策效果宏观层面的政策方案以及中观和微观层面政策的评估研究,从而导致研究结论的全面性、应用性和系统性不足。

5. 第三方评估研究欠缺

在政策评估领域,第三方评估作为一种必要而有效的外部制衡机制,弥补了传统的政府自我评估的缺陷,在促进服务型政府建设方面发挥着不可替代的促进作用。我国目前的政策评估研究,包括政策评估和第三方评估,是对国外政策评估理论的移植和引入,尽管在某些方面为中国教育政策评估研究提供解释理论和框架,但在诸多方面还需要结合中国实际进行消化吸收。目前,中国尚缺乏由第三方机构进行的长期专业化、科学化、大数据实证支撑的教育政策评估研究,对于第三方评估的有关理论研究也极为匮乏,由此直接导致对教育实践问题无法获得深刻的理解、分析和解决。

二、教育政策评估研究的未来展望

虽然近年来我国教育政策评估研究取得了巨大成绩,但依然需要在评估方法、预评估、评估模式等方面深入挖掘,以使教育政策评估研究愈加完善和成熟。

一是加强教育政策评估方法研究。科学的教育政策评估方法影响着教育政策评估的有效发展,选择合适的教育政策评估方法能够提高评估主体对教育政策评估数据的利用率,从而提升教育政策评估活动的效果。评估方法的应用也会影响到评估结果的科学与否,根据不同实际情况采用不同政策评估方法能为教育政策运行提供科学的方法指导。教育政策评估研究应该加强对教育政策评估方法的研究,探求教育政策自身所特有的评估方法,为教育政策评估方法的运用寻求理论支撑。

二是重视教育政策预评估研究。教育政策预评估是在一项教育政策制定之前就对此项政策预先进行一个评估,对政策目标可行性以及价值作出一个事先的分析。对一项政策本身的复杂性进行预评估可以对教育政策的运行动向有一个宏观把握,进而能够在后续的再评估中更全面、准确地评估教育政策。当前我国教育政策评估研究还没有意识到教育政策预评估的重要性,所以加强教育政策预评估研究能够为教育政策评估的实施提供全新的视角。

三是关注教育政策评估模式研究。教育政策评估模式能够更好地评价教育政策的实施效果。国内目前对教育政策制定模式和教育政策执行模式的研究相对较多,但对教育政策评估模式的研究鲜有涉及。目前我国教育政策评估模式的研究大多是移植公共政策评估模式,再结合具体的教育政策而展开。这些教育政策评估模式的构建,为我国教育政策评估活动提供了系统性的保证,但过于依赖外来的公共政策评估模式,使得我国教育政策评估模型的整体构建较为薄弱,缺少针对具体中国教育政策的评估模型,难以对中国教育政策中存在的特殊问题进行科学评估。因此,我们需要关注教育政策评估模式研究,为高效的教育政策评估提供科学的方法论指导。

教育政策评估研究案例分析
美国"开端计划"的评估[①]

一、计划简介

美国在 1965 年开始了一项以扶持贫困家庭儿童接受学前教育的补偿项目,被约翰逊总统命名为"开端计划"(Head Start Project)。此项目历时 40 多年,主要内容是通过国家主导,为贫困家庭儿童和家庭提供良好的教育服务、健康服务、社会服务等,以期达到消除社会贫富分化的根源,向教育公平和社会公正的目标迈进。

该计划假设:在上学之前进行干预,使孩子们从学校教育中最大限度地获益,取得优异的学习成绩,学到实用技术,最终得到好的工作,从而能够彻底根除贫困。

二、对"开端计划"的评估:一个准实验研究方案

威斯亭豪斯学习公司的评估研究是受美国联邦政府委托在"开端计划"开始后不久进行的,评估研究采用了实证方案。这项评估试图把参与"开端计划"的小学低年级学生与没有参与"开端计划"的同类学生进行比较,看参与的学生在教育上的进步是否要大一些。具体来说,这项研究是按照所谓准实验研究方案的步骤进行的,但有几处略微不同。

1. 项目目的

威斯亭豪斯研究假定"开端计划"的原始目的是促进参与项目的孩子们的认知和情感发展。具体来说,分析的标准是孩子们在阅读和书写能力(认知发展)以及用更加肯定的态度看待自己的能力(情感发展)方面的可测量的收获。尽管评估者知道"开端计划"还有其他目的,如提高孩子们的健康和营养,以及改变父母的态度,改变社区环境等,他们还是选择把重点放在智力和情感因素上。

2. 评估过程

这项研究的分析按照由 104 个"开端计划"中心提供服务的 6 个地理区域来进行。在每个目标区域里,所有有资格参加 1966 年 9 月到 1967 年 8 月"开端计划"的孩子被一一确认并分成两个部分,即参加"开端计划"的为一部分,不参加的为另一部分;对参加"开端计划"的孩子随机抽样挑出实验组的成员,对不参加这个项目的孩子随机抽样挑出控制组的成员。在实验组内,只参加夏令营的孩子又分为一组,参加常年"开端计划"的孩子则分为另一组。据完善的实验行为要求,威斯亭豪斯研究想用统一的方式运用各种测试工具。这

---

① 弗兰克·费希尔. 公共政策评估[M]. 吴爱明,等,译. 北京:中国人民大学出版社,2003:48.

样做的目的是保持实验的内在有效性,并且把将来在相似环境中复制实验的可能性扩展到最大,即建立外在的有效性。威斯亭豪斯研究在招募和筛选管理这些工具的考官(或者叫作"面试者")时尤其谨慎。一旦选定,考官们将接受大量训练,从而能够循序渐进地使用这些考试工具,并且掌握这些工具背后的理论基础。他们还要考察每一种工具的实际效果,以及参与真实和模拟的测试练习。

3. 研究结果

经过研究人员的调查统计和数据分析,《威斯亭豪斯报告》在《纽约时报》上发表,报告认为:(1) 夏季的"开端计划"在认知和情感发展方面没有能够产生长期的效果;(2) 全年的项目在促进情感发展方面也没有产生效果,对取得长期的认知上的进步作用甚微;(3) 参与"开端计划"的儿童在语言发展和学习成绩测试中的成绩比全国标准要低很多。这些结论,是在应用每一种标准化考试工具后,对实验组和控制组的数据进行比较而得出的。评估者进一步发现,参与"开端计划"的孩子比不参加这个计划的孩子的认知和情感分数也要低得多。即使是同一区域、不同社会经济背景的孩子的测试结果也是如此。在其他测试中也得到了同样的结果。因此,把所有的信息汇总分析,可以得出结论:"开端计划"并未达到预想成效。

报告发布后引起了社会广泛的关注,同时展开了一系列针对"开端计划"和评估结果的辩论(如图9-6所示)。

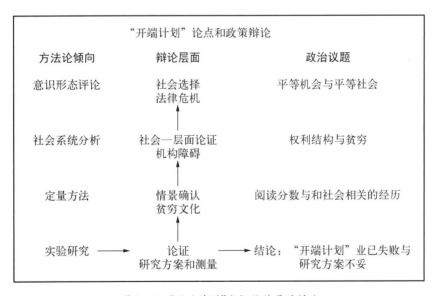

图9-6 "开端计划"和评估结果的辩论

四 推荐阅读

1. [美] 弗兰克·费希尔. 公共政策评估[M]. 吴爱明,李平,等译. 北京:中国人民大学出版社,2003.

2. [美] 威廉·N. 邓恩. 公共政策分析导论:第2版[M]. 谢明,等译. 北京:中国人民大学出版社,2002.

　　3. ［美］埃贡·G. 古贝,伊冯娜·S. 林肯. 第四代评估［M］. 秦霖,蒋燕玲,等译. 北京：中国人民大学出版社,2008.

　　4. 刘复兴. 教育政策的价值分析［M］. 北京：教育科学出版社,2003.

第四部分

关系研究

第十章
教育研究与教育政策关系的研究

本章导语

对教育研究与教育政策关系的认识经历了一个从"判定两者是否存在相互关系"到"两者之间是怎样的关系"再到"如何促进两者之间的互动"等基本过程。学者们纷纷通过理论阐述、访谈调查、案例分析、问卷调查等方式，得出了丰富的研究成果，为教育政策研究领域增添了更多视角。本章概述了在这一领域具有影响力的研究成果，并借助两项案例研究分析教育研究与教育政策的关系。

学习目标

1. 了解教育研究与教育政策关系相关研究的主题；
2. 了解教育研究与教育政策的关系；
3. 掌握教育研究与教育政策关系的研究方法；
4. 了解教育研究与教育政策关系的经典案例。

知识导图

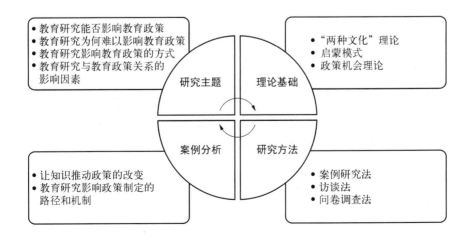

- 教育研究能否影响教育政策
- 教育研究为何难以影响教育政策
- 教育研究影响教育政策的方式
- 教育研究与教育政策关系的影响因素

研究主题

理论基础
- "两种文化"理论
- 启蒙模式
- 政策机会理论

案例分析
- 让知识推动政策的改变
- 教育研究影响政策制定的路径和机制

研究方法
- 案例研究法
- 访谈法
- 问卷调查法

第一节   教育研究对教育
政策有影响吗

政策科学自 20 世纪 50 年代诞生以来,就天然地被赋予了参与政策过程、助益政策成效、促进政策发展的期望。教育政策研究作为政策科学的研究领域之一,自然也被要求能够与教育政策具有深入而长久的关系,协助国家政策决策部门更好地了解教育现实需求,制定切实可行的科学的政策项目,并产生良好的政策效果。因此,在 20 世纪六七十年代,源于第二次世界大战后对社会科学研究寄予的厚望,各国政府都高度重视教育研究,并提供大量资金,希望它们能够为国内教育的发展提供"秘方",改进教育质量,并进而解决很多社会问题。于是,借此机会教育研究获得了充分的发展,产生了一批高质量的研究成果。这些年被称为决策部门和研究人员合作的"蜜月期"。但是"蜜月期"维持的时间并不太长,很快双方便产生了信任危机。一方面决策者的期望落空了,各国教育与社会发展并没有因为研究成果的力量而有明显的改善,于是决策者开始指责研究成果毫无用处;另一方面,研究者的学术独立性和自信心受到打击,开始指责决策者们过于急功近利,认为"政界人士的'脏手'常对研究人员所采取的比较清晰的方法横加干涉"[①]。开普兰(N. Caplan)在 1975年对美国政府高层管理人员的调查中,询问他们在政策中使用社会科学知识的问题,以及他们是否与有影响力的学者进行接触,决策者们的回应是"不存在这种关系"[②]。

对"教育研究与教育政策的关系"问题的研究,就是在这样一种质疑声中开展的,基于"教育研究对教育政策是否有影响"或者"教育研究为何难以影响教育政策"这样的问题逐步推进的。20 世纪 70 年代的研究者们发现:辛辛苦苦研究出来的成果,并没有被有效地运用到公共政策当中;公共政策中的很多问题,明明是可以借研究之力来避免或者获得更优的解决策略的,为什么研究得出的知识却不被使用?决策者仿佛不了解或者不清楚研究有些什么样的结论,也不乐意主动去了解研究成果,更谈何去运用研究知识。这样一种令人遗憾的现实,引发了研究者的关注。即便是到如今,探讨教育研究对教育政策的实际影响、影响的程度如何等,仍是学者们普遍思考的话题。

一、教育研究能否影响教育政策

探寻教育政策与教育研究的关系,涉及的是两大主体之间的相互关系,即教育政策与教育研究之间是否存在相互关联和相互影响的现象(图 10 - 1)。

---

① 费兰·费雷尔. 有关教育研究趋势的一些想法[J]. 教育展望,2000(3): 95 - 106.

② Caplan N, Morrison A, Stambaugh R. *The Use of Social Science Knowledge in Policy Decisions at the National Level*[M]. Ann Arbor: University of Michigan Institute for Social Research, 1974: 67 - 89.

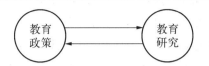

图 10-1

教育政策与教育研究的互动关系

教育政策对教育研究的影响是显而易见的。教育政策是否会影响教育研究这一问题的答案似乎是毋庸置疑的。无论是教育政策直接对教育研究的引导、促进与制约作用，还是教育政策通过影响教育实践而对教育研究内容的影响，都是非常显性的。以我国智库发展的相关政策为例，可以看出从政策层面对学术研究的支持，会显著促进相关领域的发展。改革开放以来，我国政府越来越重视决策科学化与民主化的发展，期望智库一类的组织可以将知识的力量化作政策理性的基石。2004 年在《中共中央关于进一步繁荣发展哲学社会科学的意见》中规定："党委和政府要经常向哲学社会科学界提出一些需要研究的重大问题，注意把哲学社会科学优秀成果运用于各项决策中，运用于解决改革发展稳定的突出问题中，使哲学社会科学界成为党和政府工作的'思想库'和'智囊团'。"2012 年党的十八大明确指出"坚持科学决策、民主决策、依法决策，健全决策机制和程序，发挥思想库作用"。2015 年 1 月，中共中央办公厅、国务院办公厅印发了《关于加强中国特色新型智库建设的意见》，全面规范并引导我国的智库建设工作，极大促进了智库的发展。在新时代教育发展的重要指导性文件《中国教育现代化 2035》中，提出要"提高高等学校哲学社会科学研究水平，加强中国特色新型智库建设。健全有利于激发创新活力和促进科技成果转化的科研体制"。党和政府提出的这些纲领性文件和要求，为建立全面而深入的决策研究基础提供了纲领性要求和建设条件，从而促使研究者与决策者共同为"研究影响决策"作出努力，同时保障双方有效的沟通机制，为国家大政方针和地方政策的制定与落实做好科学保障。正是因为政府一连串的鼓励与引导政策，使得近些年来我国智库迅速发展起来，并产生了越来越重要的政策影响力。

而教育政策是否需要教育研究，教育研究是否有机会影响教育政策，则是一个更为复杂的问题。20 世纪 50 年代，斯诺(C. P. Snow)在其著名的"科学和政府"演讲中，提出了一个具有普遍性的问题："在我们这个时代，任何一个发达的工业社会最不寻常的特性之一，就是那些最根本性的选择不得不由少数人秘密地、可还是以合法的形式作出。然而，作出这些选择的人不可能对作出这些选择所根据的因素或它们可能导致的结果都具有第一手的知识。"也就是说，决策者在进行政策制定时，难以亲自、直接去了解与政策议题相关的所有知识。然而，为了确保政策的科学性，又必然需要尽可能多地去了解相关内容。由此，需要通过各种渠道获取可靠的背景信息。为解决这个问题，斯诺建议寻找一种更为合理的决策方式，即组建一个委员会，吸纳各类相关人员，使得科学可以在决策过程中尽可能发挥积极作用。在这样一个委员会中，研究者应该占据一定的位置，并提供切实有用的研究知识。

然而，研究者对"教育研究影响政策"这个话题一开始并不是那么乐观。或者说，学者们正是因为"教育研究没有想象的那样成功影响政策"，从而产生了认知冲突，开始全方位探讨研究与政策之间的关系。甚至有研究表示，如果在决策中考虑到了研究，那主要是幸运和巧合。① 当然,即便有些受挫,历来的研究都立足于"研究应该能够影响政策"的价值立场,并试图去解释为什么这种影响不够明显。

从理论上讲,因为研究能够为决策者提供比"常识"更为重要的系统、准确、及时更新的"知识",因而必然对决策具有重要影响。但在现实社会中,研究与决策分离甚至决策者忽视研究的现象比比皆是。人们普遍认为社会科学研究一般对政策或实践没有重大影响。里昂 1969 年关于政府与社会科学之间关系的书名为《不安定伙伴关系》。安德森(Lisa Anderson)写道,这两个领域之间的关系是紧张和模棱两可的。② 其他人则称这种关系是偶然的,不完善的和困扰的。③ 教育研究资金的稀缺也是教育研究得不到运用的原因。大规模教育研究的稀缺,导致在教育领域相当宽泛且薄弱的知识基础,而现有研究往往是一系列不连贯、小规模、背景和方法不一致的研究项目。④

当然,也不是所有的学者都对研究成果在公共政策中的运用抱持消极的看法。希尔斯(E. Shils)在 20 世纪 60 年代就说过,"把社会科学研究纳入政策制定过程的趋势'很可能不可逆转',尽管各国因为政治和行政风格不同,可能差异很大"。这种不可逆转的趋势虽然没有十分清晰地呈现在决策过程当中,但并不意味着研究对政策的价值没有实现的机会。

进入 21 世纪后,随着决策难度与决策成本的进一步提升,决策失误带来的损失越来越大,研究的力量作为理性力量的代表,更为决策者所认可,为该领域理论的持续讨论提供了现实基础。尤其是智库的兴起及其决策影响力的提高,学者群体政策功能的进一步释放,为这一领域的深入发展提供了空间和机会。

二、教育研究影响教育政策的程度如何

有太多的经验告诉我们,教育研究对教育政策制定者和高层决策者的直接影响是相当"薄弱"的。诸多学者给出了自己的观点,并试图从多种理论视角进行了解释。在联合国教科文组织的某计划项目中,学者们总结了社科研究成果没能影响政策的三个原因:一是政策一方对研究的兴趣不大,即便是委托研究,也不是为了获得相关研究成果,而是出于习惯、象征性的合法化和履行隶属关系等原因;二是研究者本身也没有太大的兴趣去主动影响政策;三是二者在语言、时间安排和兴趣方面都存在着差异,缺少

---

① Azman M N. Malaysia's National Higher Education Research Institute (IPPTN): narrowing the research-policy gap in a dynamic higher education system[J]. *Studies in Higher Education*, 2014, 39(8): 1451 - 1462.

② Anderson L. *Pursuing truth, exercising power: Social science and public policy in the 21st century*[M]. New York: Columbia University Press, 2003: 103.

③ Lindblom C E, Cohen D K. *Usable knowledge: Social science and social problem solving*[M]. New Haven, CT: Yale University Press, 1979.

④ Young M D, Rorrer A K. Promoting the Utilization of Educational Leadership Research in Preparation, Practice, and Policy[J]. *Journal of Research on Leadership Education*, 2012, 7(2): 195 - 216.

有效的沟通。① 2001 年，美国学者里奇(R. F. Rich)将社会科学知识运用不充分的原因解释为四种：其一，政策制定者与研究人员在交流上的障碍(communication barriers)，因为他们彼此之间有着不同的词汇和语言，即便是处于政府内的研究人员同样运用着学术的语言，妨碍了工作上进行更好的协调；其二，研究者所提供信息的质量和客观性不一，同样影响了这些知识的运用效果；其三，政策的过程具有强烈的政治性，这决定了决策者不可能积极地去运用社会科学研究来指导政策的思路；其四，在对决策者的奖励制度中，并没有鼓励其运用社会科学知识来制定政策，因此决策者运用知识的动力不足。② 从中，可以总结出最主要的四种原因：两种文化的差异；研究本身的因素；政策方式的因素和制度的因素。

1. 教育研究难以影响教育政策的原因："两种文化"的差异

"两种文化"理论是目前有关教育研究在决策中得不到很好应用的主流解释。率先提出这一解释的学者是开普兰。开普兰在 20 世纪 60

> 两种文化，是指教育活动中"决策文化"与"学术文化"两分的状况。

年代末将学术界和决策界分为两种文化和两个群体，认为二者完全是两种不同的模式，在十分不同的环境中活动，从而极具解释力地解答了"为什么研究知识没有能够有效影响政策"的现状。他提出，研究者们被认为是"仅专注于抽象概念和理论解释，而政策制定者面临的则是需要即时去解决的现实问题。学术界通常可以根据多年延续下来的时间表来运作，但政策制定者面临着的是艰难的最后期限和直接责任。这意味着学术界花了很长时间完成的那些令人难以理解的成果，对那些没有能力理解且时间紧迫的政策制定者而言，毫无用处"。这一被称之为"两种文化"或"两种群体"的理论自产生之日便被广泛关注，成为解释研究政策关系问题不可绕开的理论之一。

在"两种文化"理论的影响下，瑞典著名教育学家托尔斯顿·胡森在 20 世纪 80 年代对教育研究者和决策者之间关系的问题开展了系统研究，并尝试阐述了教育研究与教育政策的关系。他将研究者和决策者同样理解为"两种不同的文化"，具有不平等的地位(决策者事实上对研究成果的处理具有垄断权)；看问题的角度不同(决策者关注的是亟待解决的问题、用政治家的眼光看问题、对专业术语比较陌生，而研究者重视同行评价，从事专业化研究，措辞的考虑不像决策者那么拘谨)；对学术的看法不同(学术态度 VS 官僚态度)等，从而引起研究者与决策者的"分裂"(disjunction)。这种所谓的"对立"与"分裂"的状态到目前为止，仍被人们所津津乐道。然而，也并不是说经历了半个多世纪的努力，二者之间的联系没有发生积极的变化。相反，在研究者的努力、决策者的倡导和世界范围内对决策科学化的追求当中，将研究应用于决策，为研究者与决策者提供更多、更有效联系的机制体制，都在尝试解决"两种文化"的联结与沟通问题，并取得了一定的效果。

---

① 赵宁宁. 教育政策与教育研究的关系究竟是什么：欧美教育政策与教育研究关系研究述评[J]. 教育研究，2009(11)：68-75.

② Rich R F. *Social Science Information and Public Policy Making* [M]. New Brunswick，New Jersey：Transaction Publishers，2001：7-12.

资料卡 10-1	

《教育研究与政策：它们如何联接》

1982 年，为了纪念胡森从斯德哥尔摩大学国际教育主席位置上退休，举办了一场"教育研究与政策"专题研讨会。以此为基础，1984 年胡森和科根共同主编了《教育研究与政策：它们如何联接》（*Educational Research and Policy: How Do They Relate?*），呈现了 1982 年召开的"教育研究与政策"专题研讨会上学者的研究论文与研究报告。

学者的研究论文阐释了研究者在使用"研究"一词上的差异，有些论文作者认为"研究"是为公共委员会搜集证据以制定政策，有些论文作者认为"研究"是具体项目的学术评估或者围绕某个主题相关研究证据的元分析，这就导致了无法进行有效的比较研究。而要判断研究对实际政策的影响，必须要对"研究"作出明确的界定。

这本书呈现了研讨会上的两篇研究报告，第一篇报告是由胡森撰写的四个国家中研究者与决策者如何连接的比较研究，建基于对这些国家主要决策者和杰出研究者的访谈。第二篇报告由科根撰写，他分析了 12 个国家的案例，包括一些发展中国家的案例，在分析的基础上提出了可能的建议。他说："科学，当然无权决定政府的行动。政府必须允许科学研究在回应社会和政府需要时遵循自身的规律。"他认为研究对政策的影响是间接的，无论是发达国家还是发展中国家，科学共同体和政府之间的关系都是复杂的，也很难相处。

参见：Ernesto Schiefelbein, Reviewed Work(s): Educational Research and Policy: How Do They Relate? edited by T. Husén and M. Kogan, Comparative Education Review, Vol. 30, No. 1 (Feb., 1986), pp. 178 - 180; John Nisbet, Reviewed Work(s): Educational Research and Policy: How Do They Relate? by T. Husén and M. Kogan, International Review of Education, Vol. 30, No. 2 (1984), pp. 225 - 227.

我国学者同样很早以来就意识到这个问题。张人杰将二者之间的差别从学术兴趣、时间跨度等四个方面进行了阐述（表 10-1）。

表 10-1		决 策 者	研 究 人 员
决策者与研究人员之间存在的差异	对教育研究的兴趣所在	想获得可以应用于实务的迅速、明白和具体的结果，或找到迫切问题的解决办法，在研究的选题上注重对社会有直接影响的课题。	想详细解释其结论，并证明结论的合理性，甚至想积累一套知识，以及创立科学理论，在研究的选题上较广泛。
	教育研究的时间跨度之取向	更倾向于短期行为。	要求有更多的时间。
	实际从事教育研究的必要性	必须支持教育研究，但本人并不实际从事教育研究，而只是提供资助。	把自己在科学界的声誉看得极重，并有可能受到奖惩。

续表

	决　策　者	研究人员
对教育研究成果所负的责任	必须公开论证用于教育研究的经费在改进本国和本地区教育方面的成败。	不受左面一项的限制,应对自己的研究结论负责,但对自己研究的最终产品只能加以阅读控制,而且其运用经常会犯以偏概全的错误。

资料来源:张人杰.中国大陆教育社会学的二十年建设(1979—2000)[J].华东师范大学学报(教育科学版),2001(2):1-9.

相似的表述还有很多,大家基本都认识到了两个群体之间的"错位"甚至"时差"[①],认为政策制定和理论研究是两种性质完全不同的过程,存在价值取向和视野的偏差。

"两种文化"理论对"研究与政策的关系"具有比较强的解释作用,捕捉到了许多决策者和研究人员的相关经验。当然也存在一定的局限性。温根思(M. Wingens)在对"两种文化"理论的批判中,认为研究人员和政策制定者之间的差异并非文化性的,而是功能性的。每个人都代表了一个功能上不同的社会系统或子系统。他认为,研究的使用发生在系统交互作用的时候,而这种交互作用发生在更广泛的社会系统环境变化的时候,例如政策问题的变化等。这种背景的变化使得政治系统能够整合来自研究的知识。但这种整合并不是简单的"被使用",相反,它需要在被政策制定者使用之前进行调整、再创造和转化。[②] 与建构主义学习理论一致的,认为任何新知识都会在使用过程中被现有框架和经验过滤与塑造。特别是"两种文化"这种简化的模型,关注重点是个体决策者和研究者,淡化了塑造和约束这些个体行为的更广泛的政治和组织背景,也弱化了研究者与决策者之间的多样性,以及两个群体之间可能的重叠,同时忽视了研究与政策关系中其他的关键角色。

拓展阅读10-1

两 种 文 化

　　教育活动中"决策文化"与"学术文化"两分的状况,即教育政策的制定脱离研究背景、缺乏理论支撑,教育理论的研究脱离现实要求、缺乏应用价值的状况正在发生根本变化,这是社会发展的客观要求,也是决策者和学者共同的主观意识。

　　现在,在教育领域"没有研究的政策不可能成为好政策""不关心政策应用的研究不可能成为有价值的研究"的观念,正成为越来越多的人的深刻理念和价值追求。正是这种共同的社会责任感,促使决策者和学者进行越来越频繁、越来越深刻的对话,这种对话对加深决策者和学者的理解,加深相互间的思

① 邬大光.教育政策制定中的"时差"现象[J].华东师范大学学报(教育科学版),2018(2):173-175.

② Wingens M. Toward a general utilization theory: a systems theory reformulation of the two communities' metaphor[J]. *Knowledge Creation, Diffusion, Utilization*, 1990(1): 27-42.

想、智慧和信息的交流,从而提高教育政策的效能和整体水平,提高教育政策研究的理论水平和技术分析能力,不仅具有桥梁意义,而且具有终极意义。

资料来源:袁振国.深化教育政策研究,加强两种文化交流[J].教育发展研究,2000(9):5-9.

> 启蒙模式是指学术研究不是直接影响教育政策,而是慢慢渗透的方式,逐渐影响人的思考问题的方式从而影响政策。

2. 教育研究影响教育政策的可能性:启蒙模式

如果说,"两种文化"理论解释了在现实中社会科学研究难以影响政策决策的原因,那么美国学者卡罗尔·韦斯(C. H. Weiss)则从另外的角度阐述了研究知识影响公共政策的可能性。在对美国精神卫生机构的155名官员进行访谈后,卡罗尔·韦斯发现他们对学术研究进行的工具性使用似乎是很罕见的,特别是当问题比较复杂、政策后果的不确定性较大时,更鲜有研究的影响。[①]

资料卡 10-2

韦斯有关"研究运用"的 7 种模式理论

为了解"研究运用(using research)"的实际含义。韦斯总结了与此概念相关的 7 种模式。

1. 知识动力模式(the knowledge-driven model)

这种模式也被称作"线性模式",其影响政策的路径是:基础研究→应用研究→开发→应用。其假设是基础研究在一些可能与公共政策相关的机会中显现出来,并进行相应的应用研究,界定和检验基础研究的相关成果,以便采取实际行动。如果一切顺利,将开发适当的技术来实现这些研究发现,从而使得研究得到运用。

2. 问题解决模式(the problem-solving model)

研究运用中最常见的概念是将社会科学研究结果直接应用于悬而未决的决定,期望研究提供相关经验证据和结论,帮助解决政策问题。理性模式是:问题识别→决策需求→决策中的信息缺失→研究提供了所需知识→作出决策。该模式仍然是线性的,但是步骤与知识动力型不同。在这里,是政策推动了研究的应用。通常,是存在一个问题,必须要对其作出决定,而这个决定缺乏信息或准确的理解,从而生成问题的解决方案,或从可供选择的解决方案中进行选择。研究提供了这些缺少的知识。

3. 交互模式(the interactive model)

研究与政策的交互模式是社会科学研究者作为知识互动的一方进入决策舞台的一种模式。参与制定政策的人不仅从社会科学家那里寻求信息,还会从各种渠道寻求信息,包括行政人员、实践人员、政治家、新闻工作者、客户、利

---

① Weiss C H. Knowledge Creep and Decision Accretion[J]. *Science Communication*,1980,1(3):381-404.

益集团、朋友等。该过程不是从研究到决策的线性顺序,而是无序的相互联系和前后关系的集合。社会科学家是众多参与者中的一组。他们很少有直接和明确地适用于当前问题的结论,但是可以进行相互协商,逐步接近潜在的政策对策。

4. 政治模式(the political model)

在这种情况下,围绕政策问题的利益群体已经预先确定了决策者的立场。或者,围绕论题的辩论已经进行了数年,意见已经确定。此时,决策者不太可能接受社会科学研究的新证据,但仍然可以使用研究。研究知识对于得出结论的一方是重要的支持其论点的弹药。当决策者一方企图说服摇摆不定的人和支持者时,研究就变得十分重要。

5. 战术模式(the tactical model)

在某些情况下,运用社会科学研究的目的与研究的实质关系不大。所引用的重点不是研究发现的内容,而是正在进行研究这一事实。例如,面对民众对某些行动的要求时,政府机构可能会回答:“是的,我们知道这是一项重要的内容,我们正在对此进行研究。”面对不受欢迎的要求,他们可能会将研究作为推迟采取某些行动的策略:“我们正在等待研究结果。”有时,政府机构利用研究来转移批评,通过声称他们的行动是基于社会科学研究的建议,可以尝试避免对不受欢迎的政策结果负责。

6. 启蒙模式(the enlightenment model)

韦斯认为启蒙模式可能是社会科学研究最频繁地进入政策领域的方式。在这里,不是单个研究的结果,甚至不是直接影响政策的一系列相关研究的结果,而是社会科学研究产生的概念和理论观点贯穿了决策过程。在此模式中,没有假设决策者会在面对政策问题时寻求社会科学研究,甚至不会接受或了解特定的研究结论。此时,社会科学的结论或观点,渗透到知情的公众中,并逐渐形成人们思考社会问题的方式。社会科学研究通过多种渠道(专业期刊,大众媒体,与同事的对话)进行传播,随着时间的流逝,它处理的变量和提供的观念为决策者提供了对复杂世界进行理解的方法。尽管决策者很少能够明确指出影响其决策的特定研究的结果,但他们认为,社会科学研究为他们提供了产生重要影响的思想和方向的背景。

7. 作为社会智识的一部分(research as part of the intellectual enterprise of the society)

这种情况下,是将社会科学研究视为社会的智识追求之一。研究知识不是一个独立变量,它对政策的影响尚待确定。它是一个因变量,与政策以及哲学、新闻、历史和法律相关。就像政策一样,社会科学研究对时代潮流、时代风尚作出回应。社会科学和政策相互作用、相互影响,并受到更大范围的社会思想方式的影响。

资料来源:Weiss C H. The many meanings of research utilization[J]. Public Administration Review,1979,39(5):426-431.

韦斯对知识运用模式的分析,尤其是对教育研究影响政策的潜力的洞察,可能会为那些抱怨教育研究在政策制定中价值被低估的人们提供安慰。尤其是韦斯重点提到的“启蒙模式”,完美补充了“双群体理论”中忽略掉的研究者与决策者之间隐性互动的关联性,即教育研究对教育政策的影响很可能不是直接的,不是线性的,而是一种潜移默化、舆论渗透的形式。韦斯认为,科学研究对政策的影响很多时候是无法直观看到的,而是通过多种形式的渗透、舆论的导向、问题的浮现以及不经意的提点,进入了决策者的视角,从而影响到了公共政策。这无疑为"研究与政策关系"的悲观认知提供了一种积极的正面视角,同时为研究者打开了新的思路。

启蒙模式下的研究运用仿佛会让人十分安心,似乎无需任何特殊努力,真理就能胜利。但是启蒙过程也有很多不足之处。当研究通过间接和非特定渠道传播到政策领域时,可能会产生无效和有误的理解与运用。许多的社会科学理解都是不完整的,过分简化的,不足的或错误的。间接扩散过程容易将研究过分简化和扭曲。同时,有时出乎意料或轰动的研究结果,无论是不完整或是数据支持不充分,都会备受关注,从而带来不良的政策影响。随着越来越多的研究出现,对问题的分析和建议通常更加详尽而不是简化。研究针对社会现象产生出复杂、多样甚至矛盾的观点,而不是累积成更清晰、更连贯的解释。这种研究结果可能扩大和丰富我们对现实的多个方面的理解,但是对政策的影响却不那么简单明了。当各种各样的研究结论进入政策领域时,它们为政策提供的方向就混乱了。几乎所有政策方案的拥护者都可能会在研究中发现一些泛泛的概论,以支持他们的观点。因此,教育研究究竟在什么程度上影响教育政策,研究与政策之间是如何互动的,在当前仍然是一项需要去持续、深入研究的话题。

第二节   教育研究是如何
影响教育政策的

在解决了研究"是否"能够影响政策以及明确研究"应该"影响政策之后,学术研究的思路拓展了很多。有些研究聚力于探讨究竟"影响"意味着什么,即怎样的程度上可以说学术成果"影响了"政策决策。其中影响比较深远的包括诺特(J. Knott)和维达夫斯基[1]面向研究对政策"影响"这一相对笼统的概念进行了进一步细化,把它分为"接受→认知→讨论→引用→努力→影响"这六个层层递进的过程,并提出了信息知识供应"不足"或"过载"的问题,为其后很多量化研究中如何界定"影响"这一重要概念提供了必要的基础。加拿大学者兰德里·雷吉恩(Landry Réjean)通过量化研究方法,对政府工作人员和学术研究者展开了大样本的调研,试图讨论哪一类研究更容易影响政策、哪个决策部门更会受到学术成果的影响以及哪些因素影响了研究与政策之间的关系,提出并验证了研究知识在政策中的"迁移过程"和影响这一过程的"动力与因素"。[2] 另

---

① Knott J, Wildavsky A. If Dissemination Is the Solution, What Is the Problem? [J]. *Knowledge Creation, Diffusion Utilization*, 1980(4): 10-12.

② Landry R. Amara N. Lamari M. Utilization of Social Science research Knowledge in Canada[J]. *Research Policy*, 1998(2): 333-349.

外,新近发展的"知识动力理论"和"知识网络"等概念,其本质也是在讨论研究知识在政策中的运用问题。

当肯定了教育研究能够影响教育政策后,我们仍然不能对教育政策受研究影响的程度抱以太多的预期。一方面,决策者在决策过程中考虑的知识来源往往不是研究者所作出的学术研究成果;另一方面,当决策者需要某方面的学术支持时,研究者也难以直接有效地提供相应的知识资源。再者,研究在政策中的运用,其难度不仅仅体现在运用的过程没那么容易,更重要的是,即便有所运用,也很难窥探出究竟是如何使用的和具体使用了哪些研究结论。因此,仍旧困惑着人们的问题包括"那些成功影响了政策的研究是怎样做到的"以及"如何能够让研究更好地影响政策"。这类问题的答案无疑可以为研究者和决策者提供更为清晰的工作思路,并尝试通过改善二者之间的互动模式提高研究的政策运用以及推进决策的科学化和民主化进程。当然,对这个问题的探讨并非易事。有人将研究与政策之间的互动称为"黑箱",还有学者将其形容为"在黑暗中跳舞"①,即把相互影响的研究与决策比喻为看不到对方的舞者。这一比喻十分形象,舞者复杂的动作象征着决策与研究领域各有其复杂性,而彼此之间不能完全看到对方,双方的合作与互动便更加难以捉摸。据此,很多学者对这一问题展开了研究,并取得了宝贵的研究成果。本节选用两个典型案例来一探教育研究影响教育政策的方法、路径和主要模式。

一、教育研究如何影响教育政策——以《让知识推动政策的改变:如何使发展研究发挥最大的作用》为例

弗雷德·卡登(Fred Carden)是加拿大国际发展研究中心(IDRC)评估主任,主要研究方向包括探求研究成果对公共政策的影响。他的著作《让知识推动政策的改变:如何使发展研究发挥最大的作用》用一系列翔实的案例,探讨了在不同国家,发展研究成果分别产生了怎样的政策影响。

1. 研究对象

该研究的对象是加拿大国际发展研究中心面向发展中国家(个别研究案例是面向全球的)资助的研究成果,目的是通过评估研究成果在该国的政策影响力,探讨不同国家政策环境与研究成果类型是如何影响研究知识在决策过程中的运用的。最终成文的23个案例,涉及贫困监测、贸易和金融、资源管理、水资源管理、健康和教育改革、网络与创新、信息与通信技术7个研究主题,研究对象国包括撒哈拉以南非洲、中东和北非、亚洲、拉丁美洲等区域,目的是为了展示研究是如何能够(或者不能够)对政策产生影响的。

2. 研究设计

该研究运用的是多案例研究法。卡登提到:"一般来说,要回答'是什么'这种比较静态的问题时,我们可以采用问卷调查或其他方法;但要回答'怎么样'和'为什么'

---

① Klemperer A, Theisens H, Kaiser F. Dancing in the Dark: The Relationship between Policy Research and Policy Making in Dutch Higher Education[J]. *Comparative Education Review*, 2001, 45(2): 197-219.

时,案例研究的优势就不言而喻了。因为它关注的是过程、关系以及各种各样的变化。就本研究而言,我们想要了解的是'研究项目怎样影响政策'和'为什么影响了政策',案例研究自然就是最合适的方法了。"①研究的设计始于 2001 年,至 2007 年最终完成评估报告。在案例研究中,研究者访谈了许多工作人员,并邀请了卡罗尔·韦斯及其团队作为项目专家。在研究过程中,运用各种方法收集、讨论并分析了大量资料,并尽可能让研究者、项目工作人员以及加拿大国际发展研究中心的执行官参与进来。

研究确定了三个主要问题:

(1) IDRC 支持的研究项目对公共政策产生了哪些类型的影响?

(2) 这些影响的程度如何? 是通过什么方式影响到政策的?

(3) 哪些背景要素能够促进或抑制研究对公共政策产生影响?

3. 主要研究结论

(1) 不同的决策环境及研究者的角色

通过案例研究,卡登将"政府采纳研究的意愿和能力"分为五个类别,并依递减顺序排列为以下情况。

① 政府有明确的需求。这是一种非常友好的环境。在这样的背景下,政策制定者需要知识,并愿意遵照这些知识去行动,他们信任研究者,所以研究很容易影响政策。在这样的环境下,研究者和政策制定者的相互信任非常关键。研究者需要提前对一些问题展开思考,这样,等到决策者意识到了这些问题并向研究者求助时,他们就能提供完备的意见和建议了。此外,研究者还得有清晰的表达能力和良好的声望。

② 政府对研究感兴趣,但领导缺位。在这种情况下,政府官员很清楚那些突出的政策问题,但是缺乏必要的执行机构和机制去实施研究者提供的建议。研究者必须担当起领导角色。此时,沟通策略很关键。研究者必须想办法在该国培育相应的执行机构和制度。在这样的政策环境下,研究对政策的影响潜力很大。为了扮演领导角色,研究者必须超越研究本身,思考一些有关制度和机制方面的问题。研究者必须专注于与决策者的沟通。同时,他们还得策略性地吸引相关公众的兴趣,让他们充分参与进来,对决策者施加影响。

③ 政府对研究感兴趣,但能力不足。这种情况下,政策团体认识到了问题的重要性,但没有足够的资源来采纳研究建议。研究者需要适当承担起领导的责任,找到那些主要的支持者,让他们改善政府对研究的看法;另外还得尽力吸引一些资源用来推行研究建议。在这样的环境中,研究者一定要务实地考虑成本因素。一旦搜集到了足够的资料,建立起了相应的组织机制并制定出了低成本的解决方案,那么研究对政策的影响就大有可能了。另外,研究者需要用一些特别的沟通技巧,来让政府更加重视相应的政策问题,例如动员公众意见来给政府施压。但研究者需要做好充足的心理准备,因为项目在短期内可能会失败。

---

① 弗雷德·卡登. 让知识推动政策的改变: 如何使发展研究发挥最大的作用[M]. 徐秀丽,等译. 北京:社会科学文献出版社,2012: 261.

④ 新出现的问题刺激了研究,但政策制定者不感兴趣。这是大多数发展研究的起点。对于有些议题,研究者通常会比公众和决策者更早意识到它们的重要性以及通过研究建议来解决相应政策难题的前景。使问题进入政策领域需要投入极大的努力,研究者最好能够获得政治支持。此外,研究者还得考虑到一些实践层面的问题,例如政府是否有足够的条件来实施研究建议。总的来说,在这种背景下,研究往往很难影响政策。

⑤ 政府没有兴趣或敌视研究。在这种环境下,政策制定者拒绝听取研究建议,甚至对这个研究主题本身就怀有敌意。至于原因,可能在于研究内容与当前的政治体系相抵触,也可能在于研究主题过于超前。此时,研究者需要保持一种强烈的使命感和奉献精神,藏器待时,伺机而动。对此,研究者必须保持耐心,最好等到政府关心此类问题的时候再出马,切勿冒进。在这种环境下,研究往往很难影响到政策。

(2) 研究对政策极具影响力的三种条件

① 经济危机、政策失败或剧烈的政治变迁。在社会安稳之时,执政者或许对研究不屑一顾,但在危机关头,他们却不得不求助于研究建议。俗话说,机会都是留给有准备的人,如果研究者针对这些问题早已提出具体的可行方案,那么此时他们就能大有作为。

② 社会和政治体制的转型,也为研究者影响新政制定创造了新的机会。

③ 新技术的出现和普及可以促使政策制定者发现新的问题,并尝试新的答案。从手机到电子贸易和网络教育,信息通信技术的革命激发了政策制定者对研究的需求。因为,在遇到史无前例的问题时,政策制定者唯有承认自己的无知,并寻求相关研究的帮助才能渡过难关。

(3) 研究影响政策的三种形式

在全球风格迥异的政治环境中,IDRC 最后将研究对政策的影响归结为三个方面:

① 研究可以扩展政策能力。在研究的作用下,政策团体能更好地评估和交流一些新观点,也有更多的机会去分析和应用新的研究成果,因而改善了政策制定所必需的制度性框架。

② 研究可以拓宽政策视野。发展中国家在制定政策时,总是苦于可选择的太少。而研究活动能够把新的观点引入政策议程,尽量以最适宜的方式呈递给政策制定者,让他们能够快速地理解并应用。

③ 研究可以影响决策体系。研究成果可以使政策的立法、管理和评估过程变得更加公开和理性,进而改善政策过程的制度性框架。

这三类影响有一个重要的共同点,即它们所追求的都不仅仅是改变某一具体的政策。因为最有意义和最持久的影响不在于具体政策的改变,而是增强研究者和政策制定者的能力,让他们能够更好地创造和应用知识。这种影响需要几年甚至几十年才能发挥作用,并让人们普遍接受。

4. 研究评析

卡登的研究无疑是宝贵的。通过不同的研究成果在不同国家中的"命运",向读者展示了研究成果影响政策决策的多样面貌。正如卡登在文中所说:"实践证明,研究可以通过各种各样的途径来影响政策,并没有普适天下的'最佳方式'。因为在不同的环境下,研究者和政策制定者的需求、偏好、风险和优势都各有不同。对于研究者来说,要想影响政策,他们就得首先学会理解环境的复杂性,并摸清其中的规律……要影响政策,研究者必须审时度势、随机应变,还需要耕耘不辍。小心维护同其他机构和个人的伙伴关系,当然,还得有一点老天给的运气。"①但整体而言,该研究所选择的23个案例,多多少少是对当地政府产生过一定影响的,展现出来的自然还是"成功者的面貌"。除此以外,运用卡登这项研究的结论仍然需要考虑更多因素。

首先,案例所选的研究均是由加拿大国际发展研究中心资助的研究项目。这些项目由IDRC资助,且由他们的研究者参与甚至主导,甚至会因为政府对研究项目的回应进一步获得国际组织的援助与支持。因此,每个研究项目在开展伊始便具有了高人一等的"地位",其对该国政府的影响力,除了各国本土政策环境和研究本身的质量以外,还有其他涉及利益关系的影响因素。这是在普遍意义上的"研究成果"所不具备的优势。

其次,案例涉及的国家,其政治体制、政策环境、决策者能力等方面均有很大的差别。因此,不能简单地将其结论运用于我国。当然,我国的决策环境因为地区差异、行政部门差异以及领导者群体差异,也是非常复杂的。但作为全球第二大经济体的社会主义国家,我国研究与政策状况有我们自身的特点,需要从我们自身出发来研究我国教育研究与教育政策之间的关系。

最后,卡登对于研究成果抑或是研究者的决策功能所抱的期望很高,有时难免脱离实际。例如,他认为研究者的研究成果是必然超越当地行政官员的眼界的,研究一定是更为前沿且付诸运用后必定会产生积极效果的;研究者是需要抑或是有能力协助甚至主导政府部门进行改革,以求更好地促进研究成果运用的。这些理念,无疑在很多情况下有些盲目乐观了。卡登的研究为我国研究者提供了很好的视角和基础,但也提醒我们需要对我国教育研究与教育政策的关系问题展开详细、深入的研究,才能真正探究"黑箱",揭开"黑暗中跳舞"的神秘面纱。

二、教育研究如何影响教育政策——以《教育研究影响政策制定的路径和机制》为例

在《教育研究影响政策制定的路径和机制》一书中,刘妍通过描述、探索和分析"教育经费占国内生产总值的合理比例,即占GDP 4％研究"(简称4％研究)、"高校规模效益研究"(简称"内涵式"发展研究)以及"退役军人教育资助研究"三个对我国教育政策制定有重大影响的研究案例,详细揭示了教育研究成果影响教育政策的真实过程和特征,并从研究融入政策过程的不同阶段入手,阐述了每个阶段遭遇到的障碍、冲突和存活下来的缘由,概括和界定了研究影响政策的路径和机制,同时探讨了政策过程中"政策机会"的重要作用。该研究对研究成果运用中的"政策机会"给出了

① 弗雷德·卡登. 让知识推动政策的改变:如何使发展研究发挥最大的作用[M]. 徐秀丽,等译. 北京:社会科学文献出版社,2012:70－71.

具体和阶段性的解释,将"政策机会"视作研究影响政策的"关键因素",分析了政策机会出现、捕捉、行动的基本逻辑。

1. 研究对象

该研究选择了我国三个比较典型的教育研究案例,且是实际上对教育政策产生过重要影响的案例。第一个案例是 20 世纪 80 年代后期的"教育经费在国内生产总值中的合理比例研究"(4%研究),其研究成果直接影响了中国近 20 年来的教育拨款政策。第二个案例为"高校规模效益研究"("内涵式"发展研究),起始于 20 世纪 80 年代末,通过新建大学发展高等教育规模的外延式状况,提出"内涵式"发展,在长达 10 年里成为中国高等教育规模发展的主要方式。第三个案例是"退役军人教育资助研究",始于 20 世纪初,将一个学界鲜有人及的退役军人教育问题送入了政府的政策议程。研究者之所以选择这三个案例,最主要原因是其直接影响了不同阶段中国教育政策的制定,其次是三个案例的"可行性",即能够最大程度获取案例所涉及的人员与资源。三个案例也极具代表性,作者通过丰富、多视角地论述过程中发生的"故事",精彩地展现了我国政策背景下,不同研究成果进入决策领域的原因、过程与结果,并借助适切的理论框架对其进行了深入而生动的阐述。

2. 研究设计

(1) 研究问题

该研究主要聚焦于以下三个问题:

① 三个具体的案例中,研究影响教育政策的过程;

② 研究影响教育政策的路径;

③ 研究影响教育政策的机制和政策机会。

(2) 理论基础

该研究的理论基础分为宏观与微观两个视角。宏观视角选用了政策制定过程理论,包括理性决策理论、垃圾箱决策理论以及基于证据的政策制定理论。微观视角选择了金登的多源流模型中关于"政策之窗"的观点。

(3) 研究方法

该研究运用了案例分析这一实证研究方法,同时运用文献法、访谈法和观察法来搜集案例中所涉及的资料。

(4) 分析框架

将多源流模型与基于证据的政策过程模型相结合,该研究从"机会"和"阶段"两个视角来分析研究影响政策的路径和机制,从而将研究与政策的互动划分为三个阶段。第一个阶段是政策原汤阶段,即在政策原汤中漂浮着各种价值和建议,有专业的研究方案,也有参与者过往的经验等,均在等待合适的机会进入备选方案阶段;第二个阶段是备选方案阶段,研究成果需具备与政策达成共识或符合共识的功能才能存活,进入下一阶段;第三个阶段即决策议程阶段,研究成果进入了决策者的视域,并引起了他们的关注,是否会带来实际的政策结果则要取决于决策者个体和整体的决策环境。

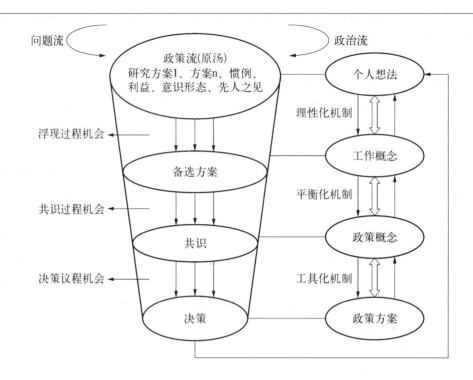

图 10－2

"教育研究影响政策制定的路径和机制"分析框架

3. 主要研究结论

（1）研究影响政策的三种路径：从上至下、中间扩散与从下至上

在从上至下的路径中，研究遇到的阻力最小，研究通常通过制度化的渠道进入政策过程，机会的作用并不是非常大，决策者和研究者之间常常是通过项目而建立起来的委托-承包关系。研究的政策目标清晰，政策对研究成果的运用常常是工具性的问题解答式运用，决策场域有清晰的问题，决策者寻找更佳的答案。在一个研究影响路径制度化的政策体制中，从上至下的路径是研究运用最常见的方式。其中"4％研究"的运用即为此种路径。

在中间扩散的路径中，研究一方面要通过非制度化的渠道如个人关系、午餐会等传递研究成果，另一方面又要通过制度化的渠道如课题等去进行集体层面的沟通，两头前进的阻力要大于从上至下的路径。在这种路径中，推动研究运用的常常是政策企业家，他们是一群既了解研究成果又熟悉政策流程的专家，他们被称为学者型官员或官员型学者。他们的积极沟通常常能使研究成果迅速渗透入决策信息流。机会在这种路径中非常重要，如果政策共同体中缺乏对研究感兴趣的政策企业家，研究常常成为落满灰尘的书柜里落满灰尘的文件。在这一路径中，研究者本人政策目标并不清晰，然而政策企业家政策目标清晰，在政策企业家的推动下，研究者会意识到研究的政策价值，并会进一步发展研究的政策价值。

从下至上的路径常常是研究者或研究机构自己推动的过程，推动的方式可以是直接给决策者写信、建言、在内参上发表观点等，向上传递研究的政策价值。从下至上的传递需要研究者和研究机构对研究所体现出来的政策价值有极大的信心且自身有巨大的改革需求。采用这种路径较多的是研究管理机构和研究中介组织。由于阻力比较大，所以机会也发挥了重要的作用。由于该路径的起点是研究者的思维，而不是出于决策者思维，所以它对决策者的冲击力更大，启蒙意义更深远。

（2）研究影响政策过程中政策机会的存在

在该研究的三个案例中，政策机会是一个很关键的概念。一个研究要想最后进入决策议程，至少在三个阶段需要恰当的时机。首先在充满竞争性方案的政策原汤中，研究需要机会浮出水面，同时具有技术可行性、价值可接受性和预算约束而生存下来的方案很多，然而真正能够抓住机会浮现出来进入下一个备选过程的方案却只有寥寥几个。

进入备选方案后，各方讨价还价，各有各的观点和利益。此时，研究需要能够拥有协调各方利益的机会。相反，尽管研究非常出色，然而若其中的一些内容是激化而不是解决各方的利益冲突，即使是最合理的研究方案也会牺牲在政治博弈的舞台之上。

最后，在备选方案中胜出的方案进入决策议程决策者的书桌上，如果决策者所持的观点和研究所持的观点具有一致性，研究影响政策的使命最终完成。如果恰逢熟悉研究思路或接受研究总体观点的决策者调离，政治氛围不利于研究方案的采纳，国民情绪突然改变，研究就没有机会完成最后的使命。

如果将各个竞争的信息流构成的政策环境视作一个政策市场，研究影响政策的机会就产生于这个市场中政策信息的需求和供给之间的失衡。当政策对研究信息的需求没有得到满足时，研究影响政策的机会就来到了。

（3）我国教育研究运用与教育政策制定的情况

该研究梳理了我国三个案例研究运用的特征。其一是中国的政治是奉行积极干预的政治，政府积极的改革为社会科学研究的应用创造了很大的需求空间。其二，政府层面的中长期规划取代了唯长官意志的改革思路，规划成为宏观调控的重要手段，是政府履行社会管理、公共服务职责的重要依据。在编制规划的过程中，研究发挥着重要的作用。其三，虽然处于追求"科学"决策模型的阶段，但同时也随着权威碎片化，而出现了不同利益群体的争辩模型，使得处于第三方的研究者和研究机构发挥着重要作用。近年来，中国政府越来越强调决策科学化的导向，倡导科学行政，也建立了各种渠道的科学信息流入机制，建立了专门的内部咨询研究机构，以专家咨询小组、特别项目组等外部咨询方式来推动决策科学化的水平。这些都为研究在决策过程中生根发芽提供了丰富的政治土壤。

研究中也提出从我国文化传统角度，对于研究运用的态度是矛盾的。一方面政学相重，古来就有学而优则仕、君子当弘道的传统，提倡学者进入庙堂之中，以其所学齐家、治国、平天下。另一方面又存在政学相轻。政治家认为学者所学是纸上谈兵，学者则认为政治场域中多是汲汲功名利禄之辈，甚至将退隐山野、不管朝堂作为学者的一种道德优势。同时，决策部门在获取信息中对于时间的紧迫程度与学者在时间方面的状况是不同的，二者之间的不匹配也会使得研究的运用出现困难。

4. 研究评析

刘妍的研究是展现我国教育研究运用于教育政策制定过程的宝贵成果。一方面，对于"研究运用"这一在国际层面上广受关注的话题，注入了我国的本土研究；另一方面,该研究不论是从理论的深入浅出还是实证资料的丰富适切以及研究结论的逻辑创新,都具有较高的价值,是对"教育研究与教育政策"关系话题感兴趣的读者而言值得一读的佳作。当然,这一问题的复杂性使得不可能通过一项研究便可以"毕其功于一役"。因此,针对我国教育研究运用的情况,该研究也必然存在着一定的不足,需要更多研究者深入其中进行多视角的解读。

首先,正如作者在"研究反思"这部分提到的,对"教育研究与教育政策"的剖析,是在一个十分宏大的场域内进行的,对研究者所拥有的研究资本、能够调动的研究资源以及可以深入其中的研究经验,都提出了很高的要求。因此,很多情况下,研究的结论是在"可及的"范围内展开调研后得到的结果。这一结果究竟与现实状况之间是否吻合,抑或是还有多大的距离,研究者自身都很难评估。这也是在该研究领域中,让很多研究者"望而却步"的重要原因。因此,该研究中所提供的三个案例,尽管作者已经尽其所能呈现其复杂性,但仍然可能存在疏漏。

其次,政策原汤中所漂浮的意见、经验、观点和研究是多元而复杂的。一项政策的出台,其动因抑或是影响因素往往是纷繁复杂且盘根错节的。即便对于研究者而言,明确地感知到了出台的政策与自身的研究观点十分相似,也很难判定其是否出自自身的研究成果。即便是获得了领导"批示"的研究成果,也难以断定其在政策制定过程中所扮演的角色和产生的动力。因此,在案例研究中,尤其是在可选择的案例相对有限的情况下,难以断定这一研究所产生的政策效果。该研究中所涉及的案例,研究者选择时遵循了其有确证这一原则,然而,相关政策的出台究竟在多大程度上是受到了这一研究的影响,恐怕即便是当事人,也难以给出确切的答案。

再次,理论可以为解释现实提供很好的框架,但同时也会对现实进行必要的"简化"。在理论抽象过程中,那些被"剪掉"的内容,如果换一个视角,可能会是宝贵的资料。因此,在理论运用的过程中,如何保证理论的效果,同时不忽视多维度的可能性,是对研究者提出的难题。因此,如果后续的研究能够运用更多的理论分析框架,采用更加丰富的研究方法,来弥补某一个视角的不足,则可以更为全面地展示现实的真实面貌。

以上不足在作者的研究过程中也多少有所提及,亦不可能全部解决。需要的是更多的研究,关注"教育研究与教育政策的关系"问题。尤其是在学术研究领域和政府决策领域都有丰富经验的学者,亲自研究或是提供宝贵的经验,共同构筑基石,探索研究与政策之间的互动关系。

三、其他研究类型

前文中提及的两项研究,均是采用案例研究的方法,去讨论"研究与政策之间的关系",并尽可能呈现二者互动的状态。一方面,是因为案例研究在解释"怎么样"这一问题当中所具有的优势,另一方面,也因为在该研究主题下,能够从多个视角阐述问题的现有研究是不足的,尤其是对我国相关情况的论述而言,当前还有很大的空间。

不同的研究类型可以为看待同一个问题提供不同的切入点,从而产生丰富的研究成果。在此,提出两种研究方式供参考,即问卷调查与访谈调查。

问卷调查研究成果在我国研究领域探讨"教育研究与教育决策关系"的问题中是鲜

见的。国外的研究中,影响力比较大的是加拿大学者兰德里及其团队开展的研究。通常,他们的研究会发放几千份问卷,其中包括针对决策者,也包括针对研究者,从而去了解二者之间的描述性问题,如"哪些政府部门更倾向于采纳研究成果""研究成果的运用与成果本身的特征之间有什么样的关系""什么样的研究更容易进入决策者的视野"等。当前我国的研究缺少此类大样本调研,是今后研究者可以拓展的领域。

另外,访谈法无疑是了解"教育研究"与"教育政策"关系互动的有效方法之一。唐立宁博士的学位论文《教育研究如何影响教育决策》便主要是通过访谈那些"影响了政策"的研究者和被研究影响的"决策者"以及身兼研究者与决策者双重身份的访谈对象,请他们讲述他们的经历与观点,继而借助理论视角剖析教育研究影响教育决策的方式。

近年来,学术出版物同样为我们审视这一主题带来了新的收获。如《江小涓学术自传》中,作者娓娓道来,讲述了自己从求学、做研究的过程及从政经历和思考,非常宝贵地为我们了解研究与决策的互动提供了资料。

拓展阅读 10-2

2004年我调到国务院研究室担任副主任,2011年又调任国务院副秘书长。行政工作经历不是本书的重点,我也把握不好什么能说什么不能说。因此,我还是谈一些与学术研究相关的体会和感悟吧。

1. 高层的意愿和意志非常重要

那种各方面完全达成一致的重要决策并不多,许多问题靠讲理念也不能彼此说服,因此在充分听取各方面意见后要由高层定夺。改革开放较早时期的决策过程我知之甚少,但后来一些重要决策如国有经济和民营经济同等重要,国有企业有进有退,国有企业建立现代企业制度,国家加入世界贸易组织,取消农业税、税制改革等,没有高层拍板决策,就难以突破理念和利益的障碍,也难以承担相应的改革成本。

以近些年力度很大的环境保护措施为例,虽然恶劣环境事件不断发生,舆情反映各方面的意见都很大,加快治理的诉求迫切,但真的要行动时,就有许多担心和疑问,例如影响了经济增长、增加了投入、承担了过多的全球责任等。这些争论各有道理和立场,道理还可以讨论,但立场不容易改变,说理并不能解决分歧。况且学者们的观点也不一致,前提和结论并不相同。一方的观点认为,严格的环境保护措施无经济效益也无社会公平,影响经济效益好理解,影响社会公平的逻辑是富人讲究生活质量,穷人却更需要增加收入,因此环境保护偏向富人的诉求。另一方的观点则认为,环境保护既有公平也有效益,富人有办法保护自己,例如只饮瓶装水、只吃进口食品甚至移居等,而穷人只能承受污染的种种恶果;同时,恶劣环境影响健康,大量的医疗费用支出会抵消从经济增长中获得的福利。最终并不是争议中的各方统一了认识,而是最高层下决心必须解决严重的环境污染问题,作出了"绿水青山就是金山银山"的判断,此后严格的环保措施才能出台和有效实施。再如近几年政府推动部门和地方"简政放权、放管结合、优化服务"(简称"放管服"),然而多数审批权的持权者都认为其有存在的理由,放手会带来新的问题。但高层领导认为政府管得太多、管得不当,削减了市场主体的发展能力和动力,这是当前的突出问题和主要矛盾,坚决推动,才使问题有了很大改观。

2. 试点是我国推动改革的重要办法,也是中国公共管理模式的特色

在我国40年改革开放进程中,试点发挥了重要作用。如此重视试点,除了"尊重地方和基层的经验、智慧和首创精神"这个基本理念外,还有以下几方面的原因。第一,对新的制度或政策的实施效果还看不准,需要进行小范围实测,观察实效和完善改革方案。大部分试点都属于此类。第二,表明此事仅在小范围试行,有进退余地,容易与持不同意见者达成妥协。例如改革早期的农村承包制、建立开放特区、股权分置改革,以及最近几年的农村土地流转改革等。开始时难以统一意见和拿出普适方案,就从试点起步。第三,允许地方因地制宜推进改革。各地情况差距大,工作基础不同,有些政策不一定适合所有地方,或者不能同时起步,就以试点的方式分批分期推进。例如近几年的高考改革,需要地方有较好的工作基础和教育布局,因此就让自愿先改的省市先行试点。第四,有极少数试点是具体部门的"缓兵之计",当改革呼声很高,来自上下的压力很大时,先说开始"试点"缓解压力,再视情况决定后续政策。第五,还是在部门层面,有极少数试点是"设租"的一种方式。这种试点往往内置优惠政策,或者具有政绩显示度,部门有试点决定权,就会有地方前来"寻租"。后两种情况就不举例了。概括一下,试点能够积累经验、测试效果、突破障碍和缓冲压力,是推进改革的有效途径。试点中也存在一些问题,不过迄今不算主流。近几年政府推进"放管服"力度很大,部门的权力削减了不少,极少数部门似乎有通过"试点"来"设租"的迹象,希望不要形成新的势头。

试点在中国改革进程中如此重要,但是,学者们对试点的分析研究相对较少。从理论分析角度看,试点效果好并不能得出大面积实施后效果也同样好的结论。例如,从局部试点到全局推开,是典型的市场均衡问题。小规模试点时改变的只是局部均衡,不会改变整个市场的性质,市场价格可以被视为固定不变。但是全面实行后必定会导致全面均衡的改变,从而影响市场价格或者要素供给的均衡,产生不同于小规模试点时的结果。比如当一个奖学金项目只是提高了一个小群体的教育水平时,这个小群体的回报是很高的,但是全面推开这类政策后会提高整个国家人口的教育程度,从而降低教育的整体回报率(比如奥赛、天才教育)。再比如,当小范围试点"政府私人合作伙伴(PPP)"项目时,由于管理精细且关注度高,项目推进过程的可控性较好。而当大面积推开后,有可能出现严重的利益输送或腐败问题等。我本以为做这种"试点-推广效果差异评价"的研究应该不少,但实际上却很少能查到类似文献。

3. 学术界的意见有较强助推力

当多数学者有定见时,决策层往往会认真倾听和对待。记得1999年起草十五届四中全会国有企业改革文件时,研究机构和学者个人写给起草组的研究报告、意见和建议有上百份,绝大多数都认为国有经济改革必须有实质性进展,不应该在一般性行业中与其他类型企业相竞争。这个"意见包"对改革决策产生了重要影响。另外,有些情形相对少见,专业性强,相关部门感到对事态和特定处置措施的后果不太有把握,此时学者们分析透彻的专业性建议会起到重要作用。例如,有一段时间某种形态的学术诚信问题成为国内学术界的大问题,在国际上也造成不好的影响。但问题的性质和程度都不易判断,相关部门一时没有定论,甚至有"放过"的迹象。清华大学的薛澜教授对问题作了深入分析,认为需要认真处理,并提出了工作建议,切实推动了相关工作。

还有一种情形,就是当各方面呼声很高,要求制定某种脱离实际、不可持续的福利政策时,经济学家有时会提出质疑,这种意见也容易被决策者重视和接受。

近些年来,随着信息公开程度的提高和网络普及后公众表达意见的渠道增多,学者们的意见经常受到批评和质疑。例如在医疗改革过程中,不少经济和社会学方面的专家不同意将基本保障水平定得高,不同意将报销比例提得过高,就被批评为缺乏对患者的同情心。现在似乎有一种倾向,专家们表达观点时更加谨慎和隐晦,或者用"两方面"来平衡。记得有一个重要问题,几位专家都有明确意见,但公开讲时都讲"两方面",我问他们的意见是"既要……也要……",还是"既要……还要……",或者是"既要……更要……",他们想了想说是"既要……更要……",由此表达了他们的倾向性。

不过我国学者似乎较少做论证改革方案或政策效果的研究。然而,这种研究很需要。确定了政策目标以后,需要检验多重目标是否彼此相容,或者实现这些目标的手段是否恰当和够用等。记得2004年前后,刘遵义先生在《比较》杂志上发过一篇关于社会保障改革不同方案的资金筹措和可持续性问题的论文,有比较详细的数据测算。我当时刚好在起草一个文件,有社会保障方面的内容,我把论文拿给一位领导看,他感叹地说,要是这类研究多点就好了,我们都知道应该建立保障体系,但账算不清楚就开始推动,不是负责任的态度。我担任国务院副秘书长期间,联系教育、科技、医改等问题,从很多学术研究成果中受到过启发。但是,总体上看还是讲道理多,详细测算少。这种状况在很大程度上影响了观点的接受程度和实用性。

还有一种情形是,学者们提出一些相对"彻底"和"根本性"的重大建议时,问题看得透彻,思路和道理都正确。但是,决策者们还希望能看到对实施中可能碰到问题的分析和对实施成本的评估,把握好措施的轻重缓急。例如,现在有学者批评说,2008年国际金融危机爆发后,政府努力救助企业,使市场不能发挥淘汰过剩产能和落后企业的作用,导致问题积累。然而在当时,多国政府都有相似行为,国家之间有合作但更多的是博弈。既有"以邻为壑",也有"为己筑坝",为防止本国产业受影响而投入巨额资金,导致了全球性的货币宽松。谁都知道这样做有问题,但都希望让本国企业续命而他国的企业首先倒下。当企业和银行之间存在一个庞大的债务链时,政府必然担心多米诺骨牌似的问题出现,难免让"看不见的手"和"看得见的手"一起挥动。学者们当时和后来提出了许多建议,但比较完整、有测算、具备可操作性、能避免最坏情形的方案并不多。当然,专家们道理讲得透彻,也能产生重要甚至决定性的影响,这方面的例子也不少。

4. 确定政府干预是否合理并不容易

市场经济和对外开放,是我们40年繁荣的源头。我国经济社会持续高速发展,快了就容易不稳,因此调控的必要性强于稳定发展的国家。特别是GDP竞争压力下的地方政府,既有不当干预企业的行为,也有为企业赋能的动力和能力,能够助推企业进入市场并增强其竞争力。就连阿里巴巴、腾讯、百度这些今日的巨型企业,成长初期也得到过地方政府的诸多支持。外资企业的立场和观点就很有意思,它们长期受到地方政府较多有形与无形的关照,彼时并未指认这种做法不符合市场规则。最近几年我们强调内外资平等待遇,一些外商就抱怨中国投资环境恶化。我暗自想他们以前"找市长"就能搞定的诉求，今日也要按程序办理了。虽然投资环境还需进一步改善，但这种内外资平等的原则没有错。过去几十年，形势发展变化很快，后来人们指责的"坏"的政策往往是那些实施过久的"好"的政策。所以原则上讲政府干预要合理是对的。但是在每一件具体问题的处理上，有时候界线并不清楚。

还有一件事让我印象深刻。2009 年，中组部组织了一个领导干部培训团，在清华大学公共管理学院和哈佛大学肯尼迪政府管理学院分别接受两个月的培训，我担任团长。在哈佛大学期间，危机处理和应急管理是一门主课，以案例教学为主。第一堂课老师讲解几个案例后开始讨论，有一位市委书记上台说，"危机类型那么多，你们这一套太复杂了，而且挂一漏万，我们很简单，只要书记到场，叫谁谁来，让谁上谁上，需要什么调什么，有预案也只是底线，现场要随机处理的问题太多"，然后还讲了一个自己城市的例子。此头一开，书记市长们纷纷登台讲述，后来几次的课堂就很热闹，连老师也觉得很有趣，叫来助教一起听，认为中国另有一套体制和机制，有的时候很管用。

后来，有一位书记得意地告诉我，上课还是很有用的，他回去后就在一次会议上"很有理论高度"地讲了一次应急管理问题，大家都赞扬他有了"哈佛"水平。我就想起科斯说过，他曾经当过一段时间的公务员，上司从不接受他的意见，他仍然锲而不舍地提。因为他相信当人们请求上司给指示时，上司一定需要说点什么不同的东西，就会想起他说的。后来发生的事情果真如此。

资料来源：江小涓．江小涓学术自传[M]．广州：广东经济出版社，2020.

📖 推荐阅读

1. Caplan N. The Two-Communities Theory and Knowledge Utilization [J]. American Behavioral Scientist，1979，22(3).

2. Landry R，Amara N，Lamari M. Utilization of social science research knowledge in Canada[J]. Research Policy，1998(2).

3. Weiss C H，Bucuvalas M J. Social Science Research and Decision-Making[M]. Columbia University Press，1980.

4. [加] 弗雷德·卡登．让知识推动政策的改变：如何使发展研究发挥最大的作用[M]．徐秀丽，等译．北京：社会科学文献出版社，2012.

5. 刘妍．教育研究影响政策制定的路径和机制[M]．新北：花木兰文化出版社，2016.

6. 江小涓．江小涓学术自传[M]．广州：广东经济出版社，2020.

第十一章
教育研究影响教育政策的路径

本章导语

　　教育研究对教育政策的影响主要集中于教育政策的制定过程。本章将教育政策制定过程分为政策问题的认定、政策议程的推进以及政策方案的形成三个阶段,并分别阐述了教育研究在其中发挥的作用与扮演的角色。

学习目标

1. 了解教育研究影响教育政策制定的主要方式;
2. 了解教育研究在不同的决策阶段扮演怎样的角色。

知识导图

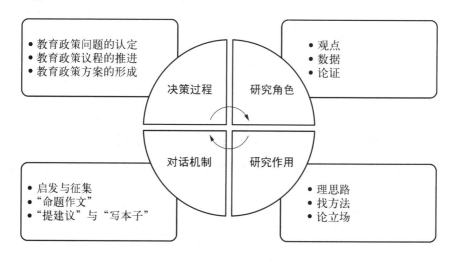

第一节 教育研究与教育政策问题的认定

教育事业是一项受众非常广、影响相当深远的社会公共事业。由此为教育政策问题带来两种特点：一是问题复杂且多样，涉及的人数众、领域广，很难将种种问题都容纳到政策问题的视域当中；二是任何一项政策的制定都可能在一段时间内关系到相当大的一部分人群，并产生长远的影响。因此，哪些问题需要被提起重视，哪些问题需要运用公共权力纳入政策讨论的问题范围，哪些问题需要被慎重考量通过政策的力量去尝试解决，都是一种需要多维度考量、多方论证和解决的事情。对政策问题的认定是决策过程的第一步，也是十分关键的一步。如果将政策定义为"公共政策是关于政府所为和所不为的所有内容"①，那么是否要有所为的第一步，便是将某一问题纳入政府的关注范围。政策问题的认定经历了"个人问题—公共问题—政策问题"等一系列发展路径，当公权力主体得知公众的公意并倾向于回应公众诉求时，该问题便成为一项公共政策问题。

政策问题的认定通常是一个漫长的过程，但有时也会因为某些紧要社会问题加速进程。在这样的一个过程中，有两个关键要素：一是向决策部门提出问题；二是决策部门通过各种渠道判定这些问题是否要付诸行动，判定的依据可能是问题的责权范围、处理问题的落脚点、问题解决的可能性以及解决问题的必要性等。这几个关键要素的复杂性为研究的介入提供了必要性和可能性。该过程中研究是如何与决策进行了互动，并帮助决策部门完成了政策问题认定的过程，通常也是间接的、隐性的过程。"长期以来，人们往往只关注外显的科研成果转化，对隐性的、间接的科研成果的转化关注不够，而后者恰恰是社会科学成果影响决策的主要方式。"②

教育研究在政策问题的梳理、细化、定位与判断的过程中，发挥了重要作用。这种作用即使不是直接的，也是不可或缺的，且通常是潜移默化、逐步渗透且难寻脉络的。那些认为教育研究应该直接影响政策中的决策者或实践者的观点或许是不现实的。另外，教育研究对教育政策的贡献更多体现在长时间、广泛的与决策者的互动中帮助决策者建构新的观念，挑战和改变决策者、实践者原有的看待问题的方式。③ 研究在访谈与案例的梳理中发现，借助种种渠道建设和机制设计，当研究者与决策者意识到双方互动的必要性时，研究在政策问题中的角色与功能也得到了大大的提升，并有效增进教育决策的科学性和民主性。

一、教育研究在教育政策问题认定中的作用

在面向 155 名美国联邦心理保健机构任职的高级人员的访谈研究中，研究者韦斯

---

① 托马斯・R. 戴伊. 理解公共政策：第 10 版[M]. 彭勃，等，译. 北京：华夏出版社，2004：2.

② 孟照海. 教育科研成果如何转化为教育决策[J]. 教育发展研究，2015(9)：6-12.

③ Amara N, et al. New Evidence on Instrumental, Conceptual, and Symbolic Utilization of University Research in Government Agencies[J]. *Science Communication*, 2004, 26(1)：75-106.

发现,虽然只有 7% 的人能够明确解释他们在决策中如何应用了哪些研究结果,却有 57% 的人提到他们在工作中确实使用了社会科学研究的成果,但是很难说得清具体是用了哪些,怎么运用的。[①] 在她看来,这些说不清道不明的影响,便是研究成果最常被决策使用的方式。研究人员通过自己提出或者研究出的"观念",用很多没办法解释和明确探知的方式,逐步地、潜移默化地影响了政策。尤其是在政策问题界定的过程中,究竟哪些问题会进入政府的议事日程,又是以什么样的概念和问题进入的,直接会影响后续具体的政策走向。社会中需要通过政策来解决的问题千头万绪,而决策者的工作让他们应接不暇。所以,帮助问题呈现、用清晰的话语来解释问题、协助决策者厘清问题的来龙去脉和把握问题解决的可能性等,便成为研究与决策之间的主要互动方式之一。

1. 研究在问题认定中的优势

在政策问题认定的阶段,往往是有社会问题,但没有明确地被纳入政府部门讨论的话题;或者是社会中有相关的讨论,甚至是讨论的热点话题,但并没有引起决策者足够的关注。研究成果的出现,并不必然带来社会影响,也不一定会被决策部门所觉察,尤其是在政策问题尚未明确之前,可能有众多研究都仅仅停留在学术层面,即便是明确由研究带来的问题的浮现,也很难判定到底是哪些研究带来了这样的结果。即便如此,我们也无需否定研究的决策价值。相反,在此过程中,研究在协助决策者发现与识别问题中,具有明显的优势。

(1) 研究问题的范围广

研究者在对研究问题的选择中,具有主动地位。通常,研究者对所要研究问题的选择,出于自身的学术旨趣和发展需求。研究问题可能来自学科问题,尤其是那些涉及教育的规范特征的基础学科问题,通常与一线教育实践并没有十分紧密的关系;研究问题也会出自社会问题,尤其是当下教育实践中存在的现实问题,但这些问题并不必然与当下的政策需求有关。尽管作为教育学科,所研究的话题离不开教育领域,而教育领域又是不可能完全脱离教育实践的,但研究所涉及的方方面面决定了其在选题、研究思路和研究结论中,相对政策问题而言有较大的丰富性。

(2) 研究问题的前瞻性

研究者思考问题的维度与决策者思考政策问题的角度是不同的。研究者关注的往往是问题的价值、意义、深度及理论的启发性,而决策者思考问题更多地是考虑问题解决的必要性、可行性和具体措施。当现实中的问题尚未被政策发现时,研究者可以凭借理论的视角、科学的调查和人文的观照呈现与呼吁问题。

(3) 发现政策中的新问题

教育事业的发展是一个长时间、持续性的过程。政策的制定、执行、终结的过程也并非一个封闭的循环。政策问题的认定,通常是一种螺旋上升、渐次更迭的过程。一项政策的实施,在解决某些问题的同时,很可能会带来新的问题,产生新的需求,并

---

① Weiss C H, Murphy-Graham E, Petrosino A, et al. The Fairy Godmother — and Her Warts: Making the Dream of Evidence-Based Policy Come True[J]. *American Journal of Evaluation*, 2008, 29(29): 29 - 47.

在逐步推进的过程中造成问题的激化,从而必须在新的历史进程中制定政策去解决新的问题。更不用讲那些在制定时本就缺少充足的支持与整体的思考,从一开始就出现问题的内容。因此,很少有政策问题源于从未出现过的政策内容,更多的是,在政策实践和发展的过程中,又出现了新的政策问题,新问题往往与原有问题具有历史的迭代性,却与原问题的背景、状态与可能的解决方案都产生了完全不同的现实背景。此时,研究的跟进可以进一步阐释政策问题是如何转变的,并为接下来的政策动议提供问题的观察视角。

2. 研究在政策问题认定中的影响是间接的

研究在政策问题认定中的作用和影响是被广泛肯定的,然而这并不意味着研究会直接影响对某一政策问题的确认,并明确带来最后的政策产生。社会问题的出现,往往是众多问题汇集后的集中表现。对于问题应该如何解决,是决策者需要了解的内容,研究者是以参与者和协助者的身份加入的。如何将问题大而全的可能性聚焦到直接可以解决的策略,研究者可以协助决策方对问题进行细化,并尝试提供可具操作性的问题。

二、启发与征集:教育研究与教育决策的对话机制

政策过程的最初两个阶段,即政策问题界定和政策议程建立,有着特别重要的意义。"如果一个政策问题没有得到很好的界定,就不会被看成是重要的问题;如果没有被大多数人认为是重要的问题,就不会受到广泛的关注并进入政策议程;如果没有进入政策议程,无疑也就不会成为正式的政策内容。"①研究知识在帮助决策者理解问题方面的价值,促使我们去讨论研究与决策之间是如何实现互动与对话的。

1. 教育政策问题认定中的自主性与多元性

韦斯提到的"知识动力模型",源于一个基本流程,即基础研究—应用研究—开发—运用。当然,在现实的研究运用过程中,很难见到遵循这一流程的影响路径。然而,在政策问题尚未明确的过程中,出自研究者独立见解的研究,更有助于提供多样的观察视角和独树一帜的理论见地。同时,这也不妨碍通过种种渠道将研究知识传递到决策者手中。

(1) 研究选题与研究过程的自主性

通常,在研究者选题的依据当中,无外乎个人研究旨趣、学科发展领域以及教育现实问题需求等。这些内容当中,涉及现实教育问题的领域,或多或少都会与教育政策有所关联,毕竟,教育的发展是无法脱离国家和社会政策影响的。因此,研究者自主的选题内容,很多都可以为政策提供相关信息。

(2) 研究成果传播的多元性

研究成果完成后,其传播的过程往往是多渠道、多元化的。首先,文章通常会在相应的学术刊物中刊发,从而在研究者的圈子内受到一定的关注,决策部门的人员在出台政策方案时也会翻阅各类学术刊物;其次,在学术会议、论坛、沙龙或研讨中,研

---

① 弗朗西斯·C. 福勒. 教育政策学导论:第 2 版[M]. 许庆豫,译. 南京:江苏教育出版社,2007:155.

究者可以将学术成果与参会者进行交流,提高研究的影响范围;第三,研究如果获得各式各样的成果奖,也会提升研究的影响力。以上方式主要是在研究者团体内的传播。如果旨在影响政策,还需要研究者拓展对话渠道,提升研究成果的综合影响力。在研究者的主导下,可能会有媒体与舆论宣传、参与决策相关研讨会,向决策者讲述研究内容等方式。

2. 决策部门通过多元渠道影响研究选题

研究者与决策者尽管作为生活在"两种文化"中的独立群体,但同时也都是身处教育事业当中的重要参与者。决策的科学、准确和高效需要作为"外脑"的研究者,也需要作为"证据"的研究知识;同样,研究本身也并非可以独立于政策而存在的事物。事实上,无论是否直接与政策相关,或其研究领域是否属于教育政策范围,研究者都是生活在一个政策氛围中的,其所研究的问题大多也都与政策过去、当下和未来的做法息息相关。研究被政策影响的方式除去这种难以摆脱的大环境以外,更直接的是决策部门本身也会通过各种方式去影响研究的选题,引导研究者就他们希望的方向和领域去开展研究。

(1) 决策者多渠道表达研究需求

首先,可以通过规划课题的方式提供选题。其次,借助各类智库的咨询课题,发布研究需求。第三,行政部门会自行组织调研,并在此过程中邀请专家参与。第四,行政部门通过委托研究的方式,邀请研究者参与研究项目。另外,各类由决策部门组织的座谈会、研讨会,通常也会预先拟定讨论题目和领域,邀请相关专家参与,提出他们的想法和观点,满足决策方对相关内容的需求。

(2) 决策者多形式获取研究知识

表达出研究需求以后,必然相应地也会需要获得相关研究知识。当然,研究知识的获得并不仅仅依靠征集来的相关内容,决策部门本身也会开展相关的调研工作。但是,作为决策科学化的重要前提之一,便是对同一问题进行尽可能全面的解读。因此,研究者能够带来看问题的新的视角,本身即便无法在政策中如法炮制,也必然会为决策者带来新的思路和启发。正因如此,也会有很多课题选择"平行研究",即同一问题委托不同的人或团队,同时展开研究,从而得出更加全面的结论。决策部门则通过获取咨询报告、翻阅各类专报内参、听取专家座谈意见、阅读期刊文献和研究报告等方式,了解研究成果和动态。

3. 研究与决策对话的间接性与内隐性

在间接性互动的状态下,研究者与决策者的对话通常不是直接的,而是经过中间人或中间机构的链接与协助。最常见的是智库,除此以外还有民主党派、专委会、专业学会、协会等。对于这种潜移默化影响决策的方式,布尔默(Martin Bulmer)用了一个很形象的概念来形容,即"石灰岩模式"。"石灰岩模式"通常形容那些错综复杂的影响状态。他提出,在很多情况下,研究知识并不能直接影响到政策,而是有如水分逐步渗入石灰岩中,缓慢且

> "石灰岩模式"通常形容那些错综复杂的影响状态。在很多情况下,研究知识并不能直接影响到政策,而是有如水分逐步渗入石灰岩中,缓慢且隐蔽,全面而深刻。

隐蔽,全面而深刻。通过这种方式,最终实现滴水穿石的效果。这种方法不是直接的,而是间接的;不是短期的,而是长期的;不是线性的,而是非线性的。①这种漫长而潜在的作用中,研究的意义在于促进政策对话,逐步形成对问题的看法,提出可行的解决办法。与"石灰岩模式"相对应的则被称为"工程模式",指决策方主动要求解决问题,寻找研究合作方的模式。

第二节　教育研究与教育政策议程的推进

如果将政策问题认定阶段视为政策制定过程一个"准起始"阶段,那么问题纳入议程之后,意味着政府部门"决定对哪些问题作出决策,政府要解决哪些问题"②,政策制定的帷幕正式拉开。政策问题出现与政策议程设立之间,关键点"不是决策者们不知道什么,而是他们不愿意做什么"③。选择是否采取政策行动的原因可能有很多,比如价值观的倾向、意识形态的影响、政策资源的充分性、核心领导的判断等。其中很重要的一个方面,是有关问题的解决需要做什么、能够做什么、目标的可行性有多大等可能性与必要性的判断。在这些判断中,研究作为理性的代表,可以为决策者提供必要的信息,利用充分的数据作为佐证,通过证据的呈现与分析,协助决策者决定议程的推进路径和方式。

一、教育研究在教育政策议程推进中的角色

确定一个问题是否会进入国家的政策议程,是一个政治决定。但问题的解决通常还包括一系列对事实的掌握(如学生考试成绩下降、交通事故的死亡人数增加等)。收集这些事实来确定政策问题通常依赖于相关的指标和统计数据。对此类数据的掌握和分析,决定了政策问题是否要纳入议程,而纳入议程便意味着问题正式进入了被解决的范围。很多时候,为决策服务的研究并不会在研究伊始就以很快的方式被列入政府议程,而是会在很长一段时间内进行准备式的研究,当决策部门需要调用相关内容时,可以凭借研究的数据与观点,决定具体的政策方案。

1. 研究为政策议程提供证据支撑

学术研究可以简化问题,以找到有说服力的答案。大多数教育政策问题都有教育学以外的维度,如经济方面、政治方面、组织和官僚方面以及法律方面等,因此不能仅仅依靠学科理论来解决。这就是为什么政策分析常常要从分析来自多个学科和方法的证据中得出结论。因此,研究结果一方面作为数据为政策提供一个视角的支撑,而非全部论据的概括;另一方面,为了能够更好地为教育决策服务,很多研究开展的是跨学科研

①　Bulmer M. *Social Science and Social Policy*[M]. London: Allen & Unwin, 1986.

②　托马斯・R. 戴伊. 理解公共政策:第 12 版[M]. 谢明,译. 北京:中国人民大学出版社,2011:28.

③　Wishart G C, Destefano J. Reinventing Research for Educational Reform[A]. in Ginsburg M B, Gorostiaga J. *Limitations and Possibilities of Dialogue among Researchers, Policymakers, and Practitioners: International Perspectives on the Field of Education*[C]. Routledge, 2003.

究，以求能在更广泛的学科背景下，提出更有力的证据支撑。

2. 需求调查与可行性分析：研究的重要决策功能

决策部门在考虑推动一项政策时，不仅要判定其要解决的问题的重要性，更要考虑解决这一问题的可行性。此时，需要在议程推进的过程中进一步明确问题的解决究竟需要落实到什么样的位置，是否有充足的资源去解决问题，以及政策最终能够实现的效果是什么样子的。此时，需求调查能够在政策制定前期开展实践与目的调查，对相关现状与问题作出更加全面系统的了解。

在这个过程中，对政策问题进一步的定位，就至关重要。只有明确了问题究竟出在哪里、解决问题的关键在哪儿，才有可能有下一步的动作。除此之外，决策者还需要知道预计的一项政策任务是否能够实行，是否有条件推进下去。在没有相关证据支持的情况下，如果贸然提出政策要求，很有可能会不了了之或者带来不利的后续影响。因此在这种情况下，如果通过研究者的力量获取确凿的数据，则会为决策部门带来重要的数据价值。可以说，一项政策的出台，是要经过很多复杂阶段的，既要考虑政策问题本身有没有找准，也要看政策去解决问题时，有没有足够的能力以及最终解决到什么程度。在这些过程中，如果研究者能够提供可靠、可信、可用的信息，那么就会对政策产生明确而直接的影响。

二、"命题作文"：教育研究与教育决策的对话机制

"命题作文"是很多研究者都提到的"本土概念"，是针对那些由决策部门确定选题、提出研究需求的一类研究项目。这类研究通常与问题认定阶段的研究命题形式不同。一来，问题的发起者是决策部门，且通常具有较强的针对

> "命题作文"是很多研究者都提到的"本土概念"，是针对那些由决策部门确定选题、提出研究需求的一类研究项目。

性，指向政府近期需要解决的政策问题；二来，研究具有明确的时限性，通常不超过一年；三来，研究者与决策者在研究过程中的沟通和交流会较为频繁，以求研究结果能够更具有决策价值。在此过程中，由于研究本身的变化和政策制定过程的需要，研究在决策中的利用率有所提升。换句话说，此过程是用基于研究的知识去支持复杂的决策工作。

1. 决策部门的主导作用

议程阶段所需要的研究通常是具有明确的问题导向和价值需求的。当然，这并不是说议程推进的过程中，研究的数据信息在过程中占有绝对优势的地位。通常，政策问题浮现的过程中，政治的价值就已经扮演了重要的角色。备选方案的出台和最终议程的讨论与决定，更是充满了政治的意味。政策制定者是在具有复杂的政治、经济、体制、文化与结构层面的组织和机构内工作的普通人。面对需要解决的政策问题，大众与政府的教育、态度、信仰、盛行的想法、可用的时间和个性都会影响他们的行为方式以及对新想法的回应。民主程度、学术和媒体自由、既得利益、历史和政治机制影响他们的选择余地。政府体系和官僚主义者的激励措施影响政策如何付诸实施。研究发现，"哪些知识会成为决策者讨论的方案，其政治背景非常重要——通常

是最重要的"①。因此,决策部门的主导作用便是引导话语,体现政治需求的重要方式。

2. 教育研究的政策指向性

研究运用的"问题解决模式"的核心在于帮助决策者解决决策问题,通常是政策推动研究的应用。尤其是政府合同研究,本意即是要在政策方面有所作为。研究者承担相关任务后,寻找解决问题所需要的信息和知识,并进行相关研究设计、资料搜集与分析、结果论述等工作,并最终提出研究报告。此类应用型研究往往能够通过这种方式对政策产生直接的影响。政策所要解决的问题,一方面来自现实中的社会问题,另一方面来自面向未来的战略问题。通常,现实问题的迫切性会成为需要研究者立即去判定是否制定相关政策的重要动因。在这种情况下,政策研究会有更加明确的时间要求(如半年或者更短),研究报告的呈现也会有更加明确的方式;研究的过程中也很可能会与行政管理部门有更多的合作。

3. 研究与决策对话的保障与激励机制

尽管决策部门与专家学者在对同一政策问题与政策需求进行分析和定义时会有不同的思路和立场,但是完全用"两种文化"理论去强化这种分歧与割裂,也绝非解决问题之道。提升研究运用的效率绝不是某一个群体的任务,而是从整个大环境来讲,再具体到各个领域都需要共同努力的通力之举。为了能够达成这种研究运用的氛围和意向,目前国内也进行了很多机制上的调整和推动。

(1) 国家政策层面的倡导与需求

制定公共政策的主体是国家政府机关。决策过程是否需要研究、需要的程度如何以及是否能够营造一种研究运用的良好条件,是需要决策部门关注与推动的事情。无论是政策摘要还是详细的数据,决策者都会主动提出要求。而研究者所要做的是详细地阐述或者展示具体内容,不用多费口舌,政策制定者自己也知道什么问题是重要的,什么样的决策时机是合适的,什么样的研究建议是可信赖的。通常情况下,为高层决策者提供意见的研究者都是久负盛名之人,决策者心里清楚,这些研究者能以一种易于理解的方式,及时为政策制定提供高质量的研究。另一方面,一些突如其来甚至令人担忧的问题给政府带来了挑战,同样也能激发政府对研究建议产生强烈的需求。

(2) 对研究服务决策的激励措施

研究者所在群体与环境,长期以来是以学术为指向的,并不必然内涵着为决策服务的要求。20世纪八九十年代,即便已涌现出了很多明确影响了教育政策的研究,很多也都是基于研究者作为知识分子的良心与责任心,尚未形成一种稳定、有规律的措施保障。现如今越来越重视该项任务后,就开始逐步完善对研究服务决策的激励办法。

(3) 智库为研究与决策对话构建桥梁

对于研究者而言,即便有影响决策的动机,可能也并不了解具体的渠道或方式。智库则能够解决这些问题,并搭建一个畅通渠道,帮助决策部门传递需求,帮助研究者递交报告,同时在其中筛选与优化建议。鉴于智库的桥梁作用,国家对教育智库的发展十

① Young J, Court J. Bridging research and policy: insights from 50 case studies[J]. *Evidence & Policy: A Journal of Research, Debate & Practice*, 2003, 2(4).

分重视,近年来教育智库的影响力也逐步显现。到现在为止,基本从国家到各省市、地区,教育行政部门都会有相应下属教育研究机构,由政府给编制、给经费,并要求为政府决策服务。这样的体制机制对研究成果的运用是有明显的积极促进作用的。首先,这些智库的研究人员与政府人员的距离较近,有相对密切的联系,能够更加了解决策部门的需求;同时,政府在交办某些研究工作时,也能更加有理有据。这些机构的研究通常与高校研究机构是有区别的。如果说高校研究侧重于理论、学科研究,那么政府内部研究机构则带有明显的问题导向,以求实现"外脑"的功能与价值。当然,这样的智库建设也有一定的局限性,包括研究的客观性、自主性会受到制约。因此,多类型、范围广的智库建设,应该是同样需要关注的问题,如此一来才能为决策带来更加多样、全面和客观的研究信息。

第三节 教育研究与教育政策方案的形成

政策形成是为解决提上公共议程的问题提出相应的解决办法,[①]对备选政策方案进行开发。[②] 如果说,政策问题的认定解决的是"问题是什么",议程设立与推进的过程关注的是"需要做什么",那么政策方案形成的过程则是努力去决定"怎么做"的问题。政策方案的形成过程在决策过程中通常更为引人注目。早期政策问题认定和议程推进的过程往往是悄悄发生的,除了参与的当事人,不会引起其他公众的注意。而政策的形成过程涉及一项政策最终的出台环节,更为引人注目。政策形成是政府部门的核心工作,对研究者群体而言,真正最终会影响到政策形成的专家学者,通常是为数不多的。

在方案的形成过程中,专业力量有其价值,但也应该认识到,政策方案形成首先是一种政治行为,是政府部门的工作,是政策相关利益的调节与分配。其中会有众多参与者保持不同的观点、立场、利益、价值观而相互影响、相互制约。作为相对客观的研究力量,在其中的价值是用科学的原则、可靠的方法与可信的手段,发挥专家学者的力量,实现政策的科学化。因此,一方面需要认识到政策形成过程中研究的角色、价值与作用;另一方面,也不能越俎代庖,忽视政府部门的立场、决定与责任。

一、教育研究在教育政策方案形成中的角色

进入政策形成阶段后,教育研究在教育决策中的位置通常就没有那么靠前了,更多是以协助、参与的角色参加。此阶段的研究能够扮演什么样的角色、发挥什么样的价值,通常跟不同的政策类型、政府部门领导的风格和参与的专家学者的身份有很大关系。一般情况下,我们需要寻找研究在政策形成中的优势与功能,并且最大程度上发挥出来,从而更好地协助政府部门完成政策方案,并顺利通过。在形成政策的过程中,政府机关通常遵循三个程序:收集信息;提供公众参与的机会;向某位特定的上级或专门

① 陈振明. 公共政策学:政策分析的理论、方法和技术[M]. 北京:中国人民大学出版社,2004:221-224.
② 托马斯·R. 戴伊. 理解公共政策:第12版[M]. 谢明,译. 北京:中国人民大学出版社,2011:36.

机构提交方案，以便获得批准。① 其中，研究者作为专业知识的提供者，可以丰富相关信息；作为教育事业的参与者，可以加入公众讨论；作为论证论据的生产者，可以强化方案的必要性。

1. 在决策部门主导下发挥研究优势

首先，研究能够为决策方案提供必要的信息与证据支持。在方案形成过程中，仍然面临着对问题的进一步识别，对解决方案的再一次讨论，和对可行性方案的再推敲。有时这些工作会由行政部门的工作人员去完成，但也会存在一些与研究、实验，尤其是需要长时间追踪调查相关的信息与证据，这是需要由相关研究提供的。

其次，研究者能够丰富决策人员的思维方法和看问题的视角。毕竟研究界和决策界分别有自己的行事逻辑和思维方式，长时间以后便会形成一种固有的模式。一旦模式固定了，就有可能会妨碍对问题的准确探知与深入分析，因此需要研究的介入。

第三，当政策需要根据上级文件来拟定时，研究者可以运用其更好的政策把握能力，协助政府部门撰写相关文件。这种情况通常会发生在区域级政策的形成过程中，尤其是在相关决策能力尚不完备的情况下。那些参与中央文件起草等工作的学者，能够更加明确其政策精神、意图、方法和目的是什么，从而指导一线执行的相关部门更好地拟定当地的方式方法。

2. 强化政策方案的合理性与必要性

教育事业的发展，涉及人、财、物、地等方方面面的因素，而这些均不是教育行政部门可以控制与协调的。因此，教育部门若要推动一项政策的出台，一方面为了政策文件的合理性，需要研究者提供必要的信息与测算；另一方面，也要运用研究的论证价值，说明政策的必要性，并为教育争取经费等必要资源。

鉴于研究在决策中发挥着越来越重要和明显的作用，逐渐地决策部门也开始更主动邀请研究人员参与到政策方案的形成过程中，如此一来，研究知识进入决策过程就更有机会，也更有效率。而且，如果需要研究提供必要的帮助，决策者即便要通过略显复杂的程序，也会尽可能邀请到切实能够提供帮助的研究机构或研究者。这种对话的主动性，最主要的动力便是研究者为决策者带来了必要的益处，为政策方案的形成提供强有力的论证，为政策最终通过审核流程奠定必要的基础。

二、"提建议"与"写本子"：教育研究与教育决策的对话机制

在政策被正式采纳之前，它必须以适宜的形式表达出来。② 为了更好地撰写出高质量的稿子，需要决策者、研究者以及其他各类相关利益群体的通力合作。一方面，要认识到研究的专业价值，另一方面也要重视对政治的考量。毕竟，政策制定最核心的考虑是政治的权衡，而不是理性的设计，在此过程中研究的政策价值就是一种合法化的符号价值。③ 作为这种合法化价值的体现形式，通常包括两种：一种是文字稿由政府部门

---

①　弗朗西斯·C. 福勒. 教育政策学导论：第 2 版[M]. 许庆豫，译. 南京：江苏教育出版社，2007：180－181.

②　黄忠敬. 教育政策导论[M]. 北京：北京大学出版社，2011：134.

③　刘妍. 教育研究影响政策制定的路径和机制[M]. 新北：花木兰文化出版社，2016：4－5.

自行起草,专家学者作为"被咨询者",提供专业意见和建议;另一种是由研究人员作为文字材料的主要撰写方,在政府部门的引领参与下共同完成方案。

1. 通过座谈会形式,提供政策咨询建议

在政策形成过程中对专家学者意见与建议的征集,主动方是决策部门。从形式来看,通常是以召开座谈会的形式,请多位专家共同出面提出建议。召开会议的责任方可能是政府机关,也可能是通过智库邀请专家召开座谈。从内容和文字表述来讲,专家通常参与的是观点上的建议,而不是与政策语言直接相关的部分。由此可见,决策部门在必要的时候会主动表达他们的需求,邀请专家提出专业意见。另一方面,也能够看到,在政策形成阶段,专家通常是被动的角色,等待决策部门主动与他们接触,只有在被需求的时候,才能够有机会发挥专业优势。

2. 通过加入专门委员会,参与政策方案撰写

政策建议的细节通常是由组织成员提出来的,不过,这些成员提出政策建议时,往往要考虑领导的需要。[①] 草案通常不是立法或行政机关领导撰写的,而是由机关办事人员、律师或支持团体完成撰写工作。[②] 与"提建议"方式相比,专家学者直接参与或负责"写本子",是一种更为直接的参与决策方案文本形成过程的方式。重要政策的起草过程,通常会形成一个专门的委员会,或被称为写作"班子"。在这个"班子"中,专家团队会作为重要成员但一般不是唯一成员,参与文件草案的拟定。决策部门的成员作为重要的参与者,会一同开展方案的写作工作,并更多考虑政府领导的意图和需求。

专家参与撰写工作,一方面要发挥学者的专业价值;另一方面,专家也需要了解和遵循政策方案形成的基本模式。毕竟,在政策方案的形成过程中,决策者经验中的知识与专家的研究知识,同样具有重要价值。

政府委托专家起草文件,最重要的原因必然是希望借助研究者的知识优势。尤其是,当某些文件是相对较新的,之前未有过相关经验时,学者的力量便可以借此得以发挥。此时,通常政府相关职能部门会主动联系专家团队,并协助专家完成整个方案形成的过程。

再者,参与方案撰写的学者还会根据自身的研究知识,丰富与充实某些政策表述。很多时候,地方政策的文本是在国家文件的基础上修改而来,甚至地市一级的文件是根据国家、省市等二三级文件细化出来的。因此,具体的表述和内容,通常没有太多的更新和细化。此时参与的专家便可以借助知识的丰富性,将相关内容进行充实和调整。

3. 研究者作为参与的一方加入方案形成过程

在政策方案形成的过程中,研究是作为广泛对话的一部分参与讨论的,并带来必要的、先进的、有用的信息,成为政策设计的一部分。然而,并不能因为如此,便认为政策可以仅仅源自于研究得来的证据。毕竟,研究知识,尤其是教育研究知识,不可能作为一种完全客观、中立、价值无涉的内容,成为避免政策陷入价值旋涡的工具。研究知识也是基于特定价值构建出来的。知识本身不仅不具有绝对的客观性,通常也不具有内

---

① 托马斯·R.戴伊.理解公共政策:第12版[M].谢明,译.北京:中国人民大学出版社,2011:36.

② 弗朗西斯·C.福勒.教育政策学导论:第2版[M].许庆豫,译.南京:江苏教育出版社,2007:15.

在的规范性权威。因此,在研究者参与政策方案撰写时,仍需要做好定位,在研究与政策、实践、国内外经验的充分互动中,在与各个组织和人员的对话中,生成更为科学的论证。

作为参与者中的一方力量,政策形成还需要不同观点、不同价值观、不同社会阶层、不同组织领域的人员共同聚集在一起,在相互冲突、矛盾、有分歧的对话中进行协商,公开自由地进行讨论,从而逐渐达成共识。而不是仅仅将政府官员或专家学者等行政官僚与技术官僚的精英主义立场,毫无反思地强加到政策当中。基于这种背景和要求,研究者在"提建议"和"写本子"的过程中,不论是否作为主要撰写方,都需要广泛采纳各方建议,并充分尊重来自方方面面的意见与观点。

首先,政府主要职能部门的建议是至关重要的。一般来讲,即便是由党中央、国务院出台的教育政策,通常也是由教育部负主要责任的。省级政府同样,教育厅需要以省政府名义出台的政策,文本方案也是教育厅代拟的。细化到教育部或教育厅内,各职能司局、处室都有其具体负责的范围。因此,对于这些职能部门的要求、建议、规则、标准,都需要进行充分的考量和参照。同样,政府部门也可以在与研究者充分的座谈、讨论和互动中逐步形成对文件的思路和想法。

另外,最广范围内相关人员的参与,是决定一项政策能够实现科学民主的重要保障。比如,一项教育立法,从政府部门来讲,同时要涉及立法部门、行政部门和司法部门;从教育部/厅内部来讲,涉及相关业务部门,如基教司/处或高教司/处等;从地域上来讲,需要考虑到全国范围内省、市、自治区与新疆生产建设兵团的区域情况;从行政序列来讲,涉及中央、省市、县乡镇等不同层级行政管理部门的需求;从政策所涉及利益团体来讲,还包括各学校、教师、行政人员、学生、家长、研究者、社会团体、学术机构等各方面因素;从历史的维度来讲,需要思考法律文件的相互关联和发展关系,确保不会相抵触或矛盾;从国际范围内来讲,要考虑国外相关情况,吸收经验教训;从专家专业领域来讲,也要包括教育学、法学、管理学等不同专业的建议。因此,在政策形成过程中,要充分调动各方面的资料,广泛吸取各领域意见,最大化考虑各区域情况。研究者提出专业意见,作为很重要的一员参与其中,但绝非唯一重要的一员。理性审视研究者的角色、功能和价值,客观评判在决策过程中研究知识的地位与作用,是我们在考量"教育研究如何影响教育决策"的过程中必不可少的一环。

案例分析 11-1

关于教材难度的研究

在《国家中长期教育改革和发展规划纲要(2010—2020 年)》(简称"《中长期规划纲要》")的研制过程中,对"减轻学生课业负担"的呼声一直是很多家长、学者和行政官员关注的热点话题。很多人都认为减轻学生课业负担的有效手段是降低教材难度。当时"适当降低教材难度"已经写入了《中长期规划纲要》文本之中。但是参与政策形成的研究者审慎地认为这一简单判断缺乏足够的科学依据。如果简单降低教材难度,在现如今国际竞争背景下可能会带来巨大的问题与风险,而且这一影响必定是非常深远的。

为了能够更加清晰"教材难度是否适宜"这一政策问题,《中长期规划纲要》颁布后不久,研究者便启动了"中小学理科教材难度的国际比较研究"。研究伊始,经历了一个不断聚焦核心问题的过程。因为教材难度研究非常复杂,涉及很多因素,不仅与教材的客观难度有关,也与教师的素质、教学的要求、教学的时间、学生的能力和用功程度等因素有关。研究过程中不断有人提出,仅研究教材的难度意义不大,要把教材、教学、教师、课程综合起来研究,才能提出系统改进我国教育的意见。然而,研究问题与政策问题一样,大而泛的复杂过程都顾及,反而难以得出科学可靠的结论。因此,研究将落脚点置于"中小学理科教材"的难度,并通过国际比较的方式加以研究。研究课题组成员通过收集翻译教材、制定研究框架、研讨规范标准、确定方法原则、统计分析数据、调查验证结论,合成研究成果,举行上百次的大中小型研讨会,利用出国交流或邀请外国专家访问、与外国同行进行切磋研讨等过程,得出了重要的研究结论。

　　在 10 个国家中,中小学理科教材最难的是俄罗斯,然后依次为:美国、澳大利亚、德国、新加坡、韩国、日本,英国最靠后。我国中小学理科教材难度在比较国家中属中等水平,在 10 个国家中大致排在第 4 至第 6 名之间。总体上看,我国教材难度处于世界中等水平,但在广度、深度和不同知识主题的难度上表现出不同特征。

　　那么,新的问题是:如果教材难度适中,为什么学生的课业负担特别重呢?研究表明:我国学生课业负担过重主要是由于课外加码和教不得法所致。在对教材难度进行国际比较研究的同时,各学科还对中小学的实际教学情况进行了调查和分析,发现我国中小学的实际教学难度比教材难度平均要超出百分之五十到百分之一百,同时又大量布置作业,重复练习严重,占用了学生大量课余时间,而且造成了学生很大的心理压力。

　　研究的结论为澄清在教材难度方面的问题作出了突出的贡献,为我国新一轮课程标准的修订产生了直接影响,为今后教材的改进提供了科学支撑。

　　资料来源:袁振国,蔡怡.教育科学研究在《教育规划纲要》制定中的作用:袁振国教授专访[J].苏州大学学报(教育科学版),2014(3);袁振国.中国理科教材的难度:十个国家的比较研究[J].内蒙古教育,2017(19):14-17.

从该案例中可以看到,研究者为政策问题作出了充分的实证调查,并澄清了"教材难度太大"的问题,将政策的视角转移到"课外加码和教不得法"的问题当中,避免了一次不合理的问题认定和政策出台过程,体现了研究在保证政策科学性和教育实践发展道路上的重要价值。可见,研究在确定某项问题动议是否合理,如何准确定位到需要解决的靶点,以及通过什么样的具体操作来解决相关问题方面,提供了十分必要的信息,为决策部门决定是否以及如何推进政策过程,提供了必要的信息与知识。

　　创办高质量高等教育,建设世界一流大学,一直是我国教育界人士共同的追求。这一目标和战略正式进入政府的政策议程,其核心标志性事件便是在北京大学百年校庆时,时任国家主席江泽民同志在 1998 年 5 月 4 日发表《在庆祝北京大学建校一百周年大会上的讲话》。借由国家领导人的讲话,"政策之窗"打开,政策议程正式启动。1999 年 1 月 13 日,国务院批转了该项计划。至此,"985 工程"正式启动。

案例分析 11-2

"985 工程"政策的制定

该政策在出台之前,尽管也有相关研究出现,但并没有形成对政策的实际影响。在1998年5月4日江泽民同志发表讲话之前,学术界对世界一流大学进行了一定的研究,高校也提出过建设一流大学的目标,但该政策仍处于公众议程阶段,尚未进入政府议程。北大的校庆工程自1995年成立筹备委员会,反复研讨,步步推进。在这个过程中,北大与教育部和北京市政府反复磋商,决定邀请国家领导人出席庆祝活动,并请江泽民发表讲话。讲话稿中提出了"为了实现现代化,我国要有若干所社会主义的世界一流大学",表达了中国建设世界一流大学的政策意愿。"建设世界一流大学"的宏伟战略目标就从学术界的探索、高效的目标上升为国家领导人的意志,并正式进入政府议程阶段。正是研究学者与决策者共同的政治立场,使得该政策顺利得到政府的支持与通过,并在接下来如何落实政策中产生了大量相关研究。

在政策议程确立到出台的过程中,学术界精英抓住了北大百年校庆这一特殊事件,与国家教育主管部门相互沟通,直接通过国家领导人的讲话推出了一项重大政策。这一过程被认为是"理想导向型"的教育政策制定模式。①

从上述案例可以看出,战略导向的研究议程,是因为目标或理想由关键决策者或决策部门推动的。其中,宏大的政治目标具有重要的政策推动价值。从政策过程的视角去看,议程设置在前,有针对性的研究和设计在后。另外,在"985工程"政策的出台过程中,研究学者的身份是双重的:一方面是作为相对"客观"的"第三方"推动议程的发展;另一方面,因为此政策涉及对高等教育的重点支持,因此学者具有"政策利益团体"的身份,从而充分抓住机会与决策者进行互动,最终有效推动了政策的出台。

案例分析 11-3

《国家中长期教育改革和发展规划纲要(2010—2020年)》的起草

2008年8月29日,时任国务院总理温家宝同志主持召开国家科技教育领导小组第一次会议,审议并原则通过"中长期规划纲要"制定工作方案,正式启动研究制定工作。"中长期规划纲要"制定动员人员之多,征求意见之广,讨论时间之长是历史上空前的。②

在这样一个阵容强大、群星荟萃的起草团队中,研究人员发挥了十分重大的作用。尤其是,纲要制定过程并非一个拥有共识前提、可顺利推进的工作。在纲要的制定过程中,大家对教育问题的意见分歧很大。几乎所有的教育问题,都有不同意见,而且这些不同意见都有各自的道理。③ 在权衡、判断过程中,需要研究者通过强有力的证据、充分的论证和深入的探讨来实现。

对研究工作的重视,从一个人员安排的侧面便可知一二。"我是第1组总体战略组的组长。当时共有11个组,每个组双组长。双组长中是把专家排在第一的,第二是退下来的副部长或司局长。这说明教育部比较重视发挥专家的作用,也希望大家多下点功夫。因为他们不可能有那么多时间,另外在方法

① 闵维方,文东茅,等.学术的力量:教育研究与政策制定[M].北京:北京大学出版社,2010:93-117.
② 顾明远.为《纲要》的完善和落实出谋划策[J].教育科学论坛,2010(4):1.
③ 袁振国.千头万绪理清思路,千差万别凝聚共识//两载寒暑,历经艰难,求取真经:《国家中长期教育改革和发展规划纲要(2010—2020年)》起草组10人谈[J].中国大学生就业,2010(17):4-12.

上更加注意科学性。我们那时候都脱产在那儿的,将近两年。"

可以说,在整个政策文件起草的过程中,一直都贯穿着研究的内核。很多具体内容当中,蕴含着研究人员对规划的把握和对专业性的追求。"我们组的一个任务是要研究分析45个指标。比如高等教育毛入学率,我们提出来2020年达到40%。高等教育组或者其他组说太冒进了。我们就给他把数据摆出来,计算公式摆出来。我们40%的实现是不冒进的,因为当时已经达到了30%,还有10年增加10%。有没有需求呢?现在高等教育占劳动力总人数比例还不是太高。更重要的是学龄人口总数下降,因为独生子女造成我们人口出生率下降,本来学龄人口是1.24亿人,后来降到8500万人。分母减少以后分数就大了。所以我们后来说没问题,坚持40%。现在看来,到2020年,可以达到45%,接近50%。不是不能完成,而是大大超过了原先的估计。还包括终身教育的发展,特别是网络教育的发展,高等教育的形式更多样化,不一定都是全日制的。这些都是要经过计算,经过相关因素的分析,然后得来的。"基于这样的计算、分析,使得战略目标具有了可行性与现实性。

应该说"中长期规划纲要"的研制过程,在全国教育领域内产生了十分广泛而深远的影响;不仅仅是保证了该文件的科学性以及对教育事业发展的引领价值,更为以后决策部门与研究人员的合作、互动模式作出了全国性的表率,逐步夯实了研究与决策对话的习惯与趋势。

📖 推荐阅读

1. Slavin R E. Evidence-based education policies:Transforming educational practice and research[M]. Educational Researcher,2002.

2. Nutley S M, Walter I, Davies H T O. Using evidence:how research can inform public services[M]. UK:The Policy Press,2007.

3. 安德鲁·里奇. 智库、公共政策和专家治策的政治学[M]. 潘羽辉,等译. 上海:上海社会科学院出版社,2010.

4. [美] V. 布什,等. 科学:没有止境的前沿[M]. 范岱年,等译. 北京:商务印书馆,2004.

5. [美] 格雷厄姆·艾利森,菲利普·泽利科. 决策的本质:还原古巴导弹危机的真相[M]. 王伟光,王云萍,译. 北京:商务印书馆,2015.

第十二章
如何促进教育研究对教育政策的影响

本章导语

　　当前,教育研究影响教育政策具有多元的可能性,因为决策本身对研究的需求越来越明显,智库发挥着重要作用,研究者亦有动力去主动影响决策,同时研究服务决策的形式也是多种多样的。在这样的环境下,我们呼吁政策型研究者和研究型决策者能够架起教育研究与教育政策之间的桥梁,优化教育研究与决策的对话机制,增进二者的互动。

学习目标

1. 了解教育研究影响教育政策的多元可能性;
2. 理解"政策型研究者"与"研究型决策者"的特点与价值;
3. 掌握教育研究与教育决策之间的对话机制。

知识导图

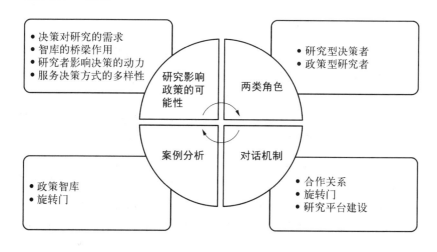

第一节　教育研究影响教育
决策的多元可能性

对决策者来讲,通过研究的参与,通过众多学者专家看问题的角度和深度,能够丰富决策部门对问题的看法和策略的把握,尤其是通过学者深入的探讨和不同的观点,在决策过程中增加反思的视角,增加比较的视角,从而对问题的分析更深入,促进决策科学性的进一步发展。学者的研究一般来讲是基于理论和思想的,尽管这种脱离问题导向的研究会制约研究在决策中的运用,但这种思想性、多学科的研究结论,可以帮助决策部门看问题更加全面、深刻,更有针对性。尤其是学者对问题的界定、对前瞻性的把握和对方向性的引导,借助哲学、社会学、管理学等理论高度的视野,使得对政策问题和方案的判断更有深意,更有批判性,更加具有独特的价值。尤其是在当今决策大环境下,决策者本身对研究的需求逐渐加强,不论是政府内部调研还是专家学者参与,都被大力提倡。智库的建设也为这种决策服务能力的提高奠定了制度基础,强化了研究支持决策的能力与效率。另外,研究者在获取政策影响力方面,也有他们的追求与目标,通过多样化的渠道逐步实现对政策的影响。

一、决策对研究的需求

教育决策对教育事业发展和教育领域中每一位参与者的影响都是巨大的。一段时间内某项教育政策的执行或变更,都可能影响某个地域、某个年龄层或某个群体中相当大体量的人群,并在后续很长一段时间内受其影响。可以说,教育政策非常重要,抑或太重要了。因此,对教育决策科学性与民主性的要求也便逐渐成为各层决策者的共同追求。这种科学性、民主性的需求,意图便是为了让政策更可能减少潜在的不利因素,提升政策在教育事业发展中的正向积极力量。另外,当前在对决策部门的管理模式中,也越来越关注其政策制定是否合理有效,提高了决策部门绩效考核、效果追踪与监督问责机制,一项政策从出台到是否达到目的、产生好的效果,都成为一种制度化要求。在此背景下,决策部门人员对于政策的制定与推动,也更加谨慎,对研究的需求,就更加明显。

研究者作为一种重要的知识持有者和生产者,一种可靠的信息传递者和思想的贡献者,能够为决策者带来正面的价值。也正是因为研究的价值能够得到认可,决策者需要研究者作为重要的智识的代表,在寻求研究服务的同时,也会为研究者提供必要的支持和研究空间。即便是委托类研究,对于问题的动力源来自决策者,但是具体研究能够为问题带来多少新的发现与贡献,是会保有研究者的独立性与可能性的。各类课题具有一定的自由度。对于课题研究的结论和建议,研究者是能够自行决定的。整个研究的设计与过程,由研究者推动,行政官员并不参与。如此一来,在研究与决策之间保持相互联系又相对独立的关系,能够确保研究得出更具价值的结论与建议。

另外,非常重要的一个现状是,在决策部门,同样有强有力的研究团队和调研基础。

"党和政府历来重视干部的继续学习和培训工作,要求所有的领导干部都必须轮流到各级党校和行政学院脱产学习。但这样做还不够,在职领导干部还必须不断学习、掌握新知识。我作为分管科技和教育的副总理,确实对此更有紧迫感。为此,多年来我个人建立了一个'小课堂',主要是结合工作需要,每周一次请有关专家、教授来给我讲课,无特殊情况,从未间断。这种学习使我获益匪浅。后来,我建议把这种学习方法介绍给国务院办公厅机关的干部,每两三个月举办一次科技讲座,很受大家欢迎。几年来,国务院共举办了 22 次科技知识讲座,先后邀请国内、国际著名专家学者讲课。在讲座的基础上,国务院根据专家建议,经过认真研究,作出了不少关于加强高科技研究开发和实现产业化的重大决策。"[1]除了这种依靠领导人建立的学习组织,在政府内部机制当中,各级各类政府部门都会设置研究部门。这些研究部门并非指直属于政府部门的教育研究机构,而是政府内部机关或研究室,以及各类行政领导与工作人员。在各类政策制定的过程中,政府部门最依赖的调研团队,依然是内部的工作人员。因为,一来这些人员对于领导的意图和政策的把握更加准确,二来政府部门的调研尤其具备便利性和快捷性。教育部门的工作模式也类似,每个处室或职能部门,每年都会列几大重要的调研计划,然后会有专项经费支出,确保调研完成。在这样的调研过程中,研究者会以不同的方式参与其中。比如调研团队中吸纳有关学者参与,或者调研中、调研后邀请专家召开各类座谈会,请研究者提出他们的见解和观点。再者,政府部门的课题也会举行各类评奖评优项目,邀请专家参与评优过程。

二、智库的桥梁作用

在研究与决策之间,需要一个既懂研究又懂决策的组织为二者之间搭建桥梁。智库便是非常重要的协助二者之间进行互动和对话的机构。通常,在我国最常见的智库仍然是直属于政府机构的教育研究机构,如社科院、教科院等。同时,当前大学也依托自身科研的优势,通过开拓各类政策渠道,构建自身的高校智库。当然,也有一部分独立性质的智库系统,如我国 21 世纪教育研究院等,也发挥了重要的决策服务功能,但是相对来讲数量较少。

> 智库(Think Tank)又称智囊库、脑库、思想库、外脑等,是学术文化与决策文化之间的重要桥梁。

智库的价值一方面是作为第三方力量为决策者和研究者服务。如组织各类研究规划课题,寻找委托课题的承接方,为决策者将其需求传递给研究者搭建通道。同时将研究成果以更有效的方式传递给决策部门,促进研究成果在决策中的吸收利用。在这个过程中,研究人员要考虑对现有的研究进行综述和整合。全面了解问题的基本状况,进行合成与评论,突出实用性,并协调复杂或矛盾的研究结果,充分为决策者考虑。同时,对大量的研究结果进行严谨、全面和客观的审查,参与知识的翻译与传播过程。可以帮助研究者从他们制定研究计划开始,更明确地指导他们的研究结果如何、在哪里以及在

---

① 李岚清. 李岚清教育访谈录[M]. 北京:人民教育出版社,2003:439-440.

什么情况下可以使用,然后为研究的运用制订一套流程。① 另外,也可以借助互联网的传播功能,将研究结论扩散给多个受众,使得研究的使用价值更具互动性,促进研究者与不同的使用者之间的对话。

实现桥梁作用的一个重要方面,是智库在加强渠道建设,即打造研究结果传递给决策部门的良好、有效、有针对性且畅通的通道。在英国,作为政府内部人员的研究者能够在委托研究和项目评估中,在向决策人员传达研究结果方面发挥重要作用,被视为改善研究运用的关键推动者。② 在我国的政策环境下,也是同样的。这种设计对于研究者与决策者来讲,都是十分需要的。因为日常工作中,研究与决策的工作相关性并不强,两者很难达成有效的沟通,决策者不了解研究关注的问题和成果,研究者也并不清楚决策部门的需求和愿望。即便有了高质量的研究成果,很多研究者也可能迫于不知道如何传递给决策部门,导致研究得不到好的运用。因此,通过渠道建设,智库可以更有效地促成二者之间的互动。

第二,智库本身也兼具研究者的身份,负责承担研究任务,并作出高质量的研究成果。很多时候,因为智库与决策方的便利关系,很多研究会直接委托给智库研究者,很多需要参与到决策中的讨论、提建议、方案写作等也会为智库研究者提供更多的机会。在我国教育科研部门的设计中,大多数都是直接与上级管理部门有同样的职能设计,教育行政部门的相关处室可以直接对接教科院的相关处室,从而实现两个体系之间的有效对接。同时,作为内部智库的很多研究机构,因为具有了便利的政府条件,在调研等工作中也可以得到一定的帮助。

拓展阅读 12-1

政策智库又称"智囊团""脑库""思想库""外脑"等。对于什么是现代政策智库,很难给出一个准确的答案。对它的界定,不同的学者有不同的理解。这些不同观点的分歧主要涉及智库的政治属性、机构性质等方面。对政府部门内部的政策研究机构是不是智库,设在大学的研究中心、民间咨询机构与其他营利性研究机构是不是智库这两个问题,有不同的回答。例如,保罗·迪克森(Paul Dickson)在其 1971 年专著《智库》(Think Tanks)中对智库的界定——"智库是政府为解决各种问题所求助的对象,是利用现有知识以跨学科方法进行政策研究的持久性机构"③就比较宽泛,对智库的政治归属、机构性质并没有作出规定。但卡罗尔·韦斯认为要区别智库与具有类似政策研究功能组织之间的区别。她认为政策研究组织有两种类型:第一种是存在于政府内部的机构,第二种是独立于政府部门之外的非营利组织,而智库属于第二种。根据韦斯的观点,设在大学内部的研究中心、民间咨询公司与其他营利性的研究机构都不是智库。詹姆斯·麦根在《美国智库与政策建议》(Think Tanks and Policy Advice in the United States)中,把智库(政策研究机构)界定为:对国

---

① Young M D, Rorrer A K. Promoting the Utilization of Educational Leadership Research in Preparation, Practice, and Policy[J]. *Journal of Research on Leadership Education*, 2012, 7(2): 195-216.

② Clark G, Kelly L. *New directions for knowledge transfer and knowledge brokerage in Scotland*[M]. Edinburgh: Scottish Executive, Office of the Chief Researcher, 1986.

③ Dickson P. *Think Tanks*[M]. Tennessee: Kingsport Press, Inc., 1971: 3.

内和国际问题进行政策导向的研究、分析、建议，帮助政策制定者与大众进行有效决策的机构。它既包括大学内的政策研究机构、政府内部的研究机构，同时也包括民间政策研究机构；既可以依附于政党、政府、利益集团或者公司，也可以是独立的非政府组织。教育政策研究机构具有政策研究机构的一般特征，但以教育政策为研究对象与目标，包括专门进行教育政策研究的政策研究机构以及研究范围涵盖教育政策，对教育政策产生重大影响的综合性政策研究机构。

资料来源：Weiss C H. Helping government think，functions and consequences of policy analysis organizations［A］. Weiss C H. Organizations for Policy Analysis：Helping Government Think［C］. London Sage Publications，1990：1－20；McGann J G. Think Tanks and Policy Advice in the United States［M］. Oxon：Routledge，2007：11；黄忠敬. 教育智库［M］. 哈尔滨：黑龙江人民出版社，2012.

三、研究者影响决策的动力

在历史上绝大多数时间里，研究并没有为决策服务的义务和责任。甚至，在很长一段时间里，学术与科研将其在实践中的应用视为不那么光荣的事情。即便到现在，西方仍然存在着强烈的倾向，认为那些没有太多应用价值的基础学科，具有更强的学术地位。在我国，虽然没有明显的这种认知倾向性，但是学者所特有的认知体系和评价标准中，也并没有广泛地将服务决策作为显性的目标和要求。

近年来，随着对决策科学化的追求和研究运用于决策的渠道建设，开始用各种方式鼓励研究者参与到决策过程中，提高研究成果的决策影响力。如智库建设中，关键的评估导向便是提交决策咨询报告，绩效分值很高，尤其看重领导的批示。同时，对于研究者而言，作为对提高咨询报告质量的鼓励，如果报告被重要的内参收录，或者获得某个级别以上领导的批示与采纳，会将其转换成为科研考核标准，如一篇被批示的咨询报告可以等同于一篇CSSCI期刊论文。

另外，也有学者提到面对机制化的激励措施，很可能在某种意义上并不能满足那些具有影响力的研究者。因为通常这些具有较大政策影响力的专家，已经在自己的专业领域内取得了很深的造诣和相对稳固的学术地位。对他们而言，更看重的并非评价或者奖励，而是一种成就感与责任感。

四、服务决策方式的多样性

如前所述，在决策过程中，不论是基于政策问题的显现过程，还是在议程过程中推动的力量，抑或是直接参与政策方案的撰写和建议，都呈现出了学者在其中多种多样的决策价值实现方式。从研究的类型来看，无论是基础研究还是应用研究，都可能对政策产生影响。应用研究的直接价值肯定是更加明显的，尤其是那些能够满足政府部门对解决问题需求的研究，能够为政策制定提供强有力的数据论证和强大信息保障的研究。

然而,这并不意味着专注于理论和学科发展的基础研究,就不可能具有决策服务作用。

从研究的起源来看,直接指向政策的委托、招标或资助类研究会有更大的决策运用的概率,但是那些原本并没有意图去指向决策的研究项目,也会在不经意间产生强大的决策影响力。如闵维方在 20 世纪 80 年代末进行的"内涵式发展研究",项目的开展缘于在国际组织项目调研中发现的问题,结合对高校规模效益低的现状,提出了"内涵式发展"的解决措施,并在后续几年中开展了相关研究,最终影响了教育政策在这一领域的发展取向。[①] 研究自开始之时,并未直接由政府部门提出问题,研究者在开展研究之初也并没有明确的影响决策的意图。但是因为所研究问题在当时当地的适切性,以及研究在后续研究发展过程中的专家影响力,从而促使该建议能够进入决策者视野,成为一项具有决策影响的研究。

从影响决策的渠道来看,作为能够直接参与政府政策方案的研究者,一定是更具决策影响力的。但是在学者和行政人员出台政策的过程中,同样也会去广泛查阅相关研究文献。如果是核心起草组专家成员所熟悉的研究成果,或者是在他们查阅过程中看到并认同的研究成果,便会有确切的影响政策的效果,即便这类研究并没有借助既定的渠道传递到决策部门。

第二节　研究型决策者与政策型研究者

政策水平的提高与学术水平的提高是相互促进的,社会越复杂、人类文明水平越高,决策越需要研究的支持;同时,研究的价值也越是通过对决策的贡献体现出来。这一点在教育政策和教育研究中体现得尤为明显。随着教育政策对教育乃至整个社会生活影响的日益扩大和加深,教育决策的科学化、民主化和绩效化的要求也就越来越高。为此,它不仅需要有更加健全的决策机制,也需要决策者不断增强研究意识;随着教育决策对教育研究依赖程度的加深,社会对教育研究的期望也越来越高,这就要求教育研究者彻底走出孤芳自赏的闺阁深院,不断增强政策意识,同时,研究的价值也越是通过对决策的贡献体现出来。

一、研究型决策者

研究型决策者要求决策者要具有研究意识。决策者的研究意识,即以研究的态度和方法看待政策现象和处理政策问题。决策者和研究者是两个范畴,两种工作规范,两种文化。长期以来,研究者把政策放在研究的视野之外,决策者也没有把政策与研究联系起来。这种现象既是一种客观事实,也是一种主观态度。要改变这种状况,既依赖于客观环境

> 决策者的研究意识,是指决策者以研究的态度和方法看待政策现象和处理政策问题。

---

① 刘妍. 教育研究影响政策制定的路径和机制[M]. 新北:花木兰文化出版社,2016:100-111.

的不断变化,也依赖于主观观念的改变,加强这两种文化的交流。从决策者的角度来说,研究意识的建立,首先是形成过程意识、距离意识和代价意识。

1. 过程意识

政策是什么? 是一种行政决定或者是一份政府文件吗? 当然是,但教育政策不等于教育决策,教育决策只是教育政策过程中的一个重要环节。教育政策是个全过程,这过程包括四个最主要的环节:政策议题的确定,政策决定(决策),政策执行,政策的评估和反馈。决策者具备教育政策的过程意识,才能够关注、思考政策的全过程并处理好政策过程中的各种关系。

为什么要颁布教育政策,颁布什么政策,首先取决于政策议题的确定。教育中的问题千头万绪,有轻重缓急之分,有影响面的大小之分;不同层次的教育决策部门,功能不同,其决策的重点和考虑问题的着眼点也不同。所以并不是所有的教育问题都应成为政策议题,"搁置不议"有时也是一种必要的政策选择。政策不及时或政策无的放矢、政策力度不够或杀鸡用牛刀、政策重叠或政策不配套、越俎代庖或跨越雷池等,常常是因为对教育问题厘定不清、政策议题不恰当而造成的。所以,明确教育问题的性质是决定教育问题是否进入政策议题的前提。

通过对教育问题爬梳整理、讨论厘定确定了政策议题之后,便进入了政策决定(即决策)阶段。不同的决策任务、不同的受决策影响的相关对象(政策标的),会有不同的决策内容。但一项政策总是应该包含一些基本内容,比如,决策的方针、原则、目标、要求、手段、保障、评估标准等。决策的方针是政策的指导思想,它取决于决策人员和决策组织的主导价值倾向和对教育矛盾主要方面的基本判断,明确政策的指导思想,会产生合目的的、领先的政策内容和保持政策之间的一致性。政策目标是政策内容的核心项,政策的目标在价值上是否被社会认可,政策目标是否明确、具体、可行,决定了这项政策被贯彻的程度。

2. 距离意识

研究意识的一个很重要特征是它的客观性和反思性。所谓客观性是指政策虽然是主体决定的结果,是决策者思想、情感、意志的表现,但政策一旦公开,它就成了客体,成了贯彻执行和被评价的对象。为了能够正确、公正地对待既成政策,客观地就要淡化对政策的主观感情。所谓反思性,是指抛开个人的思想感情对决策的程序和内容、对政策的结果进行冷静的回视、审视。能不能保持客观性和反思性,取决于我们能不能拉开与既定政策的距离,超越自己的思想局限、工作环境局限和利益局限等,把它作为一个客观对象来剖析。有了这种距离意识,才能进入研究状态,才能比较客观地看待问题、分析问题。政策制定是价值倾向性非常明显的活动,而研究则要求尽可能地保持价值中立的态度,以"局外人"的眼光看政策。从技术上说,它要求决策者能够科学地收集有代表性的信息,有条理地记录和整理这些信息,运用规范的方法统计这些信息,最后对这些信息作出可靠的分析、得出符合逻辑的结论。

3. 代价意识

教育问题能不能解决可能是由客观条件决定的,也可能是由主观判断决定的。有些问题可能被解决,但我们要付出比解决问题、获得回报更大的代价。代价观念是现代政策制定的思维基点之一,"不惜一切代价"的非理性态度与现代决策观是不相融的。代价观与可持续发展观实际上是一个问题的两个方面,可持续发展观是从正面鼓励发展的后继性,代价观则是从反面防止竭泽而渔。有了代价意识才能对代价进行科学的分析和计算,从而进行比较鉴别,作出选择和判断。关于代价的计算,则是现代决策理论中的一项重要内容和技术。

二、政策型研究者

随着政策问题越来越重要和越来越复杂,对政策的专门研究也越来越受重视。现在政策分析者和政策规划者在西方国家已经成为一种专门职业,而且这支队伍在不断扩大之中,这一人群无疑是政策型研究者的典型。他们被冠以一个专门的称呼,叫"政策知识分子"。随着政府职能的转化和政策科学化进程的加快,我国的政策分析机构和职业性的政策知识分子也在形成之中,不过,这里指的主要还不是这种专门职业的政策型研究者,而是强调研究人员要有政策意识,要重视政策的研究,并逐渐把教育研究的主要人员和研究人员的主要精力转移到为政策和对政策的研究上来。

> 研究者的政策意识,是指研究者政策取向指导自己的研究,以参与政策制定影响政策过程作为自己的追求,作为衡量研究成果社会效益的重要标准。

所谓研究者的政策意识,是指研究者政策取向指导自己的研究,以参与政策制定影响政策过程作为自己的追求,作为衡量研究成果社会效益的重要标准。长期以来,我国的教育研究与教育政策存在"两张皮"的现象,互不相干。从历史的角度说,教育研究与教育政策相对分离是必要的,在我国特定的历史背景下,教育研究与教育政策分道扬镳是研究从政策解释的工具到形成自己独立地位和独立品格的必要过程。但随着教育决策的民主化、科学化和绩效化的呼声越来越高,教育研究的功能和研究的价值越来越表现为对教育政策的贡献。事实上教育研究成果的社会认可程度和经费资助额度,取决于其对教育政策制定和政策过程的影响程度,已经越来越成为国际通例。因此,教育研究者加强政策意识也就十分必要了。

1. 转化意识

政策过程是从确定政策议题开始的,研究过程也是从确定研究问题开始的。拿什么问题作为我们研究的对象,研究对谁负责,期望研究结果产生什么影响? 这是研究一开始就必须明确的。以前我们有些学者沾沾自喜地说:我研究就是为了我的研究兴趣,至于它有什么用我并不关心。这种 19 世纪以前的研究旨趣已经越来越让位给可转化为技术的研究。美国的科学研究之所以成功,之所以特别有效率,就是因为他们放弃了英国式的基础研究——应用研究技术转化的研究路线,采取了现实需要理论研究——实际应用的研究路线。社会在迅速地转型,但教育研究及其相关的政策并没有走上这种转型,成果评奖、职务晋升、论文答辩基本上还是根据出版情况、理论阐述为依据,而不太考虑被应用、被推广的程度。

所以我们教育研究成果的应用转化率很低,决策部门对教育研究也就不甚关心。教育学是一门应用性很强的学科,教育研究在 20 世纪 60 年代以后已经逐渐发生了从以学科为本位向以问题为本位的转变,这种转变的一个主要表现就是参与决策研究和影响政策制定。教育研究能不能增强自己的生命活力,能不能提高自己的学术地位,在很大程度上将取决于教育研究从理论向实践、向政策的转化程度。

2. 当下意识

当下意识就是关注实际问题,掌握实际数据,了解现实问题的轻重缓急和来龙去脉,能够对政策关心的实际问题有理论的回答。缺乏当下意识的表现是远离实际和内容空洞,这既是缺乏转化意识的结果又是研究成果难以转化的原因。教育研究领域普遍存在的一种现象是,不了解实际情况,不掌握实际数据,比如研究高等教育的对中国有多少高校不了解,研究课程的对我国中小学开设多少课程不清楚,研究德育的对青少年学生想什么不明了,不知道现实中问题的症结在哪里。研究不是从现实中找问题,而是从书本上找问题。这样的研究对政策关心的实际问题自然也就无力回答。其实,教育研究者应该比实际工作者更了解实际,因为他可以有意识、有时间去全面、综合地收集资料,并进行冷静的比较、分析。但遗憾的是,这种研究在教育研究领域尚未形成浓厚的风气。

这并不是说教育研究不要超前意识,没有自己的理想追求,恰恰相反,超前意识基于当下意识,理想追求基于对现实的判断。对当前问题缺乏敏感不可能对未来的问题有可靠的把握,所谓超前意识本来就是指对现实问题发展走向的预测和分析;对事实缺乏正确认识的理想追求也难以实现,理想追求本来就是现实的延伸。

3. 操作意识

操作意识,一是指研究充分重视事物发展的层次性、阶段性、差异性,研究有强烈的针对性;二是指精确性,有较高的量化程度。中国幅员辽阔、发展极不平衡,抽象地谈论理论或观念是不够的,需要把理论还原为具体的实践。定量研究、实证研究在中国的教育研究中一直未能取得重要的位置,而政策需要以准确的数据为判断基础,把一种理念化成具体实用的规定。从理论向政策应用的转化,特别需要数据的收集和对数据的真知灼见的分析。真正深刻而有应用价值的理论研究不仅强调概括性、抽象性,具有广泛的涵盖面,而且能够很好地还原为具体实践。现在很多的教育研究凌虚蹈空,大而无当,看上去气势不小,但无法落实。这并不是理论的罪过,实际上是没有真正理解和掌握理论。其实,越是深刻的理论越能还原为具体的实践。真正掌握了一种理论,真正内化了一种理念,就不会满足于概念的重复,而在于努力化理论为方法、化理论为操作的策略。

政策型研究者的形成既是社会发展的客观要求,也是政府部门的热切期望。而要成为一名训练有素的政策型研究者,固然有许多专业性的知识和技术性要求,但首先重要的是要关注现实世界,了解现实需要,有解决现实问题的强烈意识,为解决现实教育问题提供有根据的政策建议和可操作的措施。著名经济学家和史学家陈翰笙先生积毕生之经验深有感触地说:"学术研究是一种创造性活动,就是要解决问题,尤其要解决现实中存在的问题。"关注现实世界、关注教育政策研究,并不是要丧失教育理论工作者具有的独立品格。恰恰相反,正因为教育理论工作者具有独立意识、独立知识结构和独立思考能力,对教育政策研究才显得特别重要。

第三节　教育研究与教育决策的对话机制

研究与决策的关系本身即是一种互动、沟通、交流与对话的关系。增进研究对决策的影响,需要研究者和决策者通过"知政研究"与"知证决策"两种方式改进自身的能力与需求,更需要构建和优化一种对话的机制,确保两者之间的联络是通畅的、便利的、常规的且有保障的。

研究与决策的对话关系,因为其各自本身的局限性,是存在既有的问题和相互割裂状态的。如研究不清楚决策部门官员们所面临的问题和决定,决策者难以将自身的需求通过恰当的方式传达给研究者,对资助与委托类研究的评价主要考量技术价值而非决策相关性,研究成果在决策部门的传递缺乏有效机制,两个群体沟通的机会随机、不稳定等。[①] 这些都因为对话机制的不健全而使问题更加凸显。

一、构建研究者与决策者良好的合作关系

确实对决策产生了影响的研究者,在总结其之所以能够参与到决策过程中时,除了对研究质量的肯定以外,均会提到个人所在平台的重要性,以及在研究过程中与决策部门和决策者搭建起来的良好的合作关系。这种合作关系在研究成功运用到决策以后,会进一步得到强化,同时还可能将研究者的声誉传达给其他相关部门,从而进一步扩展这种关系网。

决策者在尚无合作研究单位的情况下,或者是原有合作者不具备对某些问题的研究能力时,也会主动通过各种渠道寻找适宜的研究团队。在这个过程中,良好的声誉、原有的研究成果、平台与组织的可信度等,都会成为被选择的依据。尤其是第一次合作的双方,对于最终研究结果能否满足决策需求时,更会充分考量研究者的外在特征,如所在机构或大学是否知名、是否有足够的决策研究经验、是否有成功服务决策的经历等。

这一合作关系的构建,需要研究者与决策者双方共同努力。研究者需要在各种渠道传播自身的影响力,并且确保研究质量,使得合作能够持续下去;决策者要充分了解与其相关的研究部门或研究人员的能力与特征,同时对教育研究有足够的尊重和认知,从而有意愿也有能力维持良好的对话关系。

二、运用旋转门的方式增进研究者与决策者之间的相互了解

旋转门是指研究者与决策者在一定时间内身份的互换。研究者可以被纳入决策部门工作,通过亲自参与决策过程,对政策制定有更加直观、系统、准确的了解;决策者也可以进入研

> 旋转门是指研究者与决策者在一定时间内身份的互换,是政府与智库之间的人才循环流动。

---

① Weiss C H, Bucuvalas M J. *Social Science Research and Decision-Making*[M]. Columbia University Press, 1980: 22 - 23.

究领域,运用自身的实践与学术能力,为研究界提供智识资源,并进一步促进研究者与决策者的相互熟悉。

旋　转　门

理查德·哈斯(Richard N. Haass)提出了"旋转门"(Revolving door)的概念,是指美国政府和智库之间存在的人才循环流动的现象。当一个政党执政时,另一个政党的许多政策专家忙于研究和发表成果。当其政党重新拥有执政地位之时,这些政策专家就回到行政岗位。哈斯指出,智库能够发挥两个功能:一是作为天资聪颖的政府管理者和国会工作人员的来源地,二是成为那些因希望吸收新思想或因自身服务的政府未在新选举中胜选而离开政府部门人员的暂住地。对于前者,智库就是一个"政治培训场",帮助总统和内阁部长应对每次政府过渡后众多部门工作人员更新问题。而对于后者,智库为离开政府部门的人得以通过有实际影响力的方式继续参与政治辩论提供了一个短期或长期的落脚地。此外,智库不受任何来自政府领导层的压力,它们为失去权力的政党思考和演练"长远规划"提供了机会。政府官员和智库工作人员与学者在白宫、国会、联邦政府以及智库之间持续转换职位,形成不间断的双向流动,这就是旋转门。

资料来源:McGann J G. The Fifth Estate:Think Tanks, Public Policy, and Governance[M]. Brookings Institution Press,chapter two, the Revolving Door, P62 - 63;詹姆斯·麦甘. 第五阶层:智库·公共政策·治理[M]. 李海东,译. 北京:中国青年出版社,2018:77 - 78.

这种方式的最大优点,可以从知识产生的两种方式来解读。研究者与决策者都是知识的生产者与使用者,双方都有关于自己领域内的丰富的经验和信息。但是,对于对方领域内的知识则可以通过客观和主观两种方式获得。作为客观真理(objective truth)的知识中,知识被解释为一种商品,是存在于个体之外的东西,可以携带、包装、传递,当然也可以出售。生产者具有收集、编辑、加工和分析数据的特殊技能,特别是"研究者"一词,被用来把知识的生产者与消费它的决策者们区分开来。作为主观真理(subjective truth)的知识认为知识总是个性化的。所有的理解都来自个人经验的反映。然而,大部分的经验并非直接的。所知道的知识,大部分都是通过谈话、阅读和教导从他人那里获得的。但是,我们学会的并不总是老师所希望我们学会的东西,这些东西最终还是根据个人的大脑对所接受的资料反映的结果。对资料的翻译和解释是个性化的。如此一来,研究者与决策者之间,通过他人的传递、编辑、加工所得来的知识,有可能是不准确的。那么,最好的方式便是将客观知识转换为主观知识。[①] 旋转门的方式即为研究者和决策者提供了一种直接获知对方相关知识的

---

① 张力. 教育政策的信息基础:中国、新加坡、美国教育指标系统分析[M]. 北京:高等教育出版社,2004:214 - 215.

渠道和途径。

三、强化研究平台建设,充分发挥智库功能

智库在研究运用中的角色,可以用"知识经纪人"或"政策企业家"的概念来概括。知识经纪人是指致力于将研究知识传播给相应决策者的个人或机构,使得研究可以通过他接触到可能需要它的人。同时,知识经纪人会对研究知识进行过滤和传播,在研究提供者和研究用户之间进行中介,从而有效地在研究者与决策者之间架起一座桥梁。尽管有种种会议、讲座或论坛的形式,研究显示,最重要的渠道还是通过个人联系来促进信息的使用。对于决策者而言,了解研究往往意味着他们与同事之间的交谈。[①] 这表明,对于政策制定者来说,一系列多种形式的人际交往对于研究的使用也很重要。[②]政策企业家(policy entrepreneurs)是金登提出的概念,即倡导某些政策建议或想法的人。[③] 他们致力于将自己的资源(时间、精力、声誉或金钱)用于未来会有所回报的希望。政策企业家通常是研究进入政策过程的关键路径。他们都在系统中"软化"了自己的想法和提议,充当中间人,在关键的利益相关者之间进行谈判。为了更好地发挥智库在决策中的这种功能与效果,需要研究者与决策者的共同努力,更需要智库在建设中提升决策服务能力。

首先,在研究运用过程中,研究的可信度十分重要。当研究结论来自一个可靠、可信的个人或组织,获得了其他领域专家的支持,则更可能被关注和使用。从这个意义上,可信度可能比研究的技术质量更重要。通常,在可信度方面,研究成果的来源声誉是至关重要的。例如,英国地方政府官员更愿意相信权威来源的研究成果,比如中央政府的研究。[④] 因此,智库需要提高自身在决策领域的名气与声望,从而获得更多决策部门的青睐,在决策服务中承担更积极的角色。

其次,借助智库的力量,完善委托研究的机制。如今,智库既作为知识的生产者,同时也作为知识的中间人,承担着"资助者"和"传播者"的角色。在研究中发现,那些由决策者提出问题,并委托研究者进行分析的方式,更有助于研究最终在决策中的运用。而委托这种方式,需要一个中间角色的介入,从而更好地对决策需求和研究成果进行调和。目前,个别地区采用的决策咨询课题、智库委托课题等方式,都对研究者参与决策提供了良好的渠道。但是这种机制在全国范围内的覆盖率并不高,需要进一步扩大和深入此类方式的运用。

第三,智库应当研究者与决策者之间对话的稳定机制。有研究发现,英国地方政府内部的研究传播通常是即兴的,往往依赖于非正式网络和个别官员的足智多谋。这

---

① Feldman P H, Nadash P, Gursen M. Improving communication between researchers and policy makers in long-term care: or, researchers are from Mars; policy makers are from Venus[J]. *The Gerontologist*, 2001(3): 312 - 321.

② Court J, Young J. *Bridging research and policy: Insights from 50 case studies*[M]. London: Overseas Development Institute, 2003.

③ 约翰·W. 金登. 议程、备选方案与公共政策[M]. 丁煌,等,译. 北京:中国人民大学出版社,2004.

④ Percy-smith J, Burden T D, Dowson L. *Promoting change through research: The impact of research in local government*[M]. York: Joseph Rowntree Foundation, 2002.

意味着研究可能会在组织内部的某个点上"卡住"。^① 那些在第一线的人通常比那些在更高层的人更少接触到研究。这时候，便可以更多依赖智库充当研究人员和政策人员之间的桥梁，解决研究使用中的障碍。这种联系可以是正式的，如安排好的会议或共享的研讨会；也可以是非正式的、临时的，如通过电子邮件交流或电话交谈。通常，政策制定者会依赖于研究人员的个人网络来确定关键的发现，并作为其想法的重要依据。这些研究在引入政策时，人际关系的途径似乎特别有效。面对面的互动最有可能鼓励研究的政策实用。持续的相互作用和对话、双向的交流和持续的传播会大大加强研究使用的机会。^② 搭建研究与决策者面对面对话的机会，是需要智库作为中间人来推进的。

第四，智库应该致力于研究在决策中的传播工作。目前很多情况下，作为重要智库的教育科研系统，在落实各项课题管理和帮助决策部门委托研究当中，承担了较多的任务。但是，对于如何引导研究者提出更加有效、便于研究运用的知识，同时将这些知识更好地传递到相关决策部门当中，此类工作是相对不足的。智库可以在研究传播活动中，关注时间问题，在正确的时间内为决策者面临的具体问题提供解决方案；确保研究与当前的政策议程相关；在资助的范围内分配专门的传播资源；从一开始就规划一个清晰的传播策略；让专业研究人员参与传播过程；让决策者参与研究过程；委托系统审查进行综合的评估研究。同时，要求研究人员提供更易于决策运用的研究摘要，保持研究报告的简洁明了，根据决策者的需求来编写内容，阐明研究的政策意义，为目标受众量身定制传播策略。

另外，在当前我国智库建设中，需要加强对研究人员的培养，对研究方法的深入学习与应用。同时，借助于智库的中介作用，推进数据的公开化，并尽可能扩大研究可用数据的范围，为研究者提高决策影响力提供保障。

📖 推荐阅读

1. 闵维方，文东茅，等. 学术的力量：教育研究与政策制定[M]. 北京：北京大学出版社，2010.

2. 黄忠敬. 美国教育的"智库"及其影响力[J]. 教育理论与实践，2009（13）：20-23.

3. 李岚清. 李岚清教育访谈录[M]. 北京：人民教育出版社，2003.

4. 刘复兴. 国外教育政策研究基本文献讲读[M]. 北京：北京大学出版社，2013.

5. 吴遵民. 基础教育决策论：中国基础教育政策制定与决策机制的改革研究[M]. 上海：华东师范大学出版社，2006.

---

^① Percy-smith J，Burden T D，Dowson L. *Promoting change through research：The impact of research in local government*[M]. York：Joseph Rowntree Foundation，2002.

^② Young J，Court J. Bridging research and policy：insights from 50 case studies[J]. *Evidence & Policy：A Journal of Research，Debate & Practice*，2003，2(4).